审判方法论
论物权法
理解与适用

张文显法学文选 卷五

部门法哲学

张文显 著

Applied Legal Philosophy

法律出版社

出版说明

张文显是我国著名法学家、教育家，吉林大学哲学社会科学资深教授，国家二级大法官，中国法学会副会长。1977年毕业于吉林大学法律系，之后在职攻读研究生，先后获得法学硕士和哲学博士学位，并留学美国哥伦比亚大学。三十四年来，他一直活跃在我国法学研究与法治实践的舞台上，致力于中国特色社会主义法学理论体系的建构、法学教育的改革与创新、中国特色社会主义法治建设理论的探索，在法学界和法律界形成了广泛的影响力。早在1994年，司法部有关部门的统计数据显示，他是法学界论著被引用率最高的三十六位学者之一，并排序在第四位。根据南京大学中国社会科学研究评价中心"中文社会科学引文索引(CSSCI)"的统计，他的论著被引用率一直位居法学界前十位。另据"中国人文社会科学学术影响力报告(2000—2004)"统计，在2000年至2004年法学论文被引用次数最多的前十位作者中，他位列第六名。2008年，改革开放三十年之际，他的论文《从义务本位到权利本位是法的发展规律》入选由王仲方等主编的《走向法治——30篇影响中国法治进程的法学论文》。2009年，在中华人民共和国六十华诞之际，《中国法律》评选出建国六十周年对新中国法学和法治建设最有贡献的六十位法律人，并在该刊《新中国60年法律人群英谱》中逐人介绍，他是其中之一。三十四年来,他撰写了大量文稿,在国内外做过近百场讲演和报告,这些文稿和讲演从不同方面反映了改革开放新时期我国法学研究、法学教育、法治建设的进程,具有很高的学术价值。适逢张文显甲子新开之际,应学界同仁盛情相邀,获法律出版社鼎力支持,遂成立编辑小组,编辑出版《张文显法学文选》。

《张文显法学文选》按照"十卷成集,单卷为著"的原则处理文稿的归类分卷问题。全书分为十卷。其中,《法学的理论与方法》、《法的概念》、《权利与人权》、《西方法哲学》、《部门法哲学》、《法治与法治国家》、《司法理念与司法改革》和《法学教育》,相应收录了著者主要研究方向的相关文稿;《学术讲演集》和《学术评论集》则分别收录了著者的部分学术讲演文稿和学术评论文稿。

《张文显法学文选》共精选各类文稿 351 篇,其中 67 篇系首次公开发表。所选文稿或万言长篇,或百字短文,均具有思想性、学术性和标志性,反映了著者的法学理论和研究范式,同时也展现了著者的学术历程。

《张文显法学文选》所收的文稿包括:著者在报刊或论文集上公开发表过的论文、文章和访谈,参与撰稿的著作、教材、文献中某些重要的章节,未公开发表的论文、文章、讲演文稿,为他人的著作、教材、学术思想、学术人生所撰写的序言或评论,为自己的专著和主编的丛书、教材、文集所撰写的序或后记,以及著者的硕士学位论文和博士学位论文。另外,为更好地体现学术讨论和争鸣的原貌,本文选还收录了其他学者对以上文稿的部分评论文章。

《张文显法学文选》收录文稿时采用以下技术方法:文稿在发表后被转载、收录的,按同一文稿对待,只收录首次发表的文稿；文稿同时在报刊和论文集上发表的，只收录报刊上发表的文稿；未公开发表的同名文稿在多个会议、讲座上宣读过的，只收录最优版本的文稿；个别题目相同或接近但内容有实质性不同的文稿，按不同成果对待，同时收录。

《张文显法学文选》所收文稿，大部分保持原貌，只校正文稿中的错字、漏字、衍字以及明显有误的标点符号，订正错误的引注。少量改动的文稿主要存在于以下情形中：有些文稿原来的文本比较长，发表时报刊杂志社限于篇幅进行了删减，本次按照原文本收入；有些文稿之间论题相同或接近，因而内容难免重复，本次在不影响原文整体性的前提下做了适当删节；有些文稿（主要是一些从著作和教材中选取出来的）采用了节选的方式；有些文稿最初是以讲演文本（或讲演录音稿）的形式出现，本次收入时适当进行了编辑加工；有些文稿发表时有“提要”、“关键词”等，本次予以全部删除。

《张文显法学文选》为每篇文稿标有题注。题注内容包括：对文稿发表时所使用的笔名做出说明，合著文稿的合作作者的姓名及排序，文稿首次发表的报刊或其他出版物的名称、时间，文稿被权威性文摘刊物转载或摘录情况，文稿再次发表或收入学术文集或其他出版物的情况，文稿以其他语言文字版本出版的情况，文稿在会议或讲座上的宣读情况，以及编辑小组认为应当做出说明的其他情况。

在编辑本文选时，著者逐篇审定了全部文稿。

《张文显法学文选》编辑小组

2011年6月20日

著者序

学术是我生命中的永恒追求*

尊敬的老师们、同事们、同学们：

此时是我生命中最激动的时刻！作为一名法学教师，受聘担任吉林大学哲学社会科学资深教授，我深感这是崇高的荣誉、崇高的职务、崇高的使命。吉林大学是一所著名高等学府，有着深厚而优秀的哲学社会科学学术传统。吉林大学哲学社会科学资深教授在某种意义上代表着我国哲学社会科学领域的最高学术声望，对于以学术至上为永恒追求的我来说，没有比受聘担任这一职务更加让我满怀激情和感动的事情了。此时也是我生命中最感恩的时刻。我感谢吉林大学在那个特殊的年代接纳了我，并一直重点培养我，我所值得自豪的一切都是学校给予的；感谢法学院和理论法学研究中心，是这个优秀团队成就了我的学术事业；感谢学校党政领导和各级学术委员会对我学术工作的肯定和信任，聘我为哲学社会科学资深教授。

---

* 本文是2009年6月18日张文显在吉林大学哲学社会科学资深教授聘任仪式上的致辞。谨以此作为本文选的著者序。

1977年,我从吉林大学法律系毕业并留校任教,从此以后,我以学术为生命,将学术与生命等价。三十多年来,唯有学术能够记载我的人生轨迹,诠释我的人生价值;也唯有学术能够映射我的青春,延伸我人生的意义。即使在担任吉林省高级人民法院院长和国家大法官以后,学术仍然是我重要的活动领域。这不仅体现在我的时间、精力和资源配置上,更体现在我对法学理论的拓展和深化上。在履行维护公平正义、维护人民利益、促进社会和谐的司法职责的同时,我也把司法活动作为实践、检验和创新法学理论的平台,作为发展法学这门实践科学的基地,作为获得法律经验和法学研究第一手资料的一次"留学"。我在践行追求真理、追求公正、追求和谐的法官职业精神的同时,也在深切地体验着法哲学的至理名言。例如,古罗马法学家塞尔苏斯说过:法律是善良与公正的艺术。我体验到法官就是实现公正与善良的艺术家,法官以自己的良知和智慧维系着法律公正和社会良善。美国最著名的大法官之一霍姆斯说过:法律的生命不在于逻辑而在于经验。我体验到法官就像富有经验的"中医",他不是照抄法学教科书上的处方给病人开药治病,而是要凭借深厚的专业知识和丰富的实践经验分辨是非、判断利弊、合理推论、做出裁判。我国古代思想家孟子说过:徒善不足以为政,徒法不足以自行。我体验到法律与道德相结合的治国真谛,更深感培养大批高素质法律人才的重要性和紧迫性。诸如此类的经历和体验对于提高法学研究水平和法律人才培养质量是十分宝贵的。我的司法经历和体验正在不断地以理论形态和学术规范加以阐述和传播。

2008年初,在我工作变动前后,教育部部长与其他副部长和我谈话,谈话中他们都说:"文显,你永远都是教育界的人。"这句话让我深深感动,这句话也牢牢锁定了我毕生的学术和教育责任。教育部除了让我继续担任教育部学科发展与专业设置专家委员会副主任委员、教育部高等学校法学学科教学指导委员会主任委员之外，新任命我担任了教育部社会科学委员会法学学部召集人、第六届国务院学位委员会学科评议组成员。另外，我还担任着全国博士后管理委员会法学学科召集人、国家社科基金法学评审组副组长、中国法学会副会长、东亚法哲学学会理事长等重要学术职务。这些职务都注定了我的学术使命、学术情结和学术责任不可改变。

受聘担任吉林大学哲学社会科学资深教授，更使得学术成为我终生的事业。为此，我将致力于弘扬现代学术精神，营造解放思想、勇于创新、海纳百川、有容乃大的学术氛围；致力于学术传统的演进和学术范式的变革，坚持并创新以权利本位论为标志的学术传统和研究范式，继续推进中国法学进步和法治文明；致力于学术规范化和学风道德化建设，推动学术自由、学术民主、学术廉洁等方面的制度建设和风气建设；致力于优秀学术团队的培养和发展，引领团队成员心往一处想、劲儿往一处使，将每个人的学术潜力发挥到极致状态，继续保持我校法学理论专业在国内的优势地位和在国际上的影响力；致力于组织重大学术研究和学术活动，在即将完成中央马克思主义理论研究和建设工程法理学教材编写任务之际，我已着手中国特色社会主义法学理论体系研究重大课题的前期策划，并正在组织一系列高端学术会议和论坛；致力于学术研究成果的实践转化，使之充分体现哲学社会科学认识世界、传承文明、创新理论、资政育人、服务社会的核心价值。

同志们、同学们，今天的聘任仪式是我学术道路上新的里程碑，也是我更高学术使命的起点。路漫漫其修远兮，吾将上下而求索。我将始终坚持我所信奉的“自强不息”、“止于至善”的人格精神，艰苦奋斗、追求卓越、无私奉献，用自己的学问、学识和学品来证明：我无愧于今天的聘任仪式，无愧于前来参加仪式的每位嘉宾，无愧于学校党政领导和师生员工的重托！

我永远与我深爱的吉林大学在一起！永远奋进在中国法学前行的道路上！

目　录

部门法哲学的属性、对象和方法 *

最近二十年，无论是在国外，还是在国内，部门法哲学（或如西方学者所称的“应用法哲学”——“applied legal philosophy”）研究和教学活动日渐活跃，正在成为法学领域的亮点。作为现代法哲学体系的重要组成部分，部门法哲学对法学领域经典的、重大的、前沿的、疑难的问题的研究正在成为推动法学理论创新和发展的新的知识增长点。

在开展部门法哲学研究和教学的过程中，无论是法哲学学者，还是部门法律学者，均遇到很多认识论、方法论或研究路径方面的困惑，其中，部门法哲学的属性、对象和研究方法问题即是一个经常被提起、却从未被系统回答过的问题。本文试就这三个问题发表一些观点，与法学界同仁交流，以期共同推动部门法哲学的繁荣与发展。

一、部门法哲学的属性

大约十年前，我在为美国哲学家、法学家迈克尔·D. 贝勒斯的

---

* 本文关于部门法哲学的属性和研究方法的内容最初以“部门法哲学的属性与方法”为题作为代序，载于宋显忠主编《部门法哲学讲座》（第一辑）（高等教育出版社 2005 年版），后发表于《吉林大学社会科学学报》2006 年第 5 期，并由《光明日报》2006 年 11 月 13 日进行了论点摘编。本文关于部门法哲学研究对象的论述是以张文显在 2010 年“第三届部门法哲学研讨会”上的发言为基础形成的。

部门法哲学专著《法律的原则——一个规范的分析》中文版出版而作的评介中指出:“在当代西方法学研究中,法哲学(法理学)研究逐步扩大和深入至具体法律领域,出现了一批从法哲学(法理学)的层面、用法哲学的方法探讨部门法中的一般原则和原理的论著。这些论著提供了对部门法的伦理基础、价值基础、社会基础及其发展规律的哲学反思,构成把法哲学与民法、刑法、宪法、程序法等部门法学连接起来的中间学科。”[1]这本译著对我国学者开展部门法哲学研究产生了一定的推动作用。该书出版后,我国部门法哲学研究异军突起、方兴未艾,除了法理学者关注部门法哲学之外,刑法学者陈兴良教授出版了《刑法哲学》,民法学者李锡鹤出版了《民法哲学论稿》,行政法学者宋功德出版了《行政法哲学》,等等。还有更多学者出版了未冠以“法哲学”词语但着实属于部门法哲学的论著。我本人也积极倡导开展部门法哲学研究和教学活动,我所就职的吉林大学理论法学研究中心在法学理论、法律经济学等学科点设置了部门法哲学研究方向,成立了部门法哲学研究机构,为研究生和高年级本科生开设了部门法哲学讲座课程。2004 年,我们与中国政法大学诉讼法研究中心共同策划,举办了“部门法学哲理化”学术研讨会,其宗旨是推动部门法哲学的研究和教学。这些新的发展使得我们去认真思考部门法哲学的属性问题。经过与学术界同仁的交流、对话与论辩,我倾向于把部门法哲学界定为法哲学的分支学科,或法哲学的一种特殊形态,就是说部门法哲学与部门法律学对应,属于法哲学的范畴。

把部门法哲学定位于法哲学范畴,其主要理由在如下几个方面:

第一,法哲学与法律学是对应的学科范畴。法学体系内部有法哲学与法律学之分。二者存在诸多区别。首先,法哲学是作为哲学的法学,是法的一般理论、法学的基础理论、法学的方法论、法学的价值论(或法学的意识形态论)。“法律学”则是作为科学的法学,即法律科学。科学与哲学对应。就一般意义来说,科学是以世界的某一领域、某一方面、某一层次、某一问题为对象,哲学则是以整个世界为对象;科学提供关于世界的某一领域或方面的"特殊规律",哲学则提供关于整个世界的"普遍规律";科学研究的方法带有"工具性"、"技术性",哲学的研究方法则带有"本原性"、"终极性"、"方法论"性质。科学与哲学的这些区别也是法哲学与由民法学、商法学、经济法学、刑法学、诉讼法学、宪法学等法学部门构成的法律学的区别所在。其次,法哲学是"反思法学",而法律学则是"注释法学"。中国的注释法学来源于中国古代的"律学"。这里借用了中国古代的"律学"概念。"律学"亦称为"刑名律学"、"注释律学"等,是根据儒家学说对以律为主的成文法进行讲习、注释的法学。尽管它也涉及立法原理和法律适用问题,但其焦点和功能是根据儒家学说从文字上、逻辑上对律文进行阐释。传承成文法传统的当今中国的部门法学就其功能和基本特征来说,仍可归结于"律学"或"注释律学"的范畴。再次,法哲学是"论理法学",这里的"理"包括真理、公理、伦理、道理等等,而法律学属于"实证法学"。西方近代法学分化为理论法学和应用法学(部门法学)以来,法学中的民法学、商法学、刑法学、诉讼法学、宪法学等法学部门通常都把法律看作一套规范体系,并采用经验实证或逻辑实证的方法去注解、分析、解释法律规范的含义及其适用范围,一般被称为"实证法学"。实证法学是关于法实际上是什么的知识,实证法学最基本的观念是:法律科学是一种依赖于经验的认识形式,其对象是实在之物,即由立法机关制定或由司法机关认可的实在法;法律规范的效力并不依赖于它的内容是否符合某种正义标准、道德标准或其它任何先验标准,而且它从根本上反对关于法律正确性的种种形而上学。[2]

法哲学与法律学的上述差别决定了法哲学并不关注部门法中的具体规则及其适用,而是关注这些规则存在的根据及其正当性、合理性、合法性问题,即深藏于这些规则背后的社会价值问题,经济和社会发展目标问题,公共政策问题,正义或道德公理等;研究使这些规则构成法律体系的那些系统(DOS,Disk Operation System),即连接或架构法律规则的那些体制和机制问题;研究这些规则得以制定和适用的方法,诸如利益筛选、价值衡平、法律解释、法律推理、法律论证、法律批评、法律选择等。

第二,部门法哲学研究,无论是法理学者进行的研究,还是法律学家进行的研究,其理论资源、研究方法、研究范式和理论关怀,主要是法哲学的或来自法哲学。正如澳大利亚法哲学家坎贝尔在由其总主编、由 Ashgate Publishing Company 出版的应用法哲学(Applied Legal Philosophy)丛书的序言中所说,应用法哲学是这样一种哲学:它们采用理论方法(theoretical approach)去研究法律的特殊领域或特殊方面,或者以聚焦法律环境中的道德关怀或政治关怀的方式来处理法的一般理论问题。应用法哲学在研究方法上具有哲学属性,同时又以法律知识为基础,致力于对现实法律和法律制度的批判和改革。[3]部门法哲学固然可以划分为宪法哲学、行政法哲学、刑法哲学、民法哲学、商法哲学、环境法哲学(生态法哲学)、诉讼法哲学、国际法哲学等,在这个称谓上,似乎可以说它们分别属于各个部门法律学,是某个部门法律学的组成部分。但是,作为一个统一的、共同的称谓,部门法哲学是法哲学的延伸。可以说,部门法哲学的反思性研究必须运用法哲学的理论框架,采用法哲学的研究范式和方法。

当下,困扰部门法哲学发展的因素之一,是一些部门法律学者把部门法哲学作为部门法律学研究的一部分,试图用部门法律学自身的理论资源实现对部门法律学的基本范畴、基本原理、基本命题的批判与重构,因而其研究成果带有太多的部门法律学的痕迹,缺乏理论升华和突破。毋庸置疑,部门法律学的理论空间对于其自身的反思是十分有限的。应当清楚地看到,在涉及某一或某些法律存在的合法性或价值基础、各个部门法的基本原则、对部门法律学基本命题的反思及前提批判这样一些根本问题上，部门法律学难以为反思及前提批判提供其所需的参照系。部门法律学自身的理论空间不足以容纳对其自身的批判的展开。因而，部门法哲学的研究必须跨越各个法律部门和部门法律学的樊篱，寻找更加开阔的理论空间。这个理论空间就是法哲学。

把部门法哲学定位于法哲学的组成部分，并非是要否定法律学者从事法哲学研究的正当性，更不是否定他们既有的部门法哲学研究成果，而仅仅是强调部门法哲学研究主要以一般法哲学的理论为其学术资源，以法哲学的研究方法和范式作为其方法和范式，部门法哲学应当采用法哲学的理论框架和话语系统。部门法哲学是从事理论法学研究和教学与从事部门法律学研究和教学的人们共同的学术空间、共同的学术平台，是把两部分人在知识上团结起来的学术桥梁或学术隧道。需要指出的是，从事法律学研究和教学的学者一旦对自己面对的问题采用法哲学的方法加以反思和追问，他就是超越了常规的部门法律学而进入到法哲学领域。正如哲学家孙正聿在论述“构成思想”与“反思思想”的关系时所说：“问题在于：当人们在各种不同的活动领域中自觉地提出上述的‘前提’问题，并试图对这些‘前提’问题进行理论的反思和给予理论的解释时，就超越了自己的特定的研究对象和研究领域，而进入到了哲学的问题领域，进行了哲学的‘反思思想’的活动。”[4]

尽管法哲学与法律学相对，部门法哲学与部门法律学相对，但必须明确的是，法哲学与法律学、部门法哲学与部门法律学水乳交融，将法学划分为法哲学与法律学只有分类学上的意义，实际上，在部门法哲学领域，它们之间的界限已经相当模糊。法哲学的论题一展开，就马上辐射到法律的制度层面和实践领域，而法律学研究深入一步就会触及法哲学的神经。我们深知，法哲学的学术功能在于概括各种类型的法律制度、各个部门法及其运行的共同规律、基本范畴、共同理论,从而为法律学的教学和研究提供理论依据和指导;我们也深知,离开了法律实践和法律学,法哲学将会变成无源之水、无本之木,失却安身立命之地。为此,法哲学必须一方面以法律实践和法律学为基础,总结法律实践的经验和法律学的研究成果并用来深化对法哲学基本问题的思考,另一方面必须高于实践、超越法律学,从特殊上升到一般、从感性上升到知性,再从知性上升到理性。同样,法律学如果不关注法律与社会的重大理论问题,忽视法哲学研究及其学术资源,其理论研究和发展将事倍功半(理论的作用就在于让人们少走弯路),其应用价值亦将大打折扣。[5]开展部门法哲学研究,开设部门法哲学讲座课程,就是为了消解法哲学与法律学之间的人为障碍,消除法哲学与法律学互相脱节的现象,推动法哲学与法律学的密切结合。

二、部门法哲学的研究对象

部门法哲学的研究对象或主要论域包括:部门法的基本原则,部门法学的基本原理,部门法学的概念与范畴,社会生活中的热点法律问题(或曰法律生活中的热点社会问题)。

(一)部门法的基本原则

在法学中,法律原则是指可以作为规则及规则体系的基础或本源的综合性、稳定性原理和准则。有的学者认为:"法律原则是规则和价值观念的汇合点。"[6]法律原则虽然不预先设定任何具体的权利和义务,更没有规定确定的法律后果,但是,它指导和协调着某一领域的社会关系的法律调整机制。在立法、执法、司法中,特别是遇到新奇案件或疑难案件、需要平衡互相重叠或冲突的利益,为案件寻找合法的解决办法时,原则是十分重要的。法律原则,特别是其中的基本原则,体现着法律的本质和根本价值,是整个法律活动的指导思想和出发点，构成一个法律体系的灵魂，决定着法律的内在统一性和稳定性。法律规则的正当性和有效性有赖于原则的证成和支持。

原则问题是法律的根本问题。例如，宪法和行政法当中的“分权与制衡原则”，“法律位优原则”，“法律保留原则”，“越权无效原则”，“正当程序原则”，“禁止不当联盟原则”，“禁止不利变更原则”，“比例原则”，“公益原则”，“信赖保护原则”，“正当期待原则”，“法的安定性原则”，“法不溯及既往原则”；刑法当中的“罪刑法定原则”，“罪责相适应原则”，“罚当其罪原则”，“罪责自负原则”，“主客观相统一原则”，“惩罚与教育相结合的原则”，“刑法个别化原则”；民法领域的“财产合法原则”，“平等自愿原则”，“公平、等价有偿原则”，“契约自由原则”，“契约正义原则”，“诚实信用原则”，“权利不得滥用原则”，“公序良俗原则”；商法领域的“维持交易安全原则”，“促进交易迅捷原则”，“维护交易公平原则”；经济法当中的“反垄断原则”；诉讼法领域的“法律面前人人平等原则”，“以事实为根据、以法律为准绳的原则”，“程序正当原则”（“正当程序原则”），“定分止争原则”，“过错责任原则”，“遵循先例原则”，“举证责任原则”，“权利推定原则”，“司法和谐原则”，“司法调解原则”，行政诉讼中的“合法性审查原则”；等等。对这些根本性问题的认知与反思，构成部门法哲学研究的主要领域。

（二）部门法律学的基本原理（学说）

将部门法律学的基本原理作为研究对象，就是要对已经形成的部门法学原理进行再认识，使之既经受语言的、逻辑的、修辞学的检验和校正，又要受到文化传统、社会价值和时代精神的洗礼和考验。

这方面的内容非常丰富。诸如：宪法学领域的宪政学说，分权学说，共和学说，司法审查学说，代议民主学说，协商民主学说，“一国两制”学说；行政法学领域的控权论，保权论，公共管理论；民法学领域的民事法律行为学说，民事法律关系学说，民事法律责任原理，相邻关系学说，不当得利学说，违约责任与侵权责任竞合学说，免责学说，显失公平学说，缔约过失学说；诉讼法学领域的职权主义学说，当事人主义学说，刑事证明学说，客观真实与法律真实学说，刑事诉讼结构学说，诉讼请求学说，自由心证学说，因果关系学说；人权学说领域的三代人权学说，人权主体学说；国际法学领域的“趋同论”，“法则区别说”，“本地法说”，“国际礼让说”，“人权与主权关系学说”；知识产权法学领域的“知识产权化学说”，“权利协调论”，“权利穷竭说”；等等。

（三）部门法学的核心概念

我们时常处于这样的困境：某些法律概念缺乏清晰的陈述，或者对这些陈述无法做出判定和解释。每个概念都有其确切的法律意义和应用范围（领域、场合）。探究法律文本和部门法学核心概念的工作往往被法哲学所承担。

例如，物权法中“物”范畴，知识产权中“知识”范畴，商法中“商”范畴，侵权法中“侵权”范畴，劳动法学中的“劳动”范畴，合同法中的“合同”范畴，环境法学中的“环境”范畴，刑法中的“刑”范畴，诉讼法中“诉”范畴，甚至国际法中“国际”范畴；等等。

（四）社会生活中的热点法律问题

在步入法治社会的历史进程中，很多社会热点问题同时也是法律热点问题，甚至可能演变为重大政治争论，这些法律问题之所以成为热点，就在于它们引起了广大民众的关心和关注。例如孙志刚案件，之所以成为热点，就是因为它不仅涉及劳教制度、劳教人员的素质，而且在于它涉及公民的基本人权，我们每个人都担心突然有一天会莫名其妙地成为“孙志刚第二”、“孙志刚第三”。

部门法哲学的特点、其魅力均在于从生活的立场出发,从生活的场景中观察和思考法律问题。所以,案例研究方法和案例教学方法非常适合于部门法哲学。笔者所倡导的“生活中的法理”论坛所讨论的热点法律问题都是部门法哲学的研究对象。“生活中的法理”所遵循的“由生活揭示法理,以法理透视生活”,应当成为部门法哲学研究社会和法律热点的学术规范。

部门法哲学的选题应该是法治实践当中的问题。实践当中的问题往往并不局限于某一个部门法,可能跨越诸多法律部门,如司法改革,从而触及法治的基本原则。为此,我们需要建立能够回应现实法律实践的法学理论学说体系,或者说,实践性的理论法学学说体系。

三、部门法哲学的研究方法

任何科学研究都离不开一定的方法。用于研究工作的方法是否正确和有效,对于科学研究是至关重要的。因为研究方法在很大程度上影响着主体的认知兴趣,课题设计,资料的识别与取舍,逻辑推理的方法以及评价的标准,以至决定着能否完成或顺利地完成其研究任务。所谓研究方法,就是主体在认识作为客体的客观世界和事物,揭示其本质并阐明其一般规律的实践活动中所遵循的一套原则、程序和技巧。心理学家赫根汉曾经做过一个形象的比喻:研究对象就像是漆黑房间里一件不能直接触摸到的物体,研究方法则是从各个角度投向该物体的光束。对于部门法哲学研究来说,最基本的方法包括语义分析方法、价值分析方法、反思方法。

(一)语义分析方法

语义分析,亦称语言分析,是通过分析语言的要素、结构、语源、语境,而澄清语义混乱、求得真知的一种逻辑实证方法。这种方法来源于语言学哲学，即语义分析哲学。

语言学哲学是现代西方分析哲学中的一个颇具魅力的流派。语言学哲学重视语言对哲学的影响，把哲学问题归结于语言问题，认为哲学上的混乱、争论、错误产生于语言的含糊不清或者对语言的误用、滥用，因而哲学的任务是对语言进行语义分析，揭示语言的确切涵义和意义，指明语言的正确用法和规则，以消除哲学上的混乱，以至消除这些哲学难题本身，或者说是"恢复哲学语言的健康"。对语言的这种语义分析即使不是哲学研究的总目标，至少也是哲学研究的出发点。用其主要创始人和代表人物维特根斯坦的话说，就是"不弄清语言的意义，就没有资格讨论哲学"。

语言学哲学创立的语义分析方法不仅对于解决哲学问题具有一定的意义，而且对于其他知识领域解决自身的问题也具有不可忽视的意义，因为要富有成效地进行科学研究，就不能不首先了解我们使用的语言工具。语言是人类描述事物、表达感情、交流思想的工具，是人类思维的直接现实和思想的物质外壳。任何思想理论的形成与传播，如果离开了语言这个工具，就无法实现。语言不仅表达思想，它还调整、塑造、限制思想。因而对任何一种思想理论而言，它的概念是否清楚，内涵是否明确，语言表达是否遵守约定俗成的规则和结构，是否符合时代精神和民族文化，直接影响乃至决定着理论的科学性和实用性。因此，思想家、理论家应十分注意对概念（特别是基本概念）的提炼、阐释，并善于在概念的语源（linguistic origin）、语境（linguistic background）、语脉（linguistic context）中寻求合理的、能够使人们形成共识或可以接受的含义和意义。

语义分析方法格外受到法学家的欣赏和重视。20世纪50年代初，语言学哲学盛行不久，英国牛津大学法理学教授H. L. A. 哈特（他本人就是语义分析哲学中的"牛津学派"的核心成员之一）就把它引入法学研究，并创立了语义分析法学。1953年，哈特就任牛津大学法理学教授时，选择了《法学中的定义和理论》作为他就职演说的题目。在这篇演说中，哈特指出，几乎每一个法律、法学的词语都没有确定的、一成不变的意义，而是依其被使用的语境（环境、条件和方式）有着多重意义，只有弄清这些语境，才能确定它们的意义。哈特严厉地批评法学中传统的定义方法，指出人们不要抽象地回答"什么是权利"、"什么是法人"之类的问题，而应当通过弄清这些概念被使用的背景和条件去阐释它们。哈特还引用语言学哲学家 J. L. 奥斯汀的话说：在寻找法律定义时，我们"不是仅仅盯住词，……而是也看到这些词所言及的实际对象。我们正在用对词的加深认识来深化我们对现象的理解"。[7]他指出，法学家不应在定义的脊背上建立法学理论，而应致力于分析法律、法学语言在实际生活中是怎样被使用的。他强调要把语义分析方法移植到法学中，以改善法学的研究方法，解决法学领域的混乱和难题。哈特的就职演说标志着语义分析哲学正式进入法学领域。

在部门法哲学研究中，语义分析方法有其独特的作用和优点：

首先，语义分析方法是以分析语言的要素、结构，考察词语、概念的语源和语境，来确认、选择或者给定语义和意义，而不是直接采用定义的方法或从定义出发。这有助于克服部门法学当中的"定义偏好"现象。近代以来，特别是欧陆法典化运动以来，部门法学家们习惯于通过定义方法来解决法学的问题，以至出现了"定义偏好"。他们接受知识时通过定义，传播知识时亦通过定义，对所探索的问题，也试图通过提出"毋庸置疑"的定义来解决，用定义代替对活生生的法律现实的研究，致使法学思维表现出严重的封闭性、武断性、保守性和教条性。事实上，定义不过是用简明的语言揭示概念内涵的初级方法。对于仅想对被定义的词语（对象）有一个大致的、概括性了解的人来说，定义可能是个方便的工具。而对于从事科学研究和法律职业的人来说，定义是远远不够的，何况有许多定义拘泥于形式主义或固定的模块，全然没有考虑到概念（现象)的本质内容。马克思主义经典作家早就告诫人们,“在科学上,一切定义都只有微小的价值。”[8]“所有定义都只有有条件的、相对的意义,永远也不能包括充分发展的现象一切方面的联系”。[9]对概念、范畴,“不能把它们限定在僵硬的定义中,而是要在它们的历史的或逻辑的形成过程中来加以阐明。”[10]

由理论和技术构成的语义分析方法正可以克服法学研究中的定义方法的局限性,消除“定义偏好”所导致的不受语境限制,对概念语言、命题采取的随心所欲态度以及学术讨论中的武断作风,减少学术精力的浪费。

其次,在法学研究中,在很多意见对立的场合,在很多沸沸扬扬的论战中,争论的原因和焦点往往是由概念、范畴的歧义引起的。我们常常发现,参与争论的双方虽然使用同一词语,其负载的意义和包容的信息却很不相同,甚至代表截然相反的观念;人们还时常把一些类似的或同一的词语使用于不同的事例。如在关于“公法”与“私法”、“客观真实”与“法律真实”等重大的学术争论中,都伴有语义混乱的问题,致使学术论争旷日持久,莫衷一是。如果参与讨论的双方善于运用语义分析方法,找出同一词语、概念、命题的语义差度,即人们用同一词语所表达的实际思想内容的差别,确认要回答的是什么问题,不是什么问题以及这个(些)问题是否真的存在,那么有些争论是可以避免或得到澄清与消解的。

再次,由于作为历史文化产物的语言的多义性,法律语言与日常语言的分离,大量法律术语来自西方法学和法律,法律语言在翻译过程中无法实现的架构两个法律世界之意义的困难,我们的法律和法学中有众多法律词语、概念本身就是模糊不清的,大量法律问题是由“语言造成的”。语义分析方法为克服理解上的障碍、弥补立法的缺失提供了现成的工具。这里,我们以“法律行为”概念为例,展示语义分析方法是如何厘清由于误用语言而造成的困惑的。

中文的“法律行为”一词始于日本学者的造词。日本学者借用汉字中的“法律”和“行为”两个词,把德语 Rechtsgeschaft(由“Rechts”和“Geschaft”组成)译为“法律行为”。由于德语中 Rechts 兼有“公平”、“合法”、“权利”等意思,所以法律行为的原初语义是合法的表意行为。在民法学中,“民事法律行为”大都是在这种意义上,即作为“合法表意行为”的等值概念使用的。但是,从 20 世纪 50 年代开始,我国的法学家尤其是法理学家都是在广义上使用“法律行为”这个词语的,即把法律行为看作“有法律意义和法律属性的行为”,认为“法律行为按其与法律规范的要求是否一致,可以分为合法行为与不合法行为”。[11]由此,法理学上作为合法行为与违法行为统语的法律行为与民法学上的法律行为概念出现了冲突,这种冲突由于我国《民法通则》规定“民事法律行为是公民或者法人设立、变更、终止民事权利和民事义务的合法行为”而加剧。为了消除这些冲突,有些学者主张用“涉法行为”(指与法律有关和具有法律意义的行为)作为广义法律行为的替换词,还有的学者试图用“法律行为”(狭义)和“法律上的行为”(广义)两个概念来分别表示具有法律意义的行为,就如同民法学界把民法上的行为分为“民事法律行为”和“民事行为”一样。究竟是取消或替换法律行为这一概念,还是用其科学内涵去修正其他的容易引起误解的概念,那就要看何者经得起语义分析。对此,我们不妨作一语义分析,分析的过程如下:第一,在汉语中,法律行为中的“法律”是用来修饰“行为”的中性定语,指“具有法律意义的”或“能够引起一定法律后果的”,而不是像德语中的“Rechts”指“公平的”、“合法的”、“(主张)权利的”。因此,“法律行为”指称具有法律意义的或能够引起一定法律效果的行为。第二,在法律行为的前面加上“民事”二字,不应改变也不会改变它的语义,因为“民事”(civil)的语义不过是“有关私人权利的”,“民法的”或“民事法律范围内的”。第三,在逻辑上,“法律行为”的对应概念应是“非法律行为”,而不是“无效行为”、

"违法行为",正如伦理学中,道德行为(伦理行为)是与非道德行为(非伦理行为)相对应的。道德行为是"人们在一定道德意识支配下表现为有利于或有害于社会或他人的行为",非道德行为指"既不是由一定的道德意识引起,也不涉及自觉有益或有害社会或他人,既无道德意义,也不可能和应当进行善恶评价的行为。"[12]第四,不能因为《民法通则》把"民事法律行为"界定为合法行为,同时用"民事行为"概念与之并行,就要改变一个学理概念的内涵以及采用了这一内涵的其他法律文件。要知道,立法是不能为任何概念"合法化"的。第五,更何况,《民法通则》关于民事法律行为与民事行为的划分也经不起逻辑推理。按照《民法通则》的文本和民法学家的解释,"民事行为"是包容民事法律行为的属概念,"民事法律行为"是"民事行为"的种概念。对此,王利明等教授解释道:"民事行为是合法的和非法的行为的结合,合法的民事行为即为民事法律行为,而非法的民事行为是无效民事行为。"[13]但从《民法通则》第四章"民事法律行为和代理"及其第一节"民事法律行为"的立题和表达方式看,它们的包容关系却完全倒置了,竟把"民事行为"作为"民事法律行为"的下位概念。这是不应该发生的立法技术错误。造成上述错误和混乱的原因在于,当我们通过日本学者移植"法律行为"概念时,未能准确地解读德语中"Rechts"一词的涵义。经过上述分析,消解困惑的出路已经十分清楚,剩下的问题就是是否服从逻辑了。

(二)价值分析方法

马克思主义哲学是一种实践哲学,因为它强调:哲学家们只是用不同的方式解释世界,而问题在于改变世界。那么,人类为什么要改变世界又应当如何改变世界呢?这样的问题一被提出,我们就来到了价值领域。"价值"这一概念之所以重要,就在于它揭示了实践活动的动机和目的。在人类的实践活动中,外界事物与人不仅仅是存在与感知的关系。外界事物作为人类所改造的对象，与人类建立了新的关系即价值关系。在法哲学文献中，“价值”经常被定义为值得希求的或美好的事物。例如，安全、福利、知识、声誉、德行、人权等都是一般人所希望得到的，因而，它们便被视为价值的存在形态。广义的价值概念还包括人们心目中关于美好事物和理想状态的观念以及关于什么是“正当”的评价标准即价值准则。运用一定的价值准则去评判、衡量某种事物或状态就形成了价值判断。从价值关系的角度来看，任何一个法律规范都是一种价值准则，因为它作为一种规范必然会要求人们做出某种行为或禁止做出某种行为。在这里，前一种行为被认为是正当的，是有价值的，后一种行为则被认为是非正当的，是无价值的或负价值的。法作为调整社会生活的规范体系，它的存在本身并不是目的，而是实现一定价值的手段。也就是说，社会中所有的立法、执法和司法活动都是一种进行价值选择的活动。当立法者们为人们确定权利义务及其界限的时候，他们实际上就是力图通过保护、奖励和制裁等法律手段来肯定、支持或反对一定的行为，从而使社会处于一种在立法者看来是正当或理想的状态。当一个法官在解决法律纠纷时，他实际上就是适用法律所提供的价值准则在冲突的利益中做出权威性的选择，他可以用减少或剥夺某些人的财产、自由、安全和生命的办法来增加或保护另一些人的财产、自由、安全和生命。正因为法与价值之间有着这种不可分割的联系，所以，价值分析就不能不成为部门法哲学研究的重要方法。事实上，任何一个法学家们在提出或回答部门法哲学问题的时候，都渗透着某种价值理念，都表现出某种价值取向。

在部门法哲学研究中强调价值分析方法，首要的目的在于克服部门法学研究中比较流行的工具主义、技术主义和教条主义及其造成的弊端。其次在于校正被扭曲的或滞后社会发展的价值标准。

将价值分析方法运用于部门法哲学研究时,我们注意到价值分析方法包括价值认知和价值评判两个方面或两个阶段。价值认知是以法律原则所蕴含的价值属性或法律学说所代表的价值取向为对象的,直接目的是力图揭示出法律原则或法律学说的价值面貌。价值评判则是按照一定的价值观念对法律原则的价值意义或法律学说的价值取向进行的评价和挑战。

作为统一的价值分析的两个方面或两个阶段,价值认知与价值评价是互相联系的:价值认知是价值评判的前提和基础,价值评判则是价值认知的动因和归结。如果我们要对某一法律原则或法律学说内含的价值属性做出评判,一个不言而喻的前提就是首先要知晓该原则或学说所内含的价值因素是什么。否则,价值评判就会因为失去其对象而变得毫无意义。而我们之所以要对法律原则或学说具有的价值因素和属性进行认知,又在于我们要通过这种认知,对该原则或学说是否体现我们的利益以及能在多大程度上满足我们的利益做出评判,进而做出相应的调整。

(三)反思方法

部门法哲学秉承哲学的"反思"方法,以反思的思维方法不断地更新法学的思维,深化对法律的认识,引导人们的法律实践。

反思,顾名思义,就是复而思之,反过来而思之。用哲学家的专业语言来说,就是"思想以自身为对象反过来而思之"。[14]作为一种思维方法、一种哲学方法,反思的特点在于它把既定的思想和认识作为再思想、再认识的对象,特别是在于通过对思想和认识据以形成的那些"前提"(无论是感性的前提,知性的前提,还是价值的前提)的批判而提升或变革人们的思想和认识。如果说,法律学的直接思想对象是具体的法律条文、法律制度、法律运行等法律现实,那么,法哲学的反思对象(直接的研究对象)则是法律学的思想,即法律学者的认知活动及其成果(概念、理论、法律化的法学原理等)。这就是反思的法哲学与实证的法律学的区别与分工。

将反思方法运用于部门法哲学研究,首先引导人们在肯定部门法律学认知成果的同时,对部门法律学的概念、理论和原理等认知成果保持怀疑态度和质疑意识。这些概念、理论和原理是否体现与法律存在和发展的同一性,尤其是引导人们对部门法学的认识"前提",即规范法律学家思想内容、思想方式、思想热点的那些"逻辑支撑点"(思想的根据和原则)做出大胆的怀疑和质疑。部门法律学当中有许多这样的"根据"和"原则"实际上并非是不证自明的,更并非是天经地义的,而是可疑的,可批判的。

与怀疑和质疑这种"消极性的"反思比较,批判则更具积极性,是一种更为"积极的"的反思。所以,哲学家们往往用批判来修饰和表征"反思",将反思叫做"批判的反思"。马克思提出,辩证法总是"在对现存事物的肯定的理解中同时包含对现存事物的否定的理解","对每一种既成的形式都是从不断的运动中,因而也是从它的暂时性方面去理解","辩证法不崇拜任何东西,按其本质来说,它是批判的和革命的。"[15]法哲学研究中的反思方法更是决定了它的批判本质和批判精神,它要求法学家用批判的眼光揭示和对待人类已经形成的全部法律思想,对待每一种法律观点、每一种法学理论体系、每一个研究范式和学术流派,试图通过敏锐的批判达到深刻的理解。作为辩证法的批判,其目的不是去否定一切,不是任意放纵,而是使人们的认识更加接近实际,实践更加符合客观规律。

当前,我们正处于社会转型期,正面临以政法体制改革、法律体系重构、法律精神转换、法律国际化(全球化)为主要内容的新一轮法制变革,社会转型和法制变革都要求法学家更加关注和自如地发挥法哲学的批判功能,即法哲学解放思想、推动法学和法制与时俱进的功能。

反思方法也是一种追问方法,在某种意义上,反思就是追问。无论是对于现行的法律原则、规则,还是对于既有的理论判断和结论,都应当追问。通过追问,发现更深层次的东西,一种我们还没有认识到的、处于朦胧状态的因素;通过追问,发现既有概念和理论的内在矛盾,并加以修正。这里,试以《宪法》第22条修正案为例说明之。它规定"公民的合法的私有财产不受侵犯","国家依照法律规定保护公民的私有财产权"。对此,我们可以做出如下追问:首先是:什么是私有财产?首先是"财产"的概念。财产意味着"被占有的物"(something owned)还是"拥有法律所有权的物"(something to which its owner has legal title)?是"实际的占有、拥有"的物,还是"虚拟的占有、拥有"的物?"物"仅指"有形物",还是包括了"无形物"(copyrights and trademarks等);如果包括"无形物",那么对无形物的占有与对有形物的占有在性质、方式、价值等方面的差别何在?其次是:这里的"法"和"合法"的含义和意义。对这里的"法"、"合法"、"合法的"应作如何理解?"法"仅指"实在的法",即由国家制定或认可的"法"、"现行的法律规定",还是也包括"自然法"、"应有法",即基于正义、理性、道德、公理、社会发展规律而形成的"法律原则"、"法的精神"?"合法"仅指"符合法律规定",还是也包括实际上"不违背法律"、"能够被历史延续下来的惯例认可"、"理应由法律认可"?我们还可以进一步追问:为什么要保护公民的私有财产权?对公民私有财产权的保护是一个超越时空的法律原则吗?为什么宪法修正案规定"公民的合法的私有财产不受侵犯",而不是"自然人"、"个人"、"私人"等?通过这样一连串的追问,就会发现很多问题是相当模糊的,无论是宪法学,还是民法学,都没有给出令人满意的回答和解释。因此,需要我们去思辨,去重新解释,去深入论证。

注释

1 [美]迈克尔·D. 贝勒斯:《法律的原则——一个规范的分析》,张文显等译,中国大百科全书出版社 1996 年版,封底。

2 MacComick and Weinberger, An Institutional Theory of Law:New Approaches to Legal Positivism, P. D. Reidel Publishing Company,1986, pp. 116 – 117.

3 T. D. Campell, Series Preface to Applied Legal Philosophy, Ashgate Publishing Company,2002.

4 孙正聿:《哲学通论》,辽宁人民出版社 1998 年版,第 149 页。

5 参见张文显:"新时代新阶段的中国理论法学",载《法制与社会发展》2004 年第 1 期。

6 MacComick and Weinberge, An Instituional Theory of Law: New Approaches to Legal Positivism, P. D. Reidel Publishing Company,1986, p. 73.

7 H. L. A. Hart, The Concept of Law, Oxford University Press, 1961, p. 14.

8 《马克思恩格斯选集》第 3 卷,人民出版社 1995 年版,第 423 页。

9 《列宁全集》第 27 卷,人民出版社 1990 年版,第 401 页。

10 《马克思恩格斯全集》第 25 卷,人民出版社 1974 年版,第 17 页。

11 孙国华主编:《法学基础理论》,中国人民大学出版社 1987 年版,第 460 页。

12 罗国杰等:《伦理学教程》,中国人民大学出版社 1985 年版,第 350 页。

13 王利明、郭明瑞、方流芳:《民法新论》(上册),中国政法大学出版社 1988 年版,第 383 页。

14 孙正聿:《哲学修养十五讲》,北京大学出版社 2004 年版,第 237 页。

15 《马克思恩格斯选集》第 2 卷,人民出版社 1972 年版,第 218 页。

论法与政治*

政治是经济的集中表现，包含着丰富的内容。政治行为、政治关系、政治过程、政治环境等构成运行和发展着的政治现实；政治的核心是政治权力，而政治权力的结构形式和运行方式则是政治体制；围绕政治权力，在一定的政治现实中活动着的是具有一定政治目标的政治关系的参加者，即包括个人、阶级、政党、国家在内的政治角色。法是政治活动和实现政治目标的一种常规形式，特别是在现代社会，民主政治就是法治政治，政治必须采取合法的形式，有规则、有秩序地运行，因而政治和法具有内在的统一性。研究法与政治的关系，对于坚持和改进党的领导，建设社会主义法治国家，推进政治体制改革，加强政治文明建设，有着不容忽视的意义。在法与政治的关系中，法与国家、法与政党及其政策、法治与民主政治、法与政治体制改革，是基本问题和热点问题。

---

* 张文显在多部论著中从理论与实践的结合、宏观与微观的结合上阐述法与政治的关系。本文节选自张文显主编《法理学》（第三版）（高等教育出版社、北京大学出版社2007年版），是张文显撰写的第二十七章。

一、法与国家

（一）国家的概念

"国家"一词具有多重涵义，在学术讨论、法律文献和日常用语中，它至少被在五种意义上使用。

第一，"国家"一词指称国家政权和行使政权的国家机构体系。例如，列宁曾把国家比做一个阶级压迫另一个阶级的暴力机器，这个机器是由军队、警察、法庭、监狱和官僚集团所组成的一套机构，是来自于社会又凌驾于社会之上的特殊公共权力。

第二，"国家"一词指称由政府、人民和领土所组成并拥有主权的政治实体。这种理解在讨论近、现代国际关系时最为常见。其中，政府相当于国家第一种涵义所指的政权和机构，但如果不拥有主权，便不能被称为国家。

第三，"国家"一词指称在法律上代表公共利益的具有法律人格的特殊权利主体。这是国内法上的概念。在此意义上，国家同自然人和法人一样有独立的人格和意思，享有权利并承担义务和责任。

第四，"国家"一词指称政治社会。此种意义上的国家通常被称为"政治国家"，它是国家权力直接发生作用的所有政治社会关系的总和。这是某些学者在学术研究时使用的概念，与"市民社会"相对应。

第五，"国家"一词指称社会的总和。例如，我国《宪法》序言中称"中国是世界上历史悠久的国家之一"，要把我国建设成为"富强、民主、文明的社会主义国家"。

当我们把"法与国家的关系"作为一个论题提出来，并从法理学的角度加以论述的时候，我们所说的国家主要指第一种意义上的国家，即国家政权或国家权力意义上的国家。

（二）法与国家的关系

法和国家是两种既有联系又有区别的社会现象。认识法与国家的关系对于深入理解法的本质，发挥法的作用，实现法的价值，把国家权力运行纳入法治轨道，均具有十分重要的意义。

首先，从国家和法的起源上看，两者都是在社会出现私有制和分裂为阶级的过程中，为了控制个人之间、阶级之间的利益冲突，维护社会的存在而产生的。

其次，从国家和法在社会结构中的地位和功能上看，它们都是上层建筑最重要的组成部分，都由社会的经济基础决定并对基础发生着最直接、最明显的反作用。

再次，从国家和法的阶级本质上看，在前社会主义社会，它们都是统治阶级借以实现统治的工具。法作为一种行为规范体系，是统治阶级意志的客观化、定型化；国家作为一种权威性的政治组织体系，则是统治阶级用以推行其意志的工具。在社会主义国家，法和国家都是人民民主专政的工具，建设社会主义现代化的力量。

最后，从国家和法的存在方式上看，它们是互为条件、相互依存的统一整体。国家离不开法，法也离不开国家。法作为国家意志，要由国家来确立和推行；国家作为实行统治的组织，要由法来协调其内部关系并为其活动指明方向，提供调整社会关系的各种规则。

马克思主义经典作家曾多次指出，国家是统治阶级用来实现自己统治的机器。把国家说成是机器，这是很形象的比喻。一提到机器这个概念，人们就会想到它是由齿轮、杠杆和纽带等部件组成的。然而，机器之所以是机器而不是部件的简单堆积，就是因为它除了物质部件之外还有着严格的程序系统，只有把这些物质部件按照一定规则组合起来并按照规则来操作，它才能有条不紊地运转从而发挥其特定的功能。国家这部庞大的机器，主要由官吏和武装力量两种成分组成，统治阶级把这两种成分按照一定的规则组织在各种国家机构里面，就构成了国家机器的各个部件，然后，再把这些部件组织成为一个有机的整体，就构成了完整的国家机器。把国家机器的各个部件连接起来，使之能够协调运转的程序系统，就是法律规范体系。我们通常所说的组织法、诉讼法和实体法，就是从各个方面规定了国家机器的内部关系和操作程序。不难想象，如果只有国家机构而没有法律规范，国家机构的活动就不可避免地带有极大的主观随意性和盲目性。在这种情况下，被统治阶级和统治阶级之间的矛盾就会因为剥削和压迫的毫无限制而激化，统治阶级成员之间的利益争夺和竞争也会因为毫无规则而导致内乱，这样一来，统治阶级的统治就难以巩固了。反过来，如果只有法律而没有国家，那么，任何法律都会因为失去了国家强制力的保证而成为一张废纸，正如机器的程序系统若离开了具体的物质部件就只能存在于人们的想象之中一样，离开了国家这个社会实体，法律规范体系也就失去任何实际的社会意义。

在社会政治生活和在理论研究中，经常有人提出是国家(权力)大还是法大的问题，并形成不同观点。主张国家大于法的人认为，当国家的职能和活动同现有法律发生矛盾时，法律应服从国家；主张法大于国家的人认为，对于民主政治来讲，守法应成为一种普遍义务，不仅公民个人要守法，国家机关也要守法，国家理应在法律的范围内活动。这两种主张似乎都有一定道理，但却不能全面准确地反映国家与法之间的辩证关系。确实，从法律是由国家立、改、废这一角度，国家似乎是大于法的；然而，如果从任何国家机关都应该在宪法和法律规定的范围内活动，任何组织和个人都必须对自己的违法行为负法律责任这一角度看，法似乎是大于国家的。这种类似于二律背反的逻辑矛盾，说明国家与法的关系是不能用谁大谁小这种简单的公式来概括的。我们认为，在国家与法的关系中，任何一方的权威性都不可也不应该绝对地优越于另一方。如果法律是绝对优越的,它就会成为一种超越一切、支配一切的永恒存在,这样一来,国家对法律的任何修改和废除都是不可能的了。如果国家是绝对优越的,那就意味着一个政权可以任意抛弃和践踏现有的法律秩序。这样一来,任何形式的民主都会被极端的恐怖统治所代替。解答这一矛盾,关键是要把法作为法律制度、法治秩序来理解。在革命成功之后,新生的国家政权首先要建立宪法秩序和法治秩序,在这个时候,可以说国家大于法,因为国家先于法,国家是宪法和法律的创制者。在宪法秩序和法治秩序建立之后,国家必须在宪法和法律的界限内运行,即使国家要对宪法和法律加以修改,也必须遵循宪法和法律规定的程序和法制原则。

二、法与政党和政策

(一)法治与政党

政党是一定的阶级或阶层为了取得或影响政治决策权力以实现共同利益而结成的政治组织。政党通常都由一批职业政治家来主持领导,通常都有自己的政治纲领并具有取得或影响政治决策权力的政治目标。

现代各国的政治几乎都具有政党政治的特点。在政党政治中,政治纲领的提出和政府的产生与更替都通过政党的活动来实现。当代中国的政党制度是中国共产党领导下的多党合作和政治协商制度,中国共产党是执政党,构成社会主义事业的核心领导力量。因此,法治与政党的关系主要是法治与中国共产党的关系。经过长期的探索,包括对民主法制建设经验教训的总结,中共十五大把依法治国提到党领导人民治理国家的基本方略的高度,并把它作为推进政治体制改革的重要内容,这标志着中国共产党领导方式和执政方式的重大转变,从理论上进一步解决了社会主义制度建立之后如何治理国家这一长期没有得到解决的历史课题。中共十六大进一步深入地、系统地阐述了依法治国，建设社会主义法治国家的重大理论和实践问题。

依法治国，建设社会主义法治国家，一个十分重要的问题是如何正确认识和处理党与法治的关系。

1. 依法治国必须坚持党的领导

依法治国与坚持党的领导本质上是一致的。其一致性主要体现在以下两个方面：第一，党的领导最本质之处是执政，而共产党执政就是领导和支持人民掌握管理国家的权力，实行民主选举、民主决策、民主管理和民主监督，保证人民依法享有广泛的权利和自由，尊重和保障人权。这也正是依法治国的本质规定和基本内容。党的领导的一个重要方面就是把党的意志通过法律程序转变为国家意志，制定成为法律，用于指导全国人民的行动，推动和保障经济增长和社会发展。把党的意志转化为国家意志，把党的路线和方针上升为法律的过程，也是党领导人民、指导立法机关的过程，是进一步完善党的路线、方针和政策的过程。第二，党的领导作用和党员的先锋模范作用还突出表现为党组织和党员带头执行和遵守法律。依法治国是我们党提出来的，国家的基本法律和重要法律是党领导国家权力机关制定的。所以，国家宪法和法律是人民群众意志的体现，也是党的主张的体现。执行宪法和法律，是按广大人民群众的意志办事，也是贯彻党的路线、方针和政策的重要保障。党领导人民制定法律，又自觉地在宪法和法律的范围内活动，严格依法办事，依法管理国家，这对实现全党和全国人民意志的统一，对于维护法律的尊严和中央的权威，具有重大而深远的意义。总之，“依法治国把坚持党的领导、发扬人民民主和严格依法办事统一起来，从制度和法律上保证党的基本路线和基本方针的贯彻实施，保证党始终发挥总揽全局、协调各方的领导核心作用”。[1]

依法治国，建设社会主义法治国家，必须在党的领导下有目的、有步骤、有秩序地进行。这是因为:第一,法治是全体人民通过立法、执法、司法、法制监督、法治教育、守法等活动所建立起来的社会主义法律秩序,具有鲜明的阶级性和人民性。而中国共产党则是这种阶级性和先进性的集中体现。中国共产党既是中国工人阶级的先锋队,又是中国人民和中华民族的先锋队。第二,社会主义民主是法治的基础和前提,没有民主就不会有真正的法治,而共产党是争取民主、发扬民主、扩大民主、建设社会主义民主政治的领导核心,没有党的领导就不会有真正的民主,也就不会有社会主义法治。第三,法律的制定过程是把党的意志转化为国家意志,把党的路线、方针和政策转化为法律原则和规则的过程,是党领导立法机关了解民意、集中智慧、统一认识、协调利益的过程。在这个过程中,只有坚持党的领导,才能使我们的立法体现先进生产力的发展要求,体现中国先进文化的前进方向,体现中国最广大人民的根本利益,符合党的基本路线,符合国家和社会的发展战略,符合经济体制改革和政治体制改革的需要。第四,法律的实施经常遇到区域性乃至全国性的全局问题,触及经济、政治、文化、民族、宗教、外交等方面的热点问题,牵涉到诸多政法机关以及其他国家机关的关系。这些全局问题、热点问题、跨部门的重大问题的解决,都需要党来指导和协调。所以,在依法治国的整个过程和各个主要环节上,都必须强调坚持党的领导,防止淡化党的领导讲法治,脱离党的领导搞法治。第五,共产党是执政党,执政党的法治观念如何,有无依法治国的坚定信仰和坚强意志,能否自觉地在宪法和法律的范围内活动,是实行法治的决定性因素。只有党坚信法治,把法治作为治国方略,领导人民制定法律,各级党的组织和共产党员带头模范地守法,才能形成举国上下有法可依、有法必依、执法必严、违法必究的局面。只有执政党重视立法,尊重法律,认真执行和遵守法律,法律才有极大的权威,人民才会信仰和尊重法律,并自觉遵守法律,依法办事。

2. 依法治国应当改善党的领导

为了实施依法治国,建设社会主义法治国家,在坚持党的领导的前提下,还要不断改善党的领导。多年来,我们反复讲改善党的领导,并作了许多探索和试验,现在看来,党通过法律执政,依法执政,并监督国家机关依法行政、严格执法、公正司法是最重要的改善。依法治国使党的形象更加光辉,党的领导作用发挥得更好、更畅通,党的执政地位和执政作用体现得更为科学和民主,党与人民群众的关系更为密切。党通过法律执政,领导人民依法治国,有利于从法律上和制度上保证党的基本路线和基本政策的贯彻落实,保证党发挥总揽全局、协调各方的核心作用。

改善党的领导的一个十分重要的方面是在党和国家政治生活中切实有效地贯彻民主集中制原则,而依法治国正是民主集中制的时代精神和基本保证。民主集中制是中国共产党的根本组织制度和领导制度。党创造性地运用民主集中制原则,制定正确规范党内政治生活、处理党内关系的基本准则和具体制度,形成了党在组织建设上的鲜明特征。党在全国执政以后,把这种制度运用于政权建设,在国家机构中实行民主集中制的原则。民主集中制既是体制性的,又是程序性的。在国家政治生活中,从体制上,民主集中制体现为公民通过普选程序选举产生各级人民代表大会,通过各级人民代表大会行使国家权力。全国人民代表大会是国家最高权力机关,代表全国人民行使国家权力。从程序上,民主集中制表现为人民代表大会充分反映民情民意,把人民的意志、意见和智慧集中起来制定成为法律和具有法律效力的决定,同时组成国家行政机关、审判机关、检察机关和其他国家机关去执行法律。

在党和国家的政治生活中,既有贯彻民主集中制的成功经验,也有民主集中制遭受严重破坏、给党和国家造成巨大灾难的沉痛教训。究其原因,一是没有贯彻民主集中制的精神实质。“文化大革命”前很长一个时期和“文化大革命”中,虽然口头上也讲民主集中制,但在实际政治生活中并未真正贯彻民主集中制,那时民主发挥得不够,民主的渠道不通;集中又往往走形和扭曲,不是集中到集体决议上,集中到党章上,集中到法律中,而是往往集中到“一把手”的个人意见上。在中央,民主集中制一度演变为家长制。二是没有把党内的民主集中制与国家生活中的民主集中制结合起来。党内民主集中制与国家政治生活中的民主集中制是相辅相成的。在我们社会主义国家,国家生活中的民主集中制原则是执政党共产党的民主集中制原则的延伸和发展,在党和国家生活中理应把二者结合起来。结合起来的民主集中制的最高表现形式就是:坚持人民代表大会制度,在充分保障人民当家作主、行使管理国家和社会公共事务的权利的基础上,实现富有权威的集中。但是,这里的集中不是集中到个人手中,而是集中到党中央及国家的最高权力机关手中;不是集中为领导人个人的意志、意见或指示,而是集中为政策、法律和制度;人民的共同意志应当主要以具有普遍适用性和普遍约束力的法律的形式表现出来,而不应主要通过领导人个人的讲话或最高指示的形式表现出来;集中指导应主要体现为政策和法律的指引,而不单纯是某个人或某个机关的号召或指令。在建立社会主义市场经济和深化政治体制改革的历史时期,强调把全党全国人民的意志集中到党的路线、方针和基本政策上,并进一步集中到宪法和法律上,坚持在民主基础上实行法治,在法律指导和规范下实行民主,无疑有利于提高党的领导艺术和执政水平,把党的领导地位和领导作用落到实处。

总之,无论是从坚持党的领导的角度,还是从改善党的领导的角度,都必须防止和纠正以党代法的弊端。由于种种历史原因,以党代法曾是我国政治体制运行中的一大弊端。党领导人民管理国家不是党代替人民当家作主,更不是强迫人民群众做不愿意做的事情;党领导人民制定宪法和法律并不能自居于宪法和法律之上,而是严格执行和遵守法律。在实行依法治国的今天,要继续清除一些地方由党委包办一切的影响,把该由政府办的事交由政府办,把该由司法机关处理的事情交由司法机关处理,把该由社会团体和基层组织自治的问题交由社会团体和基层组织自决自治。还要继续正确认识和处理政策与法的关系:一方面,党的政策对法律的制定和实施起着指导作用;另一方面,党的政策对法的指导作用应当按照法定程序来实现,党必须在宪法和法律的范围内活动。总之,党"必须增强法制观念,善于把坚持党的领导、人民当家作主和依法治国统一起来,不断提高依法执政的能力"。[2]

（二）法律与政策

政党的政策是政党在政治活动中为实现一定的目的而做出的政治决策。其中,执政党的政策对法律的制定和实施能够产生重要的影响,影响程度的高低直接取决于该社会的政治体制、政治结构和政治形势。

在我们社会主义国家,共产党的政策和国家的法律是两种最重要的社会调整机制。政策和法律在阶级本质、经济基础、指导思想、基本原则、社会目标等根本方面是高度一致的。但二者也有明显的区别和差别。第一,党的政策是全党意志的体现,表现为党的文件,这些文件可以是公开的,也可以是"内部"的;而法律则是国家意志的体现,表现为由立法机关依照法定职权和程序制定的规则,它们必须是公开的,面向社会公布的。第二,政策可以主要或完全由原则性的规定组成,可以只规定行动的方向而不规定行为的具体规则;法律则是以规则为主,不能仅限于原则性规定,否则,权利和义务界限不明,难以对各种利益关系和社会关系加以有效调整。第三,政策主要靠宣传教育和党纪保证实施,但党纪只能适用于党内;而法律则是以国家强制力保证实施的,法律可以对任何违反者(无论是公民个人,还是社会组织,包括在中国境内违法的外国人和组织)实施制裁,具有普遍的适用性。第四,政策具有较大的灵活性，虽然党的根本政策具有较高的稳定性，但大量的具体政策往往随着形势的变化而随时调整，否则便不能发挥及时的指导作用；而法律则具有较高的稳定性，法律一般是在较长时期内保持不变，如果变动周期过短，则受法律调整的社会关系便处于捉摸不定的状态，这样就不能建立起良好的法律秩序。

上述区别和差别表明政策和法律各有自己的优势，各有自己的调整方式和范围，一种社会关系究竟是由政策来调整，还是由法律来调整，要以其性质和特点来决定；国家是以政策来治理，还是由法律来治理，要看国家所处的发展阶段和面临的历史任务。建国之初到党的十一届三中全会之前，我们主要依靠党的政策来治理国家。建国之初主要依靠政策是有充足理由的。那时，面临着医治战争创伤，巩固新生的人民民主专政国家政权的紧迫任务，不可能、斗争形势也不允许通过严密的法律程序制定详细的法律规范来指导斗争。所以，法律的数量不多，已经制定的法律也非常简略，法律在社会生活中的作用远远不能与党的政策相比，在社会政治生活和经济生活的许多方面，主要是依靠党的政策，党的政策实际起着法律的作用，并具有高于法律的地位。但是，随着人民民主专政国家政权的巩固，随着社会主要矛盾的改变，主要依靠政策治国就不再可取和可行，而应当逐步加强立法，健全法制。党的八大政治报告和关于政治报告的决议均阐述了这种观点，指出："我们必须进一步加强人民民主的法制，巩固社会主义建设的秩序。国家必须根据需要，逐步地系统地制定完备的法律。一切国家机关和国家机关工作人员必须严格遵守国家的法律，使人民的民主权利充分地受到国家的保护。"[3]然而，八大过后不久，由于党的最高领导人错误地估计形势，在党和国家工作中重新贯彻以阶级斗争为纲，这就使得人治思想抬头，依靠政策来治理国家的局面没有得到应有的改变。从20世纪50年代后期到"文化大革命"时期，几乎完全依靠政策来治理国家，政策代替法律，甚至可以改变和废止法律，法律没有任何权威可言，以至宪法被任意弃之不用。党的十一届三中全会以后，党和国家的工作中心彻底转向经济建设，确立了以经济建设为中心，坚持四项基本原则，坚持改革开放的基本路线。与此同时，经济体制逐步从计划经济向社会主义市场经济转变，政治体制朝着社会主义民主政治方向改革。由于从规律上和客观需要上市场经济必然是也必须是法治经济，民主政治必然是也必须是法治政治，法律在经济生活和政治生活中的作用越来越大，相应地，我们也从主要依靠政策过渡到了既依靠政策又依靠法律，并进一步过渡到主要依靠法律，实行依法治国。法律成为一切社会组织和个人都必须遵循的行为准则。党的十五大提出"依法治国，建设社会主义法治国家"的战略方针，第九届全国人大第二次会议通过的《中华人民共和国宪法》修正案规定："中华人民共和国实行依法治国，建设社会主义法治国家。"这标志着依法治国进入了一个新的发展阶段，也意味着我国已经实现了主要依靠法律调整社会关系，主要依据法律治理国家。

三、法治与民主政治

法治与民主政治有着内在的必然联系。可以这么说，真正的民主政治必然是法治政治，离开法治，就不存在民主政治。另一方面，民主又是法治的政治基础，如果民主不复存在，法治必然荡然无存。

（一）民主政治必然是、必须是法治政治

1. 民主政治在运作上是代议民主或间接民主

民主政治的根本特征是国家的一切权力属于人民，人民当家作主。但是，除了古代个别城邦实行直接民主，公民都是权力机关的组成人员并直接立法、执法和司法外，在现代国家，特别是我们这样的大国，由于地域辽阔、人口众多、政治与经济相对分离、社会

分工以及公共政治事务需要专门知识和专门才能等原因,人民群众不可能直接地经常地行使本属于自己的权力,直接管理国家和社会公共事务,而只能实行间接民主制或代议民主制,即人民群众通过定期选举产生代表机关,再由代表机关组织政府和司法机关一道行使国家权力。这种体制意味着在政治权力的持有与政治权力的行使之间存在着某种程度的分离。这种分离可能引起政治失控,政治权力不是按照权力所有者的整体意志,而是凭着权力行使者的意志和情绪而运行,以至出现政治异化使政治权力在运行中发生异变,权力的行使不利于权力所有者或者偏袒部分所有者。以权谋私、贪污腐化、权钱交易、弄权渎职等政治腐败行为都是权力失控和异化的现象。为了防止政治权力的失控和异化,要有一部宪法,庄严地宣布一切权力属于人民,公民与生俱来的权利和自由不受非法剥夺;严格地规定国家代表机关(立法机关)、行政机关、司法机关及其他国家机关的职权(人民委托出去的政治权力)范围和行使职权的程序,同时建立有效的监督体系和制约机制。在制定宪法之后,还需制定出一系列政治法律或法规,以制约国家权力,有效地保障人民当家作主。

2. 民主政治是程序政治

首先,民主政治实质上是民主集中制。而民主集中制的科学内涵必定是程序性的,即民主基础上的集中,集中指导下的民主。在现代文明社会和法治时代,“集中”不是集中到某个人,而是集中到法律和制度;社会共同意志应当通过法律表现出来,而不应通过某个人的意志表现出来。集中指导应主要体现为法律的指引,而不是某个人或某个机关的指令或命令。其次,民主政治要求各政治主体必须依照既定的规则和程序参与政治(行使政治权力和权利)。政治是不同的政治主体为实现一定的利益而影响、控制或行使国家权力的活动。由于各政治主体的利益不同,必然出现政治期望和政治目标的冲突。按照既定的规则从政,可以创造一种公平竞争、和平共处和稳定合作的局面。这正是民主的程序价值所在。随着法治意识的增强和法律知识的丰富，公民对规则的要求和对一切政治活动必须符合法律的要求会越来越强烈，从而推动政治活动的法制化。

3. 民主政治是一种自由的、平等的和参与的政治

所谓“自由的”，指政治主体（公民和合法的政治组织）可以不受限制地表达他们认为是合理的、其他人和国家应该听取与采纳的政见、决策或立法建议。所谓“平等的”，指在表达政见、提出决策或立法建议方面，各个政治主体享有同等的资格和机会，同时每个主体对他人的政见和建议有提出异议和否决的权利。所谓“参与的”，是指民主政体下的决策和立法程序不是少数几个人说了算，更不是个别人的专断，而是在广大人民群众直接或间接的参与下，按照少数服从多数、多数尊重和保护少数的民主原则行事。也就是列宁所说的：“民主意味着形式上承认公民一律平等，承认大家都有决定国家制度和管理国家的平等权利。”[4]自由、平等和参与的政治体制为各种政见、决策和立法建议的表达和交流，各政治主体影响和参与决策提供了机会，使立法政策和法律既能真实地反映广大人民群众的根本利益和共同意志，又能够比较有效地避免出现长时期、大面积、难以纠正的决策失误，这类失误往往比少数人闹事更可能导致社会混乱和脱序，导致经济的衰败和社会倒退。但如果没有一定法律的引导、规范和制约，人们就无法进行愿望和政见的交流，更不可能在平等地、自由地发言和讨论的基础上形成多数人的意志，并根据多数人的意志制定出法律和政策。“文化大革命”那种无法无天的“四大”和群众运动曾经如何毁坏平等、自由的民主，人们是记忆犹新的。

4. 民主政治应当是高效的政治体制，而高效的政治体制必须是法制化的体制

高效的政治体制是能够用较少的资源消耗取得同样多的效果

或用同样的资源消耗取得较大效果的体制，即用尽可能少的机构和人员、最低额的经费，取得最大的政治效果的体制。政治体制的效率取决于多种因素，其中法制化是一个基本因素。第一，高效的政治体制必须有规则和有秩序的运行，否则不可避免地会出现“瞎折腾”和“瞎指挥”。在全部无效率的事情中，最无效率的莫过于“瞎折腾”。建国以来频繁出现的“瞎折腾”和“瞎指挥”，曾经造成时间、财富、人力和信心的巨大损失，多次使我们国家和人民陷入危机。为确保政治体制有规则、有秩序和高效率地运行，避免“瞎指挥”引起“瞎折腾”，必须排除人治，实行法治。第二，高效的政治体制需要政治体制的每个组成部分（系统、器官、细胞）都活跃起来，都发挥其功能。这里一个不言而喻的前提是，各国家机关和政治组织之间要有明确的功能和权责界限。首先是党组织、国家权力机关、行政机关、司法机关和其他社会组织之间的功能和权责要分明；其次是中央、地方、基层之间的职责权限要分明，做到政治体制内部上下左右的职能划分及相应的权利和义务的配置科学化，并用法律固定下来。而我们却长期忽视这一点。正如邓小平同志指出的，“我们的党政机构以及各种企业、事业领导机构中，长期缺少严格的从上而下的行政法规和个人负责制，缺少对于每个机关乃至每个人的职责权限的严格明确的规定，以至事无大小，往往无章可循，绝大多数人往往不能独立负责地处理他所应当处理的问题，只好成天忙于请示报告，批转文件。有些本位主义严重的人，甚至遇到责任互相推诿，遇到权利互相争夺，扯不完的皮”。[5]结果造成机构臃肿，层次繁多，副职虚职充斥，官僚主义严重，政治信息不能得到及时、全面、准确、迅速、灵活和有价值地接受、传递、处理和反馈，这是亟须消除的弊端。消除这种弊端，没有法制显然是不可能的。

5. 民主政治是一种整合政治

在任何政治体制下都存在着政治张力和冲突，诸如发展与稳定,民主与效率,自由与平等,公民权利之扩散趋势与国家权力之集中趋势,各种政见和价值观点的对立等。正是由于这些张力和冲突产生了对民主政治的需要和珍爱;同时,也只有妥善地对待和处理这些张力和冲突,才能保卫和发展民主政治。政治张力和冲突的解决,有赖于社会整合。民主就是人类发明出来的一种行之有效的整合机制。而民主整合是借助于法律进行的,并需要通过法律表现出来。

（二）民主是法治的政治基础

民主作为法治的政治基础表现为:第一,民主政治决定着法治的本质和效能。法治的标志主要不在于有无法律,法律多少,甚至也不在于法律实现的状况,而在于法律是否由人民制定,是否切实体现和维护人民的利益和意志。人民的利益和意志决定着法律的"合法性",而法律的"合法性"则直接影响或决定着它的效能。只有民众认同为"合法"的东西,民众才会把它转化为内在的行为规则而去自觉遵守和维护,法律的价值才能充分实现。只有认真对待公民权利的法律,才能赢得人民对它的信赖、尊重、支持和遵守。第二,民主政治是权利决定权力、权利制约权力的政治。在民主政治下,国家的政治权力一方面来自人民,人民（作为整体）是权力的源泉;另一方面又被分解为公民（作为个体）的政治权利。这一"分解"是保证国家权力依法运行、实现依法治国的重大发明。民主政治是与专制政治对立的。专制政治把政治权力变成以君主为首的少数人的特权,并由君主总揽其成。这种政治体制一方面扼杀了人民群众（他们是社会的真正主体）的政治动力、政治热情、政治责任和政治能力,使政治失去了社会基础,政治权力变成为社会的对立物;另一方面少数人狂热地攫取并肆无忌惮地滥用权力,甚至为争权夺位大动干戈,铤而走险,导致周而复始的政治动荡和社会灾难。两种后果都使法治化为虚无。民主政治则把国家权力分解为公民的基本政治权利,赋予公民参政的资格和机会,把政治变成绝大多数人的事务,从而克服了专制政治的弊端。在民主制度下,公民享有法定的政治权利并承担着相应的政治义务,国家权力的和平转移,政权机关的组建,都是公民按照既定的法律程序行使政治权利的结果;国家权力是在公民的参与和制约下依法运行和操作的;公民与国家机关工作人员的关系是主仆关系、委托人与受委托人的关系。这样,政权与社会融为一体,一方面公民以政治主体的身份采取主动的参政行动,影响、支持现行的政治决策和立法,从而大大增强了政治的动力、政治体制的承受能力、应变能力、同化能力和自我完善的能力,增强了法律的效能。另一方面,又时刻监视着国家机关行使权力的活动,制止以权代法、以权压法、以权废法等破坏法治的行为,从而强有力地保障法律的实行和实现。

总而言之,民主和法治是相互依存的,民主法制化和法制民主化是统一的、相互促进的。党的十六大指出:“发展社会主义民主政治,最根本的是要把坚持党的领导、人民当家作主和依法治国有机统一起来。党的领导是人民当家作主和依法治国的根本保证,人民当家作主是社会主义民主政治的本质要求,依法治国是党领导人民治理国家的基本方略。”[6]这是对民主与法治关系的精辟概括。

四、法与政治体制改革

从党的十一届三中全会开始,中国社会进入了改革开放的历史时期。改革首先是从经济体制开始的,接着而来的是科技体制、教育体制、文化体制等方面的改革。这些体制改革,特别是经济体制改革的深入发展,日益暴露出我国现行的政治体制同经济和社会发展的矛盾,如果不及时地进行政治体制改革,它就会成为经济体制改革和其他改革的严重障碍,成为经济发展和社会全面进步的巨大阻力。同时,发展社会主义商品经济—市场经济的过程,也应该是发展社会主义民主政治的过程。商品—市场经济的发展一方面为民主政治的发展创造了经济前提,另一方面也需要民主政治为之提供有效的政治保障。基于这种实践需要和社会进步的逻辑,以邓小平同志为核心的第二代中央领导集体从20世纪80年代中期就明确指出,不进行政治体制改革,经济体制改革不可能最终取得成功,强调必须在进行经济体制改革的同时,积极推进政治体制改革。

(一)政治体制改革的目标与任务

政治体制指的是为保障社会根本政治制度得以实施和完善而建立的各种具体制度的有机体系。我国政治体制改革的终极目标,是建设中国特色社会主义民主政治。具体说就是,建立高度民主、法制完备、富有效率、充满活力的社会主义政治体制,建设社会主义政治文明,建设社会主义法治国家。政治体制改革不是把现行的政治体制推倒重建,而是在科学地分析现行政治体制优点和缺点基础上的兴利除弊,即是政治体制的自我完善和发展。正如江泽民同志在党的十六大政治报告中所强调的:“政治体制改革是社会主义政治制度的自我完善和发展。”[7]我国的政治体制是适应计划经济体制的需要形成。虽然经过近二十年的改革,我国政治体制的民主化、法治化、高效化的程度显著提高,但是长期以来形成的积弊并未消除。以社会主义市场经济和社会发展为参照,我国政治体制改革显然不是个别环节、局部方面的调整,而是涉及方方面面的改革。党的十六大把政治体制改革的任务归结为九个方面,即坚持和完善社会主义民主制度(主要是坚持和完善人民代表大会制度,坚持和完善共产党领导的多党合作和政治协商制度,巩固和发展最广泛的爱国统一战线,扩大基层民主,健全基层自治组织和民主管理制度),加强社会主义法制建设(加强立法工作,提高立法质量,加强对执法活动的监督,推进依法行政,维护司法公正,提高执法水平),改革和完善党的领导方式和执政方式(按照党总揽全局、协调各方的原则,规范党委与人大、政府、政协以及人民团体的关系,依法执政),改革和完善决策机制(完善深入了解民情、充分反映民意、广泛集中民智、切实珍惜民力的决策机制),深化行政管理体制改革(形成行为规范、运转协调、公正透明、廉洁高效的行政管理体制,按照政事分开原则,改革事业单位管理体制),推进司法体制改革(按照公正司法和严格执法的要求,完善司法机关的机构设置、职权划分和管理制度),深化干部人事制度改革(形成广纳群贤、人尽其才、能上能下、充满活力的用人机制,建立健全选拔任用和管理监督机制,扩大党员和群众对干部选拔任用的知情权、参与权、选择权和监督权),加强对权力的制约和监督(建立结构合理、配置科学、程序严密、制约有效的权力运行机制),维护社会稳定。由此看来,我国政治体制改革不是某种表面文章,而是触及政治体制深层矛盾和运行机制的变革。在这种意义上,政治体制改革应当理顺各政治主体之间的关系,在各主体之间合理地配置政治权力(权利)和责任(义务),以有利于人民群众当家作主,有利于巩固和发展社会主义市场经济和社会全面进步所需要的稳定的政治环境,有利于解放和发展生产力。

政治体制改革与法制建设是同步的。我们的政治体制改革是按照民主化和法制化紧密结合的要求进行的,法制建设同民主建设一样,它既是政治体制改革的目标和内容,又是政治体制改革的保障。所以,必须一手抓改革,一手抓法制,把法制建设贯穿于政治体制改革的全过程,用改革推进法制化,运用法制引导和保障政治体制改革。在政治体制改革中,"要着重加强制度建设,实现社会主义民主政治的制度化、规范化和程序化"。[8]

(二)法制对政治体制改革的引导作用

在政治体制改革中,应兴应革的事情,要尽可能用法律或制度加以明确。也就是政治体制改革应以法制为先导，运用法律为政治体制改革指明方向、要求与步骤。只有这样，全社会才有可能缩小人们在认识和行动上的偏差，从而有效地参与改革，也才有可能真正从制度上保证政治体制改革的不可逆转。这也是政治体制改革得以深化和成功的重要前提。对此，我国宪法所确认的人民民主专政和社会主义基本政治制度，应作为中国当代政治体制改革必须坚持的基本方向和方针。政治体制改革的每一决定在内容与形式上均应具有合宪性，每一项重要改革措施都作到法律化、规范化，使其具有可操作性、权威性和稳定性，以便于全社会一体遵行。也就是说，法律在政治改革中的作用，首先是提供规范或制度的安排，保证政治体制改革达到预期目的。只有在宪法和法治框架内推进政治体制改革，才有利于增强党和国家的活力，发挥社会主义制度的特点和优势，充分调动人民群众的积极性创造性，维护国家统一、民族团结和社会稳定，促进经济发展和社会进步。

（三）法制对政治体制改革的保障作用

在政治体制改革中，法制建设必须保障建设和改革的秩序。当代中国政治体制改革是社会主义基本政治制度的自我完善。在一定意义上讲也是一场深刻的革命。因为改革促进了生产力的发展，引起了经济生活、社会生活、工作方式和精神状态的一系列深刻变化。在一定范围内也发生了某种程度的“革命性变革”。但它又不同于通常意义上的革命。因为它既不是政治革命和社会革命，也不是社会制度的根本转变，而是在坚持社会主义根本制度和基本制度的前提下，在中国共产党的统一领导下的，有计划、有步骤、有秩序的社会主义性质的体制改革。

显而易见，当代中国政治体制改革是党领导的循序渐进的社会改革，是有序化的一个社会发展过程。而改革秩序的形成，主要是通过法制来营造和保障的。法制自身有一种趋向于秩序的倾向,因为它必然意味着对人们的行为的一种引导和限制。所以加强和完善法制,也就是强化和保障秩序。在当代中国政治体制改革过程中,法制保障秩序主要表现为:保证社会主义基本政治制度不变形,并使之在客观上总揽改革,制约各项具体改革措施;反映改革的内在逻辑和历史进程,防止体制改革出现反复和随意性;消除体制改革中的阻力和对体制改革的破坏与干扰,及时纠正各种反序行为,克服各种无序现象,如惩治腐败,打击犯罪等等。

(四)法制对政治体制改革成果的巩固作用

在体制改革进程中,应运用法律形式,使改革成果得以巩固。所谓巩固,在这里既有确认改革成果又有保护、巩固改革成果的含义。改革成果实际上是通过改革所形成的新的政治体制,乃至新的社会组织结构、社会关系模式。这些成果离不开法律的确认和保护,否则就无法存在、生存和发展。而且,法制在改革中的各种作用,最终都要通过巩固成果的作用来实现。进一步而论,法制对政治体制改革行为的指导和秩序的保障所取得的成果,如果没有法制加以巩固这样的后续行为,那么就有极大的付之东流或异变的可能性。所以,政治体制改革所取得的每一项成果都依赖于法制的确认和巩固,只有如此,改革的成就才能在更深广的时空范围内发挥作用。

注释

1 江泽民:“高举邓小平理论伟大旗帜,把建设有中国特色社会主义事业全面推向二十一世纪”,载《求是》1997年第18期。

2 江泽民:《全面建设小康社会,开创中国特色社会主义事业新局面——在中国共产党第十六次全国代表大会上的报告》,人民出版社2002年版,第52页。

3 《中共中央文件选编》,中共中央党校出版社1992年版,第93页。

4 《列宁选集》第3卷,人民出版社1995年版,第201页。

5 《邓小平文选》第2卷,人民出版社1994年版,第328页。

6 江泽民:《全面建设小康社会,开创中国特色社会主义事业新局面——在中国共产党第十六次全国代表大会上的报告》,人民出版社2002年版,第31页。

7 江泽民:《全面建设小康社会,开创中国特色社会主义事业新局面——在中国共产党第十六次全国代表大会上的报告》,人民出版社2002年版,第32页。

8 江泽民:《全面建设小康社会,开创中国特色社会主义事业新局面——在中国共产党第十六次全国代表大会上的报告》,人民出版社2002年版,第32页。

国家的历史类型和国家形式*

自国家产生以来,世界上出现过各种各样的国家和形形色色的国家形式,为了弄清它们的性质和特点,就需要进行科学的归纳分类,从中找出规律性的东西,以获得具有普遍意义的认识,这就是国家历史类型和国家形式所要研究的问题。借此,不仅可以了解它们本身,也有助于进一步加深对国家本质的理解。

一、国家的历史类型

国家是阶级统治的组织,是统治阶级实现其专政的工具,这是人类历史上一切国家的最基本的共同点。但是,历史上每个国家都具有各自特定的阶级内容,因而国家与国家之间,又存在着本质的差异。为了正确地认识具体国家的阶级本质,就应当在研究了国家的共同点之后,进一步研究国家的这些差异,这就是国家历史类型的理论所要解决的问题。不同的阶级本质,构成不同类型的国家,这也是人们通常所说的国体。

国家的历史类型,就是将古往今来人类社会上曾经存在过的

---

* 本文选自王子琳主编《国家学说概论》(吉林大学出版社 1983 年版),是张文显撰写的第三章。

和现存的一切国家,按其根本性质划分为不同的类型,即不同的国体。

划分国家类型的依据是什么呢?任何国家都是社会政治上层建筑的重要组成部分,是统治阶级实现其专政的工具。因此,根据辩证唯物主义和历史唯物主义的基本原理,划分国家类型的科学依据,就是看这个国家建立在什么样的经济基础之上,掌握在哪一个经济上占统治地位的阶级的手中。凡是建立在同一种经济基础之上,掌握在同一阶级手中的国家,就属于同一历史类型。反之,它们就属于不同的历史类型。国家的历史类型一方面显示出同一类型的各个国家所具有的共同特征,另一方面则表明不同类型的国家之间的本质差别。

人类历史上自有私有制和阶级以来,先后存在过四种类型的经济基础和四种经济上占统治地位的阶级,与此相适应,有四种国家类型,即奴隶占有制国家、封建制国家、资本主义国家和社会主义国家。奴隶占有制国家是在奴隶占有制基础上建立起来的奴隶主阶级专政的国家,是人类历史上最早的一种国家类型。封建制国家是在封建土地占有制经济基础上建立起来的地主阶级专政的国家。资本主义国家是在资本所有制和雇佣奴隶制基础上建立起来的资产阶级专政的国家。奴隶制国家、封建制国家和资本主义国家都是建立在私有制经济基础之上,都是少数剥削者奴役、剥削和压迫广大劳动人民的工具,因此,它们都属于剥削者类型国家。社会主义国家是以生产资料公有制为基础的、由工人阶级领导的和全体劳动人民掌握政权的国家,是人类历史上最高的也是最后一种国家类型。

任何类型的国家都是某一类型的经济基础的上层建筑,经济基础类型的质变必然引起国家类型的更替。正如我们在国家本质一章中所引述的马克思的著名论断:社会的物质生产力发展到一定阶段,便同它们一直在其中活动的现存生产关系和财产关系发生矛盾。于是这些关系便由生产力的发展形式变成生产力的桎梏。那时社会革命的时代就到来了。随着经济基础的变更,全部庞大的上层建筑也或慢或快地发生变革。按照社会发展规律,伴随着生产方式的变革,必然是封建制国家代替奴隶占有制国家,资本主义国家代替封建制国家,社会主义国家代替资本主义国家。这是一个由低级到高级的发展过程。社会主义国家是最高、最后的国家类型。它的最终结局,不是被另一个国家类型代替,而是在完成自己的历史使命的过程中逐渐演化为共产主义的社会组织。

国家类型的更替,意味着政权从一个阶级手中转移到另一个阶级手中。因此,这不可能经由和平进化而实现。历史经验证明,掌握政权的阶级从来不会自动地退出历史舞台,它们总是顽固地凭借国家暴力,拼命维护罪恶的、腐朽的社会制度。在这种情况下,代表新生产方式的先进阶级只有通过革命(特别是暴力革命)的手段,才能推翻反动的统治阶级,夺取国家政权,实现国家类型的更替。所以说,国家历史类型的更替是重大的社会政治变革,是革命推翻旧的统治阶级的政权而获得胜利的结果。

二、国家的管理形式

国家同任何事物一样,都是内容与形式的统一。每一个国家都有它的组织形式,借以表现其阶级统治的内容。所以考察国家的形式,对于了解国家的本质是至关重要的。

国家形式,也就是国家政权的组织形式。从古至今,每个国家的统治阶级,都根据该国所处的具体历史条件,政治斗争的发展和阶级力量对比关系,以及国际环境等等因素,建立适合于自己政治统治的国家形式,以代表国家,行使国家的政治统治权。

国家形式这个概念,包括国家的管理形式和国家的结构形式。每一个国家都同时具有这两种形式。

这里，首先谈谈国家的管理形式问题。国家的管理形式（治理形式），就是通常所说的政体，它指的是国家政权的构成形式，主要是最高国家权力机关的组织形式。它表明的是最高国家权力机关的组成，以及它与其他政权机关、与公民的关系。

迄今为止，在世界各国和各国的不同历史时代，国家的管理形式尽管极其复杂，但基本上可分为君主制和共和制两种。

（一）君主制国家

凡国家最高权力全部或部分的、实际或名义上独揽于世袭终身或被选为终身任职的国家元首一人的，不论其称号是国王或皇帝，都是君主制政体。在这种管理形式下，统治阶级利用君主的至高无上的地位，来行使自己的政治统治权。它能够适应于各种剥削者类型的国家。在历史上，奴隶主阶级、封建主阶级、资产阶级都曾采用过君主制政体。在奴隶制度下，君主制通常具有暴君政治或神权政治的特点；在封建制度下，君主制更是一种典型形式，以欧洲为例，先后出现过早期封建君主制，等级代表君主制以及专制君主制等形式；在资本主义制度下，则是立宪君主制的形式。所以，列宁曾经指出："君主制并不是形式划一、一成不变的制度，而是非常灵活的、能够适应各阶级的统治关系的制度。"[1]

君主制根据君主的权限，一般又可分为"无限（专制）君主制"和"有限（立宪）君主制"两种。

在君主制国家中，凡最高国家权力完全和绝对地属于君主一人，君主的权力不受法律或其他机关监督或限制的，就是专制君主制。这种"君主制是一人独裁的政权"，[2]是君主制的典型形式，在这种君主制国家里，实行君主独裁，国王或皇帝独揽最高统治权，拥有无限的权力，立法权、行政权、司法权以及一切军事、经济权力，统统归他一人行使，即所谓"朝纲独断"。所以这种君主制也叫"无限君主制"或"绝对君主制"。实行独裁的君主，他的意志就是国家的法律,宫廷则是国家政治生活的中心,他依靠庞大的官僚军事机构行使权力。这种政体最有利于少数剥削者运用高度集中的国家权力,采取粗暴的专横手段,来残酷地压迫劳动人民,巩固统治阶级的特权,维护剥削制度。在古代东方的奴隶主专政的国家中,像埃及、巴比伦、印度、中国都采取了专制君主制政体。中国历代的封建王朝和从16世纪到18世纪的欧洲一些封建制国家,也都采取了专制君主制政体。

在君主制国家中,凡君主的权力在一定程度上受法律或其他机关限制的,就是有限君主制。它的典型形式是立宪君主制。立宪君主制是资产阶级专政的一种政体。这种政体是由资产阶级在夺取政权时的阶级力量对比关系决定的。当时,资产阶级虽然已经拥有了相当的政治力量,但封建贵族也还有一定的力量与之抗衡,资产阶级不得不同封建贵族分权,立宪君主制就是一种分权形式,同时资产阶级慑于无产阶级和广大人民群众的力量,他们宁愿与封建贵族妥协,而不愿把革命进行到底,于是便建立了立宪君主制。在立宪君主制政体下,虽然国王保留了一些特权,但它并不妨碍资产阶级专政,反而还有很多好处。当资产阶级力量还不够强大,政治经验还很不足的时候,立宪君主制这种政体,可以使资产阶级充分利用封建国家的统治方法,维护自己的统治。而当资产阶级的统治发生危机时,"王权"又可成为资产阶级对抗社会变革的后备武器。这就是为什么至今某些资产阶级国家仍然继续采取立宪君主制政体的原因。

立宪君主制政体又可分为二元制和议会制(一元制)两种。在二元制之下,君主与议会构成中央机关的两种权力,君主任命对他负责的内阁,直接掌握行政权,立法权则归议会。1871—1918年的德意志帝国就曾采取过这种政体。在议会制之下,议会处于中央权力的主导地位。君主不直接支配国家政权,内阁掌管行政权并对议会负责,受议会监督,如英国、日本等国。

（二）共和制国家

凡最高国家权力机关由选举产生、其任职有一定期限的制度，就是共和制。采取共和制的国家叫共和国。在共和制政体下，统治阶级通过选举产生的最高国家权力机关来行使统治权。这种政体，早在西方的一些奴隶制国家（如古雅典、古罗马等）里就已出现了。中世纪欧洲的一些著名城市国家（如威尼斯、佛罗伦萨、诺夫哥罗德等）也出现过。资产阶级革命胜利后，在那些革命比较彻底的国家里，普遍地采用了共和制政体。现代的民主共和国已成为资产阶级专政的典型形式。

奴隶制时代的共和制有两种形式：民主共和制和贵族共和制。贵族共和制是在少数奴隶主阶层中选出豪绅显贵执掌国家权力。民主共和制是在所谓公民中选举国家官吏行使政治统治权。两者在实质上都是奴隶主阶级实现统治的形式。

中世纪欧洲的一些城市共和国是在早期的封建割据时期出现的，到专制君主制时期就消灭了。城市共和国的政治权力，掌握在选举产生的贵族豪门手中，是封建地主阶级专政的一种形式。

资产阶级民主共和国有两种基本形式：一元制（议会制）和二元制（总统制）。

凡是最高国家行政机关（政府）由议会授权或委托组成，并对议会负责的就是一元制（议会制）政体。在一元制共和国中，按宪法规定，议会是最高国家权力机关，总统（国家元首）由议会选举，不负实际行政责任，政府由议会中的多数党（或政党联盟）组成，并对议会负责，受议会监督。法国第三、第四共和国时期，就是这种政体的典范。现在的意大利也是这种共和政体。

凡以总统为政府首脑，政府不对议会负责的就是二元制（总统制）政体。在二元制共和国中，国家最高权力机关除议会外还有总统。总统既是国家元首，又是政府首脑，政府和议会在形式上互不从属，政府各部部长只对总统而不对议会负责。这种政体，最早产生于18世纪末的美国。目前的美国、菲律宾等国，都属于二元制共和国。

无论一元制，还是二元制，都是资产阶级专政的国家形式。在无产阶级同资产阶级尖锐对立的资产阶级国家里，"民主共和制是资本主义所能采用的最好的政治外壳，所以资本掌握……这个最好的外壳，就能十分巩固十分可靠地确立自己的权力，以致在资产阶级民主共和国中，无论人员、无论机构、无论政党的任何更换，都不会使这个权力动摇"。[3]

资产阶级共和制政体较之封建专制的君主制政体是一个进步。这种政体，虽然丝毫没有消除资本对工人的剥削和压迫，但是它却消除了封建专制制度的羁绊，使无产阶级和资产阶级的矛盾露骨地表现出来，并且为无产阶级反对资产阶级提供了更加有利的作战基地。无产阶级可以利用资产阶级的所谓言论、集会、结社等虚伪的民主和自由，利用普选权和议会讲坛，揭露资产阶级的罪恶，用马列主义宣传群众，教育群众，组织群众，发展壮大革命队伍，积蓄革命力量，随着阶级矛盾的激化，一旦条件成熟，无产阶级便可以率领群众起来推翻资产阶级统治，建立无产阶级专政。所以，恩格斯说："资产阶级共和国是无产阶级和资产阶级能够在其中进行决战的唯一的政治形式。"[4] 又说："我们的党和工人阶级只有在民主共和国这种政治形式下，才能取得统治。"[5]列宁也说：资产阶级"民主共和国是走向无产阶级专政的捷径"。[6]

因此，当资产阶级反对封建专制的君主制，为建立资产阶级共和国而斗争时，这是历史的进步，也是为无产阶级夺取政权开辟战场，无产阶级应当采取赞助和支持的态度。1789年法国资产阶级大革命，1848年法国二月革命，无产阶级都曾积极参加了建立共和国的斗争，对此，马克思和恩格斯都充分地肯定了它们的革命意义。当19世纪70年代，德国仍然处于容克地主同资产阶级联合实行军事独裁统治的时候,恩格斯曾尖锐地批驳了拉萨尔散布的"自由人民国家",后来又批判了德国社会民主党因害怕恢复反社会党人法,不敢提出废除君主制建立共和国要求的错误,明确地指出德国应当首先建立资产阶级民主共和国,作为走向无产阶级专政的阶梯。同时,革命导师也指出,当资产阶级革命取得胜利,民主共和国建立之后,无产阶级就应同资产阶级分道扬镳,利用已经获得的阵地,向资产阶级发起新的进攻,与资产阶级决战到底。决不能把资产阶级共和国"看成本质上是社会主义的形式,或者当它还为资产阶级所掌握时,就把社会主义的使命委托给它,都是毫无根据的幻想"。[7]

无产阶级专政应当采取什么样的政体呢? 恩格斯指出:"共和国是无产阶级将来进行统治的现成的政治形式。"[8]这就是说,社会主义类型的国家只能建立共和制政体,决不能建立君主制政体。至于无产阶级共和国的具体政治形式,马克思主义经典作家认为,只能由革命实践来回答。在无产阶级专政的历史上,已经出现的巴黎公社、苏维埃、人民代表大会等,都是群众在革命斗争中创造出来的社会主义共和国的具体形式。这种社会主义共和国,是民主制发展的最高形态,是资产阶级共和国所不可比拟的。

三、国家的结构形式

任何一个国家都是在一定的领土范围内,对一定的居民行使国家权力。为了把国家权力落实到一切地方和所有的人,统治阶级有必要把国家划分为若干行政区域或若干"国中之国",设置若干级国家机构。这就是国家的结构形式问题。

国家的结构形式,亦称国家体制,是指国家整体与部分之间,中央与地方之间的相互关系。在国家产生之初,由于国度狭小、人口不多、交通不发达等等原因,国家的结构形式比较简单,中央和地方没有也不必要有相当多的分级,基本上是一级治理,中央国家机关同时也是地方国家机关。但随着经济的发展,人口的增加,不同部族、民族的联合,国家领土日益扩大,国家的结构形式问题日益成为统治阶级实现其国家权力的一个重要问题。历代统治阶级都根据当时当地的需要创造了适合自己统治的国家结构形式。总的说,古代和中世纪的国家,基本上是单一的中央集权制的形式。到了近现代,由于政治的、经济的和历史的、民族的诸因素,国家结构形式空前地复杂化了。不过按其基本特征,近现代国家的结构形式,可以分为两种:单一制和复合制。

(一)单一制国家

凡一个国家内只有一个统一的立法机关和政府的国家,就是单一制国家。在单一制国家中,一般地说,都有单一的宪法,国家内部划分成若干行政区域,最高国家权力机关和行政机关实行集中统一领导。中央政权机关对内高于一切,对外保持独立自主,地方政权机关的许多活动要受中央的支配,对外不具有独立性,即令个别地区享有一定的自治权,这种自治权也仍然限制在统一的国家权力范围之内。采取这种形式的国家称单一制国家。现代的中国、法国、日本、芬兰等都属这类国家。

(二)复合制国家

复合制,是由几个成员国按协议联合起来的国家联盟。采取这种形式的叫复合国。它包括联邦制和邦联两种形式。

联邦制。凡由具有自己的立法机关和执行机关的几个成员国构成的统一的,但又是复合的国家,就是联邦制。这种国家又叫联盟国家。成员国即联邦主体,如共和国、邦、州等。在联邦制国家中,除了有整个国家(全联邦)的宪法、法律、法令,以及最高立法机关和政府外,每个成员国还有自己的宪法、法律、法令,以及自己的最高立法机关和政府。联邦与成员国间的权限划分，由联邦宪法规定，各成员国依联邦宪法的规定，对内对外享有一定的独立性。现代的苏联、美国、澳大利亚、加拿大、西德、南斯拉夫等都属这类国家。

邦联。它是由两个以上的独立国家为了某些共同目的（军事的、经济的等等）而结成的国家联合。与联邦制相比，它是一种结合不太紧密的国家联合。邦联的成员国各自保持内政和外交的独立性。全邦联没有最高的立法机关和行政机关，没有统一的军队、赋税、预算、国籍等。主要机关是邦联议会，由各成员国派代表团组成，商讨有关重大问题，其决议须经成员国政府批准才能在国内生效。邦联机关只能与成员国政府发生关系，而不能对成员国居民行使直接权力。这种形式多见于资本主义发展的早期，是当时社会上的经济政治发展薄弱的反映，有的后来逐渐被联邦制所代替。如1776年到1787年的美国、1815年到1848年的瑞士等。有的邦联由于某些原因而解体。

马克思主义认为，一个国家究竟采取什么样的结构形式，主要决定于该国的具体历史发展条件，阶级斗争的形势，民族和地理条件，以及当时它的外部环境。不同时代的各国统治阶级，都是适应上述条件，采取对本阶级最有利的结构形式，组成自己的国家。

马克思主义从无产阶级的革命利益出发，在国家结构形式问题上，原则上是反对联邦制，主张单一制的。不论是对资本主义国家还是社会主义国家，都是如此。

因为，在资本主义制度下，联邦制削弱了政治经济联系，会阻碍社会经济和文化的发展，不利于无产阶级队伍的团结和统一，限制工人政党的革命活动，有碍于无产阶级争取社会主义的斗争。而在社会主义制度下，采取集中统一的单一制国家结构形式，便于组织全社会的经济和文化教育事业，有助于促进社会生产力的发展和国家的巩固，促进社会主义建设，从而加速从资本主义向共产主义的过渡。因此，马克思主义认为，联邦制是一种例外，只有在特殊的社会历史条件下，例如在存在着复杂的民族问题或其他政治问题时，非采取联邦制就不能解决好民族问题或其他政治问题的情况下，才可以采取联邦制。

四、国家类型和国家形式的关系

国家类型和国家形式的关系是错综复杂的。在同一类型的国家间，存在着不同的国家形式，而表面上相同的国家形式，又为不同类型的国家所采用。有时一个国家在其不同的发展时期，阶级本质没有改变，国家形式却发生了变化；也有时在一个国度中，国家本质发生了变革，而国家形式却没有变化。诸如此类复杂情况，呈现于国家发展变化的整个历史过程中，成为各历史时代人们研究的一个重要问题。

然而，历代的剥削阶级思想家都是运用形而上学的观点，大多采用简单形式归类法，从形式上看问题，把阶级本质不同的国家划为一类，而把阶级本质相同的国家却划为不同类型，从而抹煞了不同类型国家的阶级本质，不能对国家类型和国家形式的关系作出科学的说明。马克思主义经典作家批判了他们的错误观点，对这个问题作出了正确地回答。

（一）国家形式从属于国家本质

马克思主义认为，不管国家类型和国家形式的关系如何复杂，总的说，国家形式是从属于国家类型的，也就是从属于国家本质的。因为国家是经济基础的上层建筑，是经济上占统治地位的阶级所掌握的政治权力，所以，国家形式归根结底决定于它的经济基础和统治阶级利益的需要。每个国家的统治阶级，为了实现自己的统治，都要建立一定的国家形式。无论是在阶级本质未变的国家里,其形式变化与否,还是在发生了类型更替的国家里,采取何种形式,即采取新的形式,或采取表面上与原来相同的形式,从根本上看各种具体形式,都是为当时统治阶级所需要的,都是该国统治阶级实现统治的理想形式。这就是说,无论在何种情况下,国家形式都是从属于国家本质的,国家形式与国家本质是完全适宜、完全一致的。

基于同一经济基础和同一阶级统治的同类国家,都曾有过各种不同的国家形式,这些形式,都是从属于国家类型的。奴隶制国家有君主制、贵族制、民主制之分,虽然有这些区别,它们都是奴隶占有制国家。资产阶级国家虽然有立宪君主制、议会制、总统制的不同形式,但本质上都是资产阶级专政。从资本主义向共产主义过渡时期,不能不产生非常丰富和繁杂的政治形式,但本质必然是一个,就是无产阶级专政。

国家形式从属于国家类型,还表现在:每一类型国家都有与其相适应的典型的国家形式,这些典型的国家形式,各自都最恰当最明显地反映了所属的国家类型的本质特征。奴隶主阶级专政的国家,其典型的、普遍的国家形式,是以暴君政治和神权政治为特点的君主制;封建地主阶级专政的国家,典型的国家形式,是以等级制度和宗法制度为特点的君主制;资产阶级专政的国家,典型的国家形式,是财富间接地、但也是更可靠地支配和运用国家权力的资产阶级民主共和国;无产阶级专政的国家,最基本的国家形式,是新型民主和新型专政的社会主义民主共和国。社会主义国家在任何情况下都不能采取君主制,因为君主制与社会主义国家的本质是绝对排斥、格格不入的。

各种类型的国家在其存在和发展过程中,也有各种各样的因素影响着国家形式。例如,经济地理条件,各阶级政治力量的对比,统治阶级内部各势力集团的争斗,历史传统和文化传统,民族关系,国际环境等等。正是由于这种种原因,使得每一类型国家除了典型的普遍的国家形式之外,还出现了某种“例外的”、“显得弱得多”的国家形式。如奴隶主专政的古雅典曾采取过民主共和制,古罗马曾实行过贵族共和制,中世纪欧洲城市封建贵族专政的城市国家实行过共和制,某些现代资产阶级国家还保留着立宪君主制,等等。然而,从实质上看,这些形式都产生于一定历史类型的具体国家之中,都是该国统治阶级从自己的根本利益出发、依据实际情况所能采取的最适合自己统治的形式。所以说,这些形式同样是从属于各自国家的阶级本质的。

人类社会是从低级向高级发展的,国家类型也是相应地由落后到先进不断进步的,从属于国家类型的国家形式也同样如此。以资产阶级民主制为特征的立宪君主制,比起以专制独裁为特征的奴隶制的和封建制的君主制就是一个历史的进步,资产阶级民主共和制,不仅比专制君主制进步,也比奴隶制的和封建制的共和制要完善和进步得多,而社会主义国家的民主共和制又大大地优越于资产阶级民主共和制。同时,社会主义国家的单一制或联邦制,也是资产阶级同类国家结构形式所无法比拟的。这也是国家形式从属于国家本质的一个体现。

(二)国家形式与国家本质的辩证统一

如前所述,任何一个国家都有自己特定的形式,没有无形式的国家,同时,任何一种国家形式都从属于特定的阶级本质,没有不表现国家本质的形式。国家形式与国家本质是辩证统一体。因此,我们研究国家问题,既要注重国家本质的研究,又要注重国家形式的研究,把两个方面有机的结合起来,切忌片面性。只强调国家本质,而忽略国家形式的观点是错误的;同样,只强调国家形式,而忽略国家本质的观点也是错误的。

人们认识一个国家,常常首先看到的是形式问题。如果就此止步,甚至只对形式感兴趣,而不考察其阶级本质,就不可能正确地认识一个国家。应该了解,国家形式是掌握国家政权的阶级进行统治的政治外壳,是国家本质的外部表现。这种表现有的较为明显,有的又很隐晦。要认识一个国家,就必须透过形式看其本质,把国家形式同国家本质联系起来加以考察,搞清这种形式是为哪个阶级所利用的,这样,才能有一个正确的答案。

总的说,国家形式是反映国家本质的。因为国家权力正是通过国家形式来表现的。对于统治阶级来说,采取什么样的形式实现统治,并不是无关紧要的,没有一个恰当的合适的形式,便不能更好地实现统治。一个国家究竟采取什么样的形式,其基本原则必须是有利于统治阶级控制国家权力,有利于维护他们的利益。但这并不是说,统治阶级可以随心所欲的采取什么形式,相反,它要受特定的社会和历史的经济政治条件的限制,离开一定的经济关系和阶级关系的国家形式是不存在的。例如,奴隶制的罗马共和制,是由于简单商品经济比较发达,那里不仅有氏族贵族、土地贵族、还有商业贵族。他们面对广大平民的反抗,便采取了奴隶主贵族共同掌权的形式。封建君主制是以武断专横和神权政治为特征的专制君主制,这种形式是适应地主贵族维护土地私有制、剥削劳动者、维护等级制度和政治特权的需要而产生的。资产阶级民主共和国,是资本主义生产关系代替封建制生产关系,封建制度灭亡的产物,它适合商品经济、自由竞争,适合资产者瓜分国家权力的需要。

每一种类型的国家,都有其典型的国家形式,在这个意义上可以说,不同的国家形式表现着不同的国家本质。虽然在各历史时代也出现过个别的“弱得多”的国家形式,但这些形式随着阶级斗争的发展,最终都不免被典型的国家形式所淹没。奴隶制的和封建制的共和制形式是这样,资产阶级的立宪君主制,国王越来越成为虚设,它与资产阶级民主共和制也几乎没有什么差别了。同时,国家形式对国家本质又起影响作用。历史上各种类型的国家之所以能够延续一个比较长的时间,其原因之一就是政权组织形式适合国家阶级本质的需要。

至于不同类型的国家,虽然存在表面相同的国家形式,但彼此的阶级本质都有根本的区别。例如,资产阶级国家和无产阶级国家所共同采取的共和制政体,就是截然对立的。资产阶级采取共和制政体,是为了更巧妙地统治劳动人民;无产阶级采取共和制政体,则是为了保障广大人民群众都能参加国家管理。正如列宁所指出的:"资本家现在需要共和国,因为不这样就'对付不了'人民。但是他们需要的是'议会制'共和国,也就是要把民主局限为民主的选举,局限为有权把代表人民而又镇压人民……的人派到议会中去。……人民需要共和国,为的是教育群众走向民主。需要的不仅仅是民主形式的代表机关,而且要建立由群众自己从下面来管理整个国家的制度,让群众实际地参加各方面的生活,让群众在管理国家中起积极的作用。"[9]再如,资产阶级国家和无产阶级国家都有单一制和联邦制的国家结构形式,但二者之间也有着本质的区别。就单一制而言,资产阶级国家的单一制,显然是一种官僚集中制;社会主义国家的单一制,则是建立在民主集中制的基础上。就联邦制而言,资产阶级联邦制是采用暴力和兼并的手段,实行民族压迫和民族奴役的结果;社会主义联邦制,则是建立在民族平等基础上的自愿联合,在于解决民族问题。

关于国家类型和国家形式的关系大致就是如此。但两者的关系都是非常具体的,要深入了解这个问题,还需要在后面讲到每一种具体类型国家时进一步阐述。

注 释

1 列宁:"关于选举运动选举纲领",载《列宁全集》第 17 卷,人民出版社 1959 版,第

264 页。

2 列宁:“论国家”,载《列宁选集》第 4 卷,第 50 页。

3 列宁:“国家与革命”,载《列宁选集》第 9 卷,第 181 页。

4 恩格斯:“未来的意大利革命和社会党”,载《马克思恩格斯选集》第 4 卷,人民出版社 1972 年版,第 290 页。

5 恩格斯:“1891 年社会民主党纲领草案批判”,载《马克思恩格斯全集》第 22 卷,人民出版社 1965 年版,第 274 页。

6 列宁:“国家与革命”,载《列宁全集》第 3 卷,第 231 页。

7 恩格斯:“致保·拉法格”,载《马克思恩格斯选集》第 4 卷,人民出版社 1972 年版,第 508 页。

8 恩格斯:“致保·拉法格”,载《马克思恩格斯选集》第 4 卷,人民出版社 1972 年版,第 508 页。

9 列宁:“论无产阶级民警”,载《列宁全集》第 24 卷,人民出版社 1957 年版,第 153—154页。

国家的消亡*

马克思主义国家学说是一个完整的科学体系。国家消亡问题,是马克思主义国家学说的有机组成部分,同时也是科学社会主义理论中的一个重要问题。自从马克思主义诞生时起,国家消亡问题就已经作为一个重要的理论问题提出来了。恩格斯于 1883 年在一封信中就曾回顾说:“马克思和我从 1845 年起就持有这样的观点:未来无产阶级革命的最终结果之一,将是称为国家的政治组织逐步消亡和最后消失。”[1]19 世纪 40 年代以后,随着无产阶级与资产阶级斗争的深入,共产主义运动实践和内部理论斗争的发展,马克思和恩格斯关于国家消亡的思想也不断丰富和发展起来。他们不仅科学地阐明了国家产生和发展的客观规律,指出国家消亡的历史必然性,而且精辟地论述了国家消亡的一般条件,以及未来共产主义社会组织的性质和任务,给人们描绘出来社会的发展远景。列宁在新的历史条件下,根据马克思和恩格斯所阐明的科学结论,进一步论述了国家消亡的问题,明确指出了无产阶级革命和无产阶级专政与国家消亡的关系,划清了马克思主义同机会主义,修正主义和无政府主义的原则界限,使马克思主义国家学说更加

---

* 本文选自王子琳主编《国家学说概论》(吉林大学出版社 1983 年版),是张文显撰写的第十二章。

完整和系统化。

一、马克思主义论国家消亡

马克思主义关于国家消亡的理论,不是空想,也不是主观臆造,而是有着极充分的理论和科学根据的。用列宁的话说,是建立在"最彻底、最完整、最周密、内容最丰富的发展论"[2]的基础之上的。马克思主义经典作家们正是运用这一科学的世界观,考察人类社会的历史,特别是资本主义社会产生和发展的历史,得出了国家必然消亡的结论。

(一)国家消亡是不可避免的

在马克思主义的辩证唯物主义看来,"完美的社会、完美的'国家'是只有在幻想中才能存在的东西;反之,历史上依次更替的一切社会制度都只是人类社会由低级到高级的无穷发展进程中的一些暂时阶段。"[3]可见,国家并不例外,国家是同阶级和阶级斗争紧密相联的一种历史现象。它不是从来就有的,也不会是永恒存在的,在人类漫长的历史长河中,只不过是在一定条件下暂时出现的一种社会现象。它在一定历史阶段上产生,也必将在一定的历史阶段上消失。当人类社会进入高级发展阶段的共产主义社会的时候,由于阶级已经消灭了,社会上不再存在需要用国家加以镇压的阶级,由于人们已经学会了不需要法律规范而自觉遵守社会规范去生活,国家也就成为不需要的东西而消亡了。正如恩格斯所指出的:"阶级不可避免地要消失,正如它们从前不可避免地产生一样。随着阶级的消失,国家也不可避免地要消失。以生产者自由平等的联合为基础的,按新方式来组织生产的社会,将把全部国家机器放到它应该去的地方,即放到古物陈列馆去,同纺车和青铜斧陈列在一起。"[4]

早在19世纪40年代中期，马克思和恩格斯在自己的科学活动中，在同资产阶级社会观和国家观的斗争中，就已经得出了未来社会的发展必然是国家这一社会现象最终走向消亡这一科学结论。在此之后，两位革命导师在他们有关国家问题的著作中，几乎无一例外地都提到这个问题。科学地认识国家消亡问题，对于有效地进行无产阶级革命斗争，对于抵制、批判资产阶级在国家问题上的谬论，对于正确认识共产主义社会，都具有极其重要的意义。

马克思主义关于国家消亡的理论，同其他理论问题形成过程一样，是随着阶级斗争的发展和工人运动的实践而不断丰富起来的。

恩格斯在1875年写的一封信中指出，马克思和他在以下两本书中就已经提到了国家消亡问题，他说："马克思驳斥蒲鲁东的著作和后来的《共产党宣言》都已经直接指出，随着社会主义制度的建立，国家就会自行解体和消失。"[5]前一篇著作指的是1847年马克思写的《哲学的贫困》。进入50年代后，他们又指出："共产党人认为，废除国家的意思只能是废除阶级的必然结果，而随着阶级的废除，自然就没有必要用一个阶级的有组织的力量去统治其他阶级了。"[6]"那时，国家政权对社会关系的干预将先后在各个领域中成为多余的事情而自行停止下来。那时，对人的统治将由对物的管理和对生产过程的领导所代替。"[7]这两句话既讲到了国家消亡的前提是消灭阶级，又讲到了国家消亡的形式是从对人的统治过渡到对物的管理。1875年时恩格斯重申："当不再有需要加以镇压的社会阶级的时候，当阶级统治和根源于至今的生产无政府状态的生存斗争已被消除，而由此二者产生的冲突和极端行动也随着被消除了的时候，就不再有什么需要镇压了，也就不再需要国家这种特殊的镇压力量了。"[8]所有这些论述都清楚表明，国家最终将走向消亡是必然的和不可避免的。因为这是不以人们意志为转移的、国家自身发展的客观规律。

在对待国家消亡问题上，历来存在着无产阶级同资产阶级两种世界观的斗争。资产阶级和一切剥削阶级都怕说阶级的消灭，国家权力的消灭。因为国家是资产阶级用以镇压和剥削劳动人民的工具，他们要想维护自己的特权地位，就不能没有这个工具。所以，消灭阶级，消灭国家权力，这对他们而言，意味着他们的统治被推翻，这当然是痛苦的、不堪设想的。而对于无产阶级来说，则不是什么被推翻的问题，而是要在自己的政党共产党领导下，依靠无产阶级专政，努力工作，为国家消亡创设条件，使国家很自然地归于消亡，完结自己的历史使命。因此，无产阶级不但不回避国家消亡，而且公开声明，他们要为国家消亡而工作，而斗争。然而，为要达到这一点，却又必须暂时保留国家。但是，无产阶级绝不崇拜或迷信国家，事实上，只有无产阶级才能对国家给予恰如其分的正确估价。在无产阶级看来，“国家最多也不过是无产阶级在争取阶级统治的斗争胜利以后所继承下来的一个祸害，胜利了的无产阶级也将同公社一样，不得不立即尽量除去这个祸害的最坏方面，直到在新的自由的社会条件下成长起来的一代能够把这全部国家废物完全抛掉为止。”[9]可是无产阶级并不过分迷恋国家，它的革命目标是最终消灭国家，但是，为了达到这个目标，又不得不暂时利用国家，并赋予国家以革命的政治形式。正如恩格斯所说的：“为了粉碎资产阶级的反抗，竟不放下武器，不废除国家，而赋予国家以一种革命的暂时的形式。”[10]

国家消亡问题现在还是一个理论问题，而不是一个现实问题。我们根据马克思主义的理论，可以推断出国家消亡的远景，但还不可能知道消亡的细节。列宁说：“我们只能谈国家消亡的必然性，同时着重指出这个过程是长期的，它的长短将取决于共产主义高级阶段的发展速度。至于消亡日期或消亡的具体形式问题，只能作为悬案，因为现在还没有可供解决这些问题的材料。”[11]我们的任务就是要指出国家消亡的前途，看到共产主义的美好远景，并为它的实现而努力奋斗。

(二)国家是自行消亡的

关于国家如何达到消亡的问题,是马克思主义与机会主义和无政府主义进行理论斗争的一个极其重要的问题。恩格斯对此作了非常准确而肯定的概括:“国家不是‘被废除’的,它是自行消亡的。”[12]这就是说,国家消亡不是外力施予的结果,而是其自身内在矛盾运动发展的结果。列宁对恩格斯的这一论断特别欣赏,指出:“‘国家消亡’这句话说得非常恰当,它既表明了过程的渐进性,又表明了过程的自发性。”[13]这里所谓的渐进性,是说国家消亡决不是在短时间内一次完成的,而是一个长期的、渐进的过程;这里所谓的自发性,则是说国家消亡决不能由人为地去“废除”国家来达到,而是国家本身自然发展的结果。

关于国家消亡的渐进性和自发性原理,划清了马克思主义同机会主义和无政府主义的原则界限。所有的社会主义者都承认国家的消亡是社会主义革命的结果。在这一点上,马克思主义与机会主义、无政府主义甚至没有多大分歧。但是,在社会主义革命胜利后,应如何对待国家政权问题上,机会主义者却抱着“将来再看吧”的敷衍态度。他们开始是不赞成无产阶级以革命手段夺取政权,进而是怀疑这个政权的革命作用,并且表现出对国家逐渐消亡的理论一窍不通。因为,他们把马克思对国家“自行消亡”的概括,理解为“似乎只有缓慢的、平静的、逐渐的变化,而没有飞跃和风暴,没有革命。对国家‘自行消亡’最普遍、最流行、最大众化的……理解,无疑是抹杀革命,甚至是否认革命”。[14]无政府主义者则根本否定建立革命政权的必要性,不承认任何权威。他们不懂得国家的性质,硬是说国家是宗教感情和传统精神的产物;不懂得国家同经济、社会的真正关系,不懂得消灭国家权力的条件,“却要求在那些产生权威的政治国家的社会关系废除以前,一举把权威的政治国家废除。"[15]即所谓在二十四小时内消灭一切国家权威,组成无政府社会。他们错误地认为,无产阶级的任务不是夺取政权,而是破坏政权,因而咒骂工人阶级的政权必然再产生出专制和奴隶的对立。归根到底,一个中心问题就是他们否认消灭国家的前提条件是建立无产阶级专政。马克思、恩格斯和列宁等革命导师,对上述的错误思潮进行了深刻的批判。他们一致认为,虽然消灭国家是革命的目的,但是,"只有在社会主义革命把阶级消灭之后,在导向国家消亡的社会主义建立起来之后,这个目的才能实现"。[16]为此,必须事先建立无产阶级专政,没有无产阶级专政,阶级是不会消灭的。无产阶级解决政权问题,"就是朝着消灭阶级的方向迈进了具有决定意义的一步"。[17]由此可见,马克思主义同机会主义和无政府主义的最重要的原则区别,在国家消亡问题上,也还是承认不承认无产阶级专政的问题。

(三)"自行消亡"的只能是社会主义国家

马克思主义总是把国家同社会联系起来加以考察,认为建立在资本主义经济基础之上的资产阶级国家,是不会自行消亡的,按照一般规律,只能通过暴力革命来加以消灭。在它之后,建立在社会主义经济基础之上的无产阶级专政的社会主义国家,根本不同于资产阶级国家,它将随着社会主义经济基础的发展而发展,而当人类进入高度发展的共产主义社会时,私有制不存在了,人与人之间的阶级差别消灭了,分配领域中的资产阶级权利也被消灭了,这时国家就会成为不需要的东西,而自行消亡下去。正如毛泽东同志所阐述的:"人到老年就要死亡,党也是这样。阶级消灭了,作为阶级斗争的工具的一切东西,政党和国家机器,将因其丧失作用,没有需要,逐步地衰亡下去,完结自己的历史使命,而走到更高级的人类社会。"[18]可见,逐步衰亡下去的国家,就是人民民主专政即无产阶级专政的社会主义国家。对此,列宁有一句表达得最明确的话："无产阶级国家代替资产阶级国家，非通过暴力革命不可。无产阶级国家的消灭，即任何国家的消灭，只能通过'自行消亡'。"[19]为什么资产阶级国家不能自行消亡呢？这是因为，历史上任何一个剥削阶级都是社会中的少数，而少数人要剥削和压迫多数人，就必须借助于国家暴力。这就决定了任何剥削阶级（包括资产阶级在内）都不会自动放弃政治权力，任何剥削阶级国家都不会自行消亡。在马克思主义看来，无产阶级要争得自身的彻底解放，对于资产阶级国家，只有通过暴力革命，打碎资产阶级国家机器，建立起无产阶级专政的社会主义国家，才能创造国家消亡的前提。因此，在社会主义国家以前，根本不存在任何其他国家的消亡问题。

与剥削阶级根本不同，无产阶级在革命中夺取政权，建立社会主义国家，不是为了永远维持自己的阶级统治，不是为了利用国家政权谋求阶级私利，而是为了消灭一切阶级（包括无产阶级自身）和阶级差别，从而使作为阶级统治工具的国家机器自然地归于消亡。正因为如此，恩格斯才说社会主义国家已经不是原来意义的国家了。在这里，"实行镇压的机关已经是居民中的多数，而不是居民中的少数，同过去奴隶制、农奴制、雇佣奴隶制时代的情形完全相反。既然人民大多数亲自镇压压迫自己的人，实行镇压的'特殊力量'也就不需要了！国家就在这个意义上开始消亡。"[20]所以列宁说："无产阶级所需要的只是逐渐消亡的国家，即组织得能立刻开始消亡而且不能不消亡的国家。"[21]

马克思主义指出国家自行消亡的结论只适用于社会主义国家，而不适用于资产阶级国家，这就在理论上划清了马克思主义与机会主义的原则界限。机会主义者肆意歪曲马克思主义关于国家自行消亡的原理，从超阶级的国家观出发，认为国家是阶级调和的机关，并由此得出结论：无产阶级不必实行暴力革命，打碎资产阶级国家机器，只要争取到普选权，取得议会中的多数，就可以使资本主义“和平长入”社会主义，资产阶级国家也就“自行消亡”了。他们企图给人们造成这样一种模糊观念：似乎资产阶级国家不需要经过革命风暴，便可以逐渐地“自行消亡”。这显然是一种否认革命的机会主义观点。因此列宁提出针锋相对的主张：“用无产阶级国家代替资产阶级国家，这种代替是使国家根本消亡的唯一道路。”[22]由此可见，马克思主义关于国家自行消亡的科学结论，只适用于社会主义国家，而不适用于任何其他国家，当然也不适用于资产阶级国家。对于所有剥削阶级国家，则是以革命手段加以推翻的问题，如果硬是把国家自行消亡与剥削阶级国家扯在一起，那就只能是“‘民主的和平发展’这种常见的机会主义偏见和市侩幻想”。[23]

二、国家消亡的条件和途径

我们已经知道，国家不是从来就有的，也不是永恒存在的，这就是说，国家消亡是历史发展的必然。那么国家将在什么情况下消亡，在什么条件下消亡，它的消亡将经过怎样的途径，马克思主义经典作家对此都有明确的回答。

（一）共产主义的高度发展是国家消亡的条件

在我国人民取得全国政权的前夕，毛泽东同志就高瞻远瞩地指出：“消灭阶级，消灭国家权力，消灭党，全人类都要走这一条路的，问题只是时间和条件。”[24]关于国家消亡的条件问题，列宁写道：“要使国家完全消亡，就必须有完全的共产主义。”[25]所谓完全的共产主义，是指共产主义社会的高级发展阶段。“在这个阶段上，不仅某个特定的统治阶级而且任何统治阶级的存在，从而阶级差别本身的存在，都将成为时代的错误，成为过时的现象。”[26]随着阶级和阶级差别的废除，自然就不需要有国家去实行阶级统治了，国家也就自然随之消亡。可见阶级的消灭是国家消亡的前提条件。马克思说:“阶级统治一旦消失,目前政治意义上的国家也就不存在了。”[27]

马克思对共产主义社会是这样描述的:“在共产主义社会高级阶段上,在迫使人们奴隶般地服从分工的情形已经消失,从而脑力劳动和体力劳动的对立也随之消失之后,在劳动已经不仅仅是谋生的手段,而且本身成了生活的第一需要之后;在随着个人的全面发展生产力也增长起来,而集体财富的一切源泉都充分涌流之后,——只有在那个时候,才能完全超出资产阶级法权的狭隘眼界,社会才能在自己的旗帜上写上:‘各尽所能,按需分配’!”[28]这时,“世界上再没有进行剥削的可能,再没有土地占有者和工厂占有者,再没有一部分人吃得饱一部分人挨饿的现象,再没有发生这种情形的任何可能的时候,我们才会把这个机器毁掉。”[29]这就是最高级的人类社会——共产主义社会。

在高度发展的共产主义社会,经济上是高度发展的单一的全民所有制,两种公有制的差别不存在了,私有制被彻底消灭了,社会生产力极大提高,社会产品极大丰富,实现了“各尽所能,按需分配”的原则,不仅彻底消灭了剥削、消灭了阶级,而且彻底消灭了“按劳分配”的“资产阶级权利”。由于文化教育和科学技术的极端发达,人们掌握了全面的生产技能和科学知识,打破了那种使人终身束缚于某种职业的社会分工,因而人们的智慧和才能得以全面发展和充分发挥,“三大差别”不复存在,从根本上消灭了产生和存在阶级的可能性与它的经济根源。

在思想意识方面,人们都具有高度的共产主义觉悟和高尚的道德品质。在高度物质文明的基础上,形成高度的精神文明。马克思主义唯物史观成了人们的科学世界观,所有的人都以极高的积极性和创造性,尽其所能地来为社会服务、贡献一切力量。那种“人人为自己,上帝为大家”的个人主义思想,那种损人利己的人生哲学,那种冷酷无情的斤斤计较,不愿比别人多做半小时工作,也不愿比别人少得一分钱报酬的心理状态都不复存在了。因为,这时劳动已不再被当作谋生的手段,而是人们生活的第一需要,乐生的要素了。共产主义的道德观扫除了一切旧思想、旧文化,旧风俗、旧习惯,人们的思想已经完全超出了资产阶级权利的狭隘界限,成为大公无私的社会成员,人人都习惯于遵守公共生活规则,维护公共生活秩序。这时,不仅对人进行强力统治的国家没有了,强制人们必须服从的法律规范也没有了。这就是共产主义社会所应具备的特征。可见,只有共产主义社会,才能为国家消亡提供经济条件和思想条件。这时,阶级借以存在的经济基础,已经被共产主义的经济基础所代替,作为政治上层建筑而存在的国家,已经为非政治社会组织所代替,国家完全消亡了。

因此马克思说:"工人对反抗他们的旧世界各个阶层的阶级统治必须延续到阶级存在的经济基础被消灭的时候为止。"[30]列宁则说:"国家将一直生存到胜利的社会主义转变为完全的共产主义的时候。"[31]在另一处又说:"国家完全消亡的经济基础就是共产主义的高度发展。"[32]

在共产主义的高级发展阶段,不仅物质财富极大的丰富,而且思想觉悟也会极大的提高。"人们对于人类一切公共生活的简单的基本规则就会很快从必须遵守变成习惯于遵守了。"[33]人们"逐渐习惯于遵守数百年来人们就知道的、数千年来在一切处世格言上反复谈到的,起码的公共生活规则,自动地遵守这些规则,而不需要暴力,不需要强制,不需要服从,不需要所谓国家这种实行强制的特殊机构"。[34]这时,全体居民的精神和文化得到均衡发展,社会管理工作将由社会成员轮流担任,不再有专门从事管理的人和集团,因此,同社会分离的国家公共权力完全回归到社会之中,对人的统治和管理过渡到对物的管理和对生产过程的领导。既然如此,国家就失去它的政治性质而走向消亡,将为共产主义的社会组织所代替。

社会组织将取代国家组织执行社会职能,是国家消亡的途径。这从社会主义国家职能的发展变化中看得很清楚。它一开始就以“不是原来意义上的国家”或“半国家”的面目出现,由于剥削阶级的被消灭,被镇压的仅仅是剥削阶级的残余分子和其他刑事犯罪分子,因此,它的镇压职能已经不再是主要的了。随着国家职能逐步由阶级统治向社会管理过渡,随着国家从对人的管理向对物的管理的过渡,最后将完全由社会组织取代国家组织,成为社会生产的领导者,国家就再没有存在的意义而终于走向消亡。

总之,共产主义的高度发展为国家的消亡提供了社会的、经济的、思想文化的条件。因此,要达到国家消亡,就必须有共产主义的高度发展。

社会主义社会与此就不大相同。它是共产主义社会发展的第一阶段或低级阶段,是还不成熟的共产主义社会。在社会主义社会,还存在着阶级和阶级斗争,即使在剥削阶级消灭之后,在一定范围内还有阶级斗争,还存在阶级差别,还没有彻底铲除产生和存在剥削分子的土壤和条件。经济上还存在两种公有制的差别,即全民所有制和劳动群众集体所有制的差别,还存在私有制残余。这时的社会生产力还不够发达,社会产品还不够丰富,在分配领域还存在资产阶级权利,还存在反映阶级差别的工农之间、城乡之间、脑力劳动和体力劳动之间的三大差别,在思想意识上资产阶级的和其他剥削阶级的思想影响的存在,等等,所有这些决定了在社会主义历史阶段,还必须有国家发挥其职能作用,因此国家还不能消亡。

还应指出,国家消亡,不仅要具备国内条件,还要具备国际条件,即在全世界彻底消灭人剥削人、人压迫人的制度。因此国家消亡问题,并不是一国或几国所能单独办到的事情,而是国际无产阶级的共同事业。如果只有国内条件,事情仅仅只完成了一部分,而不是它的全部。在国际上还有资本主义和资产阶级的条件下,要在国内彻底消灭阶级、建成共产主义是不可能的。国际上帝国主义、资本主义和各国反动派的存在,是社会主义国家存在阶级斗争的外部原因。因此,要消灭阶级和阶级斗争,建成共产主义社会,就必须在世界范围内消灭资本帝国主义和反动派,消灭人剥削人、人压迫人的制度。毛泽东同志说:"一个社会主义国家的最后胜利,不但需要本国无产阶级和广大人民群众的努力,而且有待于世界革命的胜利,有待于在整个地球上消灭人剥削人的制度,使整个人类都得到解放。"[35]无产阶级只有解放全人类,才能最后解放自己。只有全世界无产者联合起来,团结战斗,取得世界革命的彻底胜利,才能最后埋葬剥削阶级和剥削制度,为本国消灭阶级和一切阶级差别,消灭国家,实现共产主义创造必要的国际条件。

全世界革命的胜利,这是需要相当长的时间才能完成的事业,与此相适应,建成共产主义、达到国家消亡,也必然是一个相当长的历史过程。这是需要几代人为之艰苦奋斗才能实现的伟大事业。在共产主义到来之前,当还不具备国家消亡条件的时候,就无视阶级斗争的存在,削弱甚至取消无产阶级专政,人为地"制造"国家消亡,只能给无产阶级的共产主义建设事业带来危害,推迟国家消亡的进程。列宁说:"提前宣布国家的消亡将会破坏历史的发展远景。"[36]

在我国,虽然剥削阶级已经消灭了,但阶级斗争还没有完全消灭,它还将在我国社会一定范围内长期存在着,并且在某种条件下还有可能激化。我们的祖国还未完全统一,我们的经济和文化还相当落后,所以说,我们今天距离国家消亡还相当遥远。如果我们不是这样地提出问题和认识问题,必将导致理论上的荒谬,实践上的盲动,给社会主义建设事业造成不堪设想的恶果。我们当前的任务是要坚持人民民主专政的国家制度,为实现社会主义的"四化"建设,发挥应有的作用。

（二）加速"两个文明"建设,发扬社会主义民主,为国家消亡创造条件

我们已经知道,国家消亡的基本条件,是共产主义的高度发展,而共产主义的高度发展,又必须具备物质的和精神的两个条件。但是,这些条件并不是自发出现的,它要靠亿万人民群众在各方面做出巨大的努力去创造。这就是社会主义国家所面临的压倒一切的重大任务:建设高度的社会主义物质文明和建设高度的社会主义精神文明。

首先,必须大力发展社会生产力,建设高度的物质文明。国家消亡是以阶级和阶级差别的消灭为前提的,而生产力的高度发展,则是阶级和阶级差别消灭的基础。恩格斯说:"社会分裂为剥削阶级和被剥削阶级,统治阶级和被统治阶级,是以前生产不大发展的必然结果。"[37]这是说,阶级是在社会生产力有了一定的发展、但发展得又不充分的情形下产生和存在的。"所以,社会阶级的消灭是以生产的高度发展阶段为前提的"。[38]因此,从根本上说,要消灭阶级,实现共产主义,达到国家消亡,中心问题是发展生产力,使社会的物质财富如同泉水一样不断涌流,从而在分配领域达到"各尽所能,按需分配"。可见,没有生产力的高度发展,没有物质财富的极大的丰富,也就是没有高度的物质文明,是不能建成共产主义的。

其次,必须大力加强社会主义和共产主义精神文明建设。列宁曾经多次谈到过精神文明和国家消亡的关系问题。在他看来,只有摆脱少数人对精神的统治和对教育的垄断,从而使所有的人都有高度的文化知识,学会社会管理;只有人们摆脱剥削制度所造成的无数残暴、野蛮、荒谬和卑鄙的现象,学会用文明手段处理人们之间的冲突;只有人们使劳动成为习惯并愿意为社会献身,而不

去斤斤计较个人得失；只有人们习惯于遵守社会的道德原则和公共生活准则，而不需要暴力和强制，只有在这时，国家才会成为多余的东西而退出历史舞台。社会主义和共产主义的精神文明，是国家消亡的基本条件之一。没有这个精神条件，国家就不会消亡。

再次，必须充分发扬高度的社会主义民主。如果说，物质文明是国家消亡的经济基础，精神文明是国家消亡的思想文化基础，那么，高度的社会主义民主则是国家消亡的社会基础。恩格斯说："国家的本质特征，是和人民大众分离的公共权力。"[39]就是说，国家的存在意味着有一个从社会中产生而又驾于社会之上的政治权力。社会主义国家已经不是原来意义上的国家，所以当它诞生伊始，这个特征就开始消失。但是，这种消失并不是立即可以实现的，它要有一个长期的发展过程。这个发展过程主要取决于民主完备的程度。因为，无产阶级专政的历史经验已经表明，解决国家权力与社会相脱离的问题的最好办法，也就是使国家权力与社会相结合的最好办法，就是充分发扬社会主义民主，把国家权力置于社会的管理和监督之下。就像列宁所深刻阐明的："胜利了的社会主义如果不实行充分的民主，它就不能保持它所取得的胜利，引导人类走向国家的消亡。"[40]无产阶级应当充分认识社会主义国家的这一历史作用，在共产党的领导下，努力建设高度的社会主义民主。"民主愈完全，它成为多余的东西的时候就愈接近。由武装工人组成的、'已经不是原来意义上的国家'的'国家'愈民主，则任何国家开始消亡也就愈迅速。"[41]我们所说的社会主义民主，是指在管理国家上已经制度化了的民主，也就是民主制。而"民主制是一种国家形式，它将随着国家的消亡而消亡"。

由此可见，为了建成共产主义社会，为了促使国家消亡，我们必须全力以赴地建设高度的物质文明，高度的精神文明和高度的社会主义民主，为共产主义准备物质条件和精神条件。而为了达到经济、文化和思想水平极大提高，又必须有共产党的领导和人民民主专政的政权来作保证。毛泽东同志指出，“我们和资产阶级政党相反。他们怕说阶级的消灭，国家权力的消灭和党的消灭。我们则公开声明，恰是为着促使这些东西的消灭而创设条件，而努力奋斗。共产党的领导和人民专政的国家权力，就是这样的条件。”[42]今天，我们只有坚持党的领导，坚持人民民主专政，才能建成社会主义和共产主义，才能促使国家消亡，从而进入人类最理想的大同世界——共产主义社会。

注　释

1 恩格斯："致菲·范一派顿"，载《马克思恩格斯选集》第4卷，人民出版社1972年版，第438页。

2 列宁："国家与革命"，载《列宁选集》第3卷，人民出版社1960年版，第243页。

3 恩格斯："路德维希·费尔巴哈和德国古典哲学的终结"，载《马克思恩格斯选集》第4卷，人民出版社1972年版，第212—213页。

4 恩格斯："家庭、私有制和国家的起源"，载《马克思恩格斯选集》第4卷，人民出版社1972年版，第170页。

5 恩格斯："给奥·倍倍尔的信"，载《马克思恩格斯选集》第3卷，人民出版社1972年版，第30页。

6 马克思、恩格斯："'新莱茵报·政治经济评论'第4期发表的书评"，载《马克思恩格斯全集》第7卷，人民出版社1959年版，第339页。

7 恩格斯："反杜林论"，载《马克思恩格斯选集》第3卷，人民出版社1972年版，第320页。

8 恩格斯："反杜林论"，载《马克思恩格斯选集》第3卷，人民出版社1972年版，第320页。

9 恩格斯："'法兰西内战'1891年单行本导言"，载《马克思恩格斯选集》第2卷，人民出版社1972年版，第336页。

10 恩格斯："政治冷淡主义"，载《马克思恩格斯选集》第2卷，人民出版社1972年版，第556页。

11 列宁："国家与革命"，载《列宁选集》第3卷，人民出版社1960年版，第253页。

12 恩格斯:“反杜林论”,载《马克思恩格斯选集》第3卷,人民出版社1972年版,第320页。

13 列宁:“国家与革命”,载《列宁选集》第3卷,人民出版社1960年版,第247—248页。

14 列宁:“国家与革命”,载《列宁选集》第3卷,人民出版社1960年版,第184页。

15 恩格斯:“论权威”,载《马克思恩格斯选集》第2卷,人民出版社1972年版,第554页。

16 列宁:“国家与革命”,载《列宁选集》第3卷,人民出版社1960年版,第269页。

17 列宁:“无产阶级专政时代的经济和政治”,载《列宁选集》第4卷,人民出版社1972年版,第93—94页。

18 毛泽东:“论人民民主专政”,载《毛泽东选集》第4卷,人民出版社1960年版,第1357页。

19 列宁:“国家与革命”,载《列宁选集》第3卷,人民出版社1960年版,第188页。

20 列宁:“国家与革命”,载《列宁选集》第3卷,人民出版社1960年版,第206—207页。

21 列宁:“国家与革命”,载《列宁选集》第3卷,人民出版社1960年版,第190页。

22 列宁:“论民主和专政”,载《列宁选集》第3卷,人民出版社1960年版,第713页。

23 列宁:“国家与革命”,载《列宁选集》第3卷,第190页。

24 毛泽东:“论人民民主专政”,载《毛泽东选集》第4卷,人民出版社1960年版,第1357页。

25 列宁:“国家与革命”,载《列宁选集》第3卷,人民出版社1960年版,第252页。

26 恩格斯:“反杜林论”,载《马克思恩格斯选集》第3卷,人民出版社1972年版,第321页。

27 马克思:“巴枯宁‘国家制度和无政府状态’一书摘要”,载《马克思恩格斯选集》第2卷,人民出版社1972年版,第637页。

28 马克思:“哥达纲领批判”,载《马克思恩格斯选集》第3卷,人民出版社1972年版,第12页。

29 列宁:“论国家”,载《列宁选集》第4卷,人民出版社1972年版,第56—57页。

30 马克思:“巴枯宁‘国家制度和无政府状态’一书摘要”,载《马克思恩格斯选集》第2卷,人民出版社1972年版,第639页。

31 列宁:“关于自决问题的争论总结”,载《列宁全集》第22卷,人民出版社1958年版,第317页。

32 列宁:“国家与革命”,载《列宁选集》第3卷,人民出版社1960年版,第253页。
33 列宁:“国家与革命”,载《列宁选集》第3卷,人民出版社1960年版,第259页。
34 列宁:“国家与革命”,载《列宁选集》第3卷,人民出版社1960年版,第247页。
35 转引自《人民日报》1969年4月28日。
36 列宁:“俄共(布)第七次代表大会”,载《列宁全集》第27卷,第135页。
37 恩格斯:“反杜林论”,载《马克思恩格斯选集》第3卷,人民出版社1972年版,第321页。
38 恩格斯:“反杜林论”,载《马克思恩格斯选集》第3卷,人民出版社1972年版,第321页。
39 恩格斯:“家庭、私有制和国家的起源”,载《马克思恩格斯选集》第4卷,人民出版社1972年版,第114页。
40 列宁:“论马克思主义的讽刺和‘帝国主义经济主义’”,载《列宁全集》第23卷,第70页。
41 列宁:“国家与革命”,载《列宁选集》第3卷,人民出版社1960年版,第259页。
42 毛泽东:“论人民民主专政”,载《毛泽东选集》第4卷,人民出版社1960年版,第1357页。

论战后资产阶级国家政府的经济职能*

资产阶级国家政府有无经济职能？如果说有，其出现的原因和表现的形式如何？这是政治学和法学界正在讨论的问题。本文试就这一问题在理论和实践的结合上进行探讨。

一

资产阶级国家政府，在资本主义各个发展阶段的经济生活中一向起着十分重要的作用。但在资本的原始积累阶段和自由竞争阶段，它并没有直接介入经济生活，它只是运用国家政治权力和法律，为资本主义生产方式的确立和巩固，为资本主义经济的发展创造一般外部条件。在私人垄断阶段，由于资本主义基本矛盾日趋尖锐，政府不得不出来直接干预经济。但这种干预多半是在危机和战争时期，而且程度很低，还没有构成政府的基本活动。

资产阶级政府具有经济职能，是资本主义发展到国家垄断阶段出现的新现象，特别是第二次世界大战后，政府的经济职能愈益加强。这一现象的出现，是由一系列因素决定的：

首先，它是由资本主义社会生产力和生产关系的矛盾决定的。

---

* 本文发表于《政治学研究》1986 年第 5 期。

资本主义社会的基本矛盾是社会性大生产和生产资料私人占有制之间的矛盾,这一矛盾随着资本主义生产社会化程度的提高日益加深。战后,这一矛盾空前加剧了。这主要表现在:

第一,随着科学技术的发展,生产力获得了迅速发展,生产的社会化程度有了很大提高,社会分工和生产专业化有了更为广泛的发展,各地区、各部门、各个企业之间相互依赖程度空前提高。这客观上要求各经济区域、各经济部门自觉联系起来,协调发展。但是私人资本家不仅不可能使社会各经济领域,各经济部门建立这种自觉联系,而且往往破坏这种联系和协调发展,以致整个社会经济频繁出现难于克服的"困难"、"波动"和"危机"。

第二,科学技术推动了资本主义生产,而为了进一步发展生产,又必须促进科技革命。但是,由于科研的社会化,有许多重大的难度高的科研项目,需要使用全社会的科学技术力量,需要大量的资金和许多机构才能完成,显然个别资本家是没有这样的能力的。同时,有许多科学研究,特别是基础理论和边缘学科的探讨,给私人资本家不能带来直接的明显利润,又往往出资多,见效慢,风险大,私人资本家不愿承担。

第三,要使国民经济向前发展,必须调控国民经济的部门结构,加强诸如高速公路、电气铁路、通讯网络、港湾、码头、机场等基础设施的建设;必须改进国内地区经济结构,合理布局生产力,这也是个别资本家或资本家集团所不可能完成的。

第四,由于现代工业和交通运输业的大发展,带来了大气污染、水质污浊、噪音振动、地沉、恶臭等严重的公害,给社会造成了现实的威胁。因此,减少和防止公害,保护和恢复自然环境,成为发展经济、保障人类健康的迫切任务。但是,自私自利的资本家不会为了社会的利益,自觉承担保护自然环境的义务,而且治理已经出现的全社会性的公害远不是个别资本家所能胜任的。

上述这些矛盾表明:"猛然增长着的生产力对它的资本属性的

反抗”,要求“资本家阶级本身在资本关系内部一切可能的限度内,愈来愈把生产力当作社会生产力来看待”,[1]或者对现有所有制关系作局部调整,或者在统一指挥下,组织社会生产和企业生产,以缓和生产社会性和占有私人性之间的深刻矛盾。然而,这是个别资本家和资本家集团所做不到的,出路只有一个:由资产阶级国家这个“总资本家”出面,依靠政权力量来缓和这些矛盾,资产阶级政府就是这样担负起了组织和管理社会经济的职能。正如恩格斯百年前所预言的:随着社会生产力的迅速发展,“资本主义社会的正式代表——国家不得不承担起对生产的领导”。[2]

其次,私人资本的运动迫切要求资产阶级政府担当起宏观上组织经济的任务。早在《共产党宣言》中,马克思和恩格斯就指出,资产阶级国家“不过是管理资产阶级共同事务的委员会罢了”。[3]以后,恩格斯多次指出,资产阶级国家是“理想的总资本家”,[4]从而深刻地揭露了资产阶级国家的本质。所谓“理想的总资本家”的“理想”就是能够保证资本的正常运动,保证资本家能够榨取或瓜分到尽可能多的剩余价值。这在战后尤其如此。战后,如果离开了国家政权的积极参与,私人资本就难于正常运转。这可以从资本主义生产的各个环节中看出来。

从生产过程看,由于生产力的高度发展,科学技术的广泛运用,生产的专业化和集中化,企业的现代化,对劳动力和管理人员的质量的要求越来越高,致使资本家离开了政府的参与,已经不可能单独地解决所需的资本、技术和劳动力问题。这就要求政府提供信贷资本,支持私人垄断资本的生产,要求政府拿出巨额资本,从事科学研究,为私人垄断资本提供技术成果,要求政府举办文化教育事业,为私人资本家提供数量和质量都符合需要的劳动力和企业管理人员。

从流通过程看,由于资本主义生产和消费矛盾的进一步加深,使商品积压、生产过剩越来越成为经常性的现象,如果没有政府的参与，资本家个人不可能克服这些困难。这就要求扩大政府开支，采购大量商品，兴办公用事业，增加军事订货，为私人资本提供稳定的国内市场；要求政府采取各种措施，尽可能地减少竞争力强的外国商品打入本国市场，并通过外交手段，消除贸易和投资障碍，为资本夺取他国的市场。

从分配过程看，战后各个垄断资本家之间，垄断资本家集团和中小资本家集团之间的利润矛盾更加尖锐：围绕着工资和利润而展开的斗争，使劳资之间的矛盾时常激化，罢工运动频繁发生。每次大罢工都使资本主义生产受到沉重打击。所有这些矛盾都要求政府对国民收入进行"合理的"分配和再分配，在保证垄断资本集团利润的同时，资助盈利较少或者不盈利的部门或企业，使各资本家集团都能得到相对平均的利润，以调停资本家阶级内部的矛盾；要求国家考虑工人群众提高工资的要求，控制工人实际工资下降的幅度，实行社会保险、失业救济、医疗补助、义务教育等，以缓和工人阶级同资本家阶级之间的矛盾，减少罢工和社会动乱，保障资本主义生产的正常进行和资本主义"长治久安"。

由此可以看出，某些人所谓"资本主义生产资料的资本家占有制，就决定了资产阶级政府不可能具有组织经济文化的职能"的说法是不符合实际的。如果说在以前，生产是私人的事情，用不着政府去管，这种说法还讲得通，那么在战后，这种说法显然没有道理了。因为在战后，虽然私人资本家在某些问题上反对政府干预，但总的来说，他们需要政府介入经济生活，自身的利益迫使他们与国家政权相结合，赋予政府以从宏观上组织和管理社会经济的职能。

最后，战后国际经济和政治的发展也迫使资产阶级政府充当经济生活的领导者。战后资本主义生产的一个显著特点是生产的世界性更高，资本日益向国际化发展。数以千百计的跨国公司、洲际公司、环球公司相继涌现，为争夺日益缩小的有利的投资场所、销售市场和原料产地的斗争更加激烈。在国际竞争中，各资本主义国家的垄断资本互相渗透,互相制约,关系复杂,矛盾重重。这种局面要求政府亲自出马,给本国垄断资本在国际投资市场上开拓道路,承担风险,排难解纷。

战后,由于社会主义经济体系的形成和发展,使资本主义制度面临着强大的挑战。这也使资产阶级政府不得不但负起对经济的领导,组织社会各方面的经济力量和国际资本力量,发挥科学技术的优势,同社会主义国家竞争。另外,50 年代后期,苏联霸权主义的出现,促使了各主要资本主义国家国民经济军事化。在苏联霸权主义逼人的攻势面前,西方国家扩大和加强了对经济生活的统制。

总之,战后资产阶级政府担当起组织和管理经济的职能,不是各国政府的暂时政策,更不是个别领导人"多管闲事",而是资本主义发展的客观规律的必然要求,是战后特定历史条件下必然出现的社会现象。

二

战后资产阶级政府的经济职能主要表现在以下几方面:

(一)加强经济立法,全面统制经济生活

战后资产阶级国家普遍加强了经济立法活动,试图运用法律的手段统制经济进程,改善经济结构,保障和促进全社会经济的发展。在自由资本主义时期,占统治地位的政治和经济理论,反对国家直接干预经济。那时候,国家只要制定出民法典和海商法典之类的"私法",就基本上可以调整私人之间的经济关系。但是,当垄断代替自由竞争之后,以保障自由竞争为目的、调整平权、等价和有偿原则为基础的民事关系的私法,已经不能适应新发展起来的经济关系。于是,从德国开始,日本、法国、意大利、美国等国先后

开始了经济立法。到战后,各发达资本主义国家的经济法数量庞大、门类齐全、自成体系,堪与“公法”、“私法”相并列,经济立法部门已成为独立的法律部门。

经济法是资产阶级政府实现经济职能的重要手段。他们通过经济立法,确定和推行国家的经济方针和政策,提出国民经济发展的明确目标和实现目标的办法,规定奖罚措施,确定政府经济领导和管理机构的组成、职责及其活动原则,使国家机关的经济活动具有法律根据和极大的权威性、强制性,使资本主义经济在政府的统一管理下有秩序地进行。

战后经济立法的迅速增加,完整的独立的经济法部门的形成,是资产阶级政府具有经济职能的重要标志之一。我们只要看看日本经济立法的数量及其涉及的范围,就会知道资产阶级国家的经济活动达到了何等程度。据统计,日本现行法规约一万一千多件,其中大部分是有关经济方面的法律、法令。如果按类别划分,可分为四百多项。[5]这些法律、法令有母法和子法之分。其中属于母法性质的主要法规就有:《农业基本法》、《林业基本法》、《牧野法》、《渔业法》、《水产资源保护法》、《工业标准化法》、《关于禁止私人垄断和确保公平交易的法律》、《矿业法》、《道路交通法》、《铁路营业法》、《公路运输法》、《港湾法》、《船舶法》、《外汇、外贸管理法》、《进出口交易法》、《日本银行法》、《货币法》、《外资法》、《国土综合开发法》、《都市计划法》、《百货店法》、《旅游基本法》、《自然环境保护法》、《职业训练法》、《特许法》、《原子能基本法》、《电气事业法》、《煤气事业法》、《关于能源使用合理化的法律》、《邮政法》、《公众电气通讯法》、《广播法》,等等。在每一项母法之下,都有数项、十几项、甚至数十项为贯彻实行母法而制定的属于子法性质的“促进法”、“振兴法”、“助长法”、“特别措施法”、“临时措施法”。如在《农业基本法》之下就有《耕地改良法》、《旱田农业改良促进法》、《农业改良助长法》、《农业改良资金助成法》、《农业近代化资金助成法》、《农业渔村电力导入促进法》、《农业机械化促进法》、《甜味资源特别措施法》、《果树农业振兴特别措施法》、《酪农振兴法》、《主要农作物种籽法》、《农产物检查法》、《农林物资规格法》、《肥料管理法》、《农药管理法》、《植物防疫法》等一系列子法。

从上面列举的这些法规可以看出，日本政府几乎把整个社会经济进程都纳入了统一的法制的轨道，国家的支配力涉及了国民经济各个领域、各个部门。其他资产阶级国家的经济立法在数量上虽然不及日本，但在各该国全部立法中也都占有相当大的比重。

（二）控制财力，发展国有经济，掌握支配社会经济的物质手段

这一点既是资产阶级政府统制经济的条件，本身又是统制经济的一种活动。战后四十年来，各主要资本主义国家都不断提高税率，把相当大部分财政资源集中到政府手中。70 年代中期以来，日、美、法、西德、英国、意大利等国的政府开支占国民生产总值的比重分别达到 25. 0%、34. 3%、41. 7%、45%、46. 7%、46. 2%。[6]这些财政资源，除一部分用于军备和行政开支外，相当大部分用于发展经济和文化教育事业。与此同时，各主要资产阶级国家都建立了中央银行，从而把作为国民经济神经中枢的银行体系也掌握在国家手中，控制着整个货币信贷体系。

随着政府财力的增大，国有经济迅速发展起来。第二次大战结束后，西欧各国收购了一系列在战争中破产的和私人经营亏损企业，将钢铁、煤炭和铁路实行国有化。之后，各国又大量投资，建设了许多工业和公用事业。通过国有化和国家投资建设，各主要资本主义国家建立起了强大的国有经济。据统计，到 70 年代，国家所有制经济在国民经济中已占有相当大的比重。在国民经济中，国有成分所占的比重日本为 35%，法国为 40%，英国为 35%，西德和美国比重也不小。[7]目前，西欧各国国有企业的资产一般已占全国

企业资产总额的1/2,多的达2/3左右。

除国有经济外,半国有经济(即国家参与制经济)也有很大的发展。国家以股东身份加入某些股份公司,通过股票控制额,把众多的私人企业置于政府的直接控制之下,组成了由国家投资和私人资本相结合的"公私合营"经济体系。10年前,意大利的国家参与制企业工业投资总额在全国工业投资总额中的比重已达48%,销售总额占29.8%。

上述只是国有经济成分在国民经济中的数量比例。比这个数量比例更为重要的是,这些国有经济成分主要集中在关系到国民经济全局的能源、原料、动力、运输、通讯、电子等许多新兴工业部门。这些部门的活动、发展方向和速度,对整个国民经济具有决定性作用。

政府把如此庞大的国民收入掌握在手,又拥有这么多的国有经济,控制着金融系统,就使国家有充分的条件,按照国家意志指导或统制国民经济的发展。

(三)有计划地指导或统制国民经济发展

在第一次世界大战期间,列宁就指出:"许多国家实行了生产和分配的社会调节",[8]有些国家"对全部生产实行最严格的统计和监督"。[9]第二次世界大战后为了恢复和发展经济,资本主义国家更加借助于国家权力,对经济活动进行调节、控制和指导。从1947年法国政府制定第一个五年计划起,国民经济计划化逐渐成为各主要资本主义国家调节和组织国民经济活动的重要组成部分。现在各国政府中都设有计划机关。这些计划机关从整个资产阶级的利益出发,以协调经济、充分就业、稳定物价、发展生产和国际收支平衡为目标,确定国民经济的结构、发展方向和速度,制定经济计划(包括长期规划、中期计划和短期安排),检查计划执行情况。由于普遍实行国民经济计划,资本主义国家现在的经济体制不能看成是纯粹私人企业的市场经济体制，“官僚机构的手几乎触及经济生活的各个方面”。美国约翰斯·霍普金斯大学高级国际问题研究所教授杰汉斯·阿穆泽加指出：“美国的经济同以市场经济为主的其他西方国家的经济一样，是一个复杂的体系，个人和私人集团作出的每一个经济决定几乎无不受到国家的指导、监督和影响。”

我国有些著作认为，资本主义制度决定了资产阶级政府不可能对整个国民经济的发展作出计划，即使有了计划也不可能实行和完成。实际上，资产阶级政府的经济计划在正常情况下是能够实现的，而且往往实现得很好。如日本，从1955年到1976年，他们共提出过八次计划立法，其中除与1973年突然降临的“经济危机”相联系的两次计划没有很好完成外，其余的各次计划都提前实现了，并多次提出新的计划。[10]

资产阶级政府的经济计划能够实现，并不难理解。因为，首先有国有企业作执行计划的带头羊。国家计划，不论是指令性的或者指导性的，通常对于国有企业都具有指令性。国家依靠国有企业带头执行计划，并诱导民间私人企业按照国家计划安排产销。其次，私人垄断集团也是执行国家经济计划的。政府在制定计划时，总是邀请大财团、大公司、大企业的代表进行协商。所以，计划在相当程度上反映了资本家尤其是大垄断资本家的利益，执行计划对他们有利可图，他们当然会按照计划行事。最后，更为重要的是，为保证计划的实现，政府还制订一整套经济政策，并有财政资金作为计划执行的物质保证。政府保证计划实现的经济政策主要有：

1. 投资政策

就是根据计划的需要，决定私人和国有企业的投资方向和投资政策。例如，法国政府在50年代中期提出了“工业分散计划”。这是一项改善国内生产力布局、促进落后地区经济发展的重要计划。为保证计划实现，政府通过法律规定：禁止在人口和工业已经过度集中的巴黎、里昂、马赛三大区和东部、北部大工业区投资建厂或扩厂；国有资本必须投放在比较落后的西部和中部地区，并要求私人资本向该地区建厂或迁厂。意大利50年代制定经济计划，着手改变北方发达、南方落后的局面。为此，1957年立法规定，国有企业必须将其投资总额的40%，建设新厂的总投资的60%投于南方。1961年又将这个比例分别提高到60%和80%，并鼓励私人向南方投资，限制私人在北方投资。由于这种投资政策的作用，促进了南方经济的发展，比较好地达到了国家计划的目标。英国政府也很注重运用计划控制、折旧和补贴这样一些混合措施，刺激私人投资和鼓励在不景气地区兴办工业，以保障社会经济发展计划的实现。

2. 借贷政策

就是指示银行，不论是国家银行还是私人银行（私人银行是在国家银行的支配之下），在发放贷款时，要根据国家的经济计划对企业的投资方向和数额进行监督和指导，鼓励或限制对某行业的投资。国家计划要求发展的行业，就可以得到大量贷款，而且是低息的，不符合国家计划要求的行业就得不到贷款，得不到贷款几乎是不可能正常开工的。这样就保证了社会生产朝着计划的方向和速度前进。例如，日本的造船业和钢铁工业曾是日本经济发展的重点。为了扶植这两个部门尽可能高速度地发展，政府规定，船运公司只要有船只造价的5%—6%的自有资金，就可以造船，其余资金由银行借贷。钢铁企业只要有4%—12%以上的自有资金就可以建厂开工，其余绝大部分来自银行信贷，而银行的后台则是政府。日本政府的这一信贷措施，有力地促进了造船工业和钢铁工业的发展，为振兴日本经济奠定了基础。

3. 价格政策

在资本主义制度下，妨碍国家有计划地发展国民经济的根本原因，是私人资本为追逐利润，不顾国计民生而向高利润部门的转移。这种转移破坏国民经济各部门的比例，破坏国家的统一计划，造成生产的无政府状态，是资本主义的顽症。但是，战后各国政府通过减免税收，对某些盈利较小或者亏损的企业和部门实行价格补贴等办法，使它们能够得到社会平均利润，这就大大减少了资本损害社会利益的转移和由此而引起的对国家经济计划的干扰破坏。

资产阶级政府还利用价格政策确保全国按照计划发展国民经济的薄弱环节。战前，西欧和日本普遍存在着农业落后于工业的矛盾。战后，随着工业的发展，这一矛盾更加突出，引起了各国政府的重视。他们先后制定了发展农业的计划。为实现农业发展计划，他们除了增加对农业的投资和贷款外，对农产品价格实行了保护政策。欧洲共同体每年用于补偿农产品价格的金额达60亿美元。这使农业资本家和农民提高了发展农业的兴趣，在不长的时间内就实现了农业现代化。现在欧洲共同体各国，农产品不仅满足了国内的需要，而且每年都有大量的出口，消除了农业落后于工业的矛盾。

（四）大力发展科学教育事业

政府直接组织和资助科学研究，是战后各国的普遍现象。目前，各主要资本主义国家科研经费中，国家的拨款已达1/2以上，少数国家达2/3。由于是国家直接组织各种科研机构和出资给私人垄断组织进行研究，这就打破了私人垄断组织对重要的科学技术成果的垄断和封锁，便于科技成果的推广和采用。各国政府还通过税收优惠，加速折旧等措施，鼓励企业采用新技术和新的科研成果，有力地推动了科学事业的进步和资本主义的生产。

资产阶级政府的经济职能也突出地表现在国家对文化教育事业的领导和资助上。战后，各资本主义国家都十分重视教育工作，视教育为“开发头脑资源”，设置各种专门机构领导教育工作，为教育事业投入了巨额资金。仅1976年度,美国在教育方面的投资就达144亿美元,西德37亿美元,日本32亿美元。国家投资一方面用来普及国民教育和发展高等教育,另一方面用于职工业余教育。西欧、美国和日本都先后实行了中学义务教育,每年都有近一半中学毕业生入高等学校学习。职工教育也很发达,有各种各样的社会大学、电视大学、函授大学、巡回大学、车船大学、短期训练班,为职工提供学习和深造的机会。由于各国大力发展教育事业,提高了民族的科学文化水平,不仅造就了一批又一批著名的科学家和工程技术人员,而且培养了精通业务的企业管理人才和适合各方面需要的技术工人,使战后资本主义生产能够持续发展。

上述事实充分说明,战后资产阶级政府的经济活动空前加强,使它在对压迫工人阶级和对外侵略或防御两个职能之外,又增添了第三个职能——组织和管理社会经济的职能。对于上述资产阶级国家在经济生活中的作用,没有多少人会否认。但是,很多人不认为这是一种经济职能。他们宁愿用"经济干预"来概括战后资产阶级政府的经济活动。笔者认为,用"经济干预"概括不了战后资产阶级政府经济活动及其作用。因为"经济干预"反映的是这样一种状况:政府不是经济主体,是置于各个私人生产者之外的仲裁者,只是在私人资本家组织发生冲突时,出来排解纠纷;政府只是以很低的程度和较小规模参与经济生活;或者仅仅是为了准备和进行战争,缓和经济危机,而介入经济生活。

但现在资产阶级政府已经不是经济生活的局外人,不再像战前那样,仅仅扮演仲裁者的角色,而已经成为经济生活的当事人,成为最大的生产资料所有者,最大的投资者、购买者和资本输出者。不仅如此,政府还通过经济立法、财政预算、税收和其他一系列经济措施全面地支配着社会经济进程和经济交往。政府通过国民经济计划,领导和组织国民经济,成为资本主义社会经济的"总调节器"。总而言之,资产阶级政府的经济活动不再是间接的、偶然的、对社会经济发展无关紧要的活动，而已经成为一种直接的、大量的、经常性的、对资本主义生产和整个经济过程有决定意义的活动。政府的经济活动已经由“经济干预”发展成为“经济职能”。我们只有用“经济职能”来概括它的经济活动，才符合现实情况，才是科学的表述。

有些同志担心承认资产阶级政府具有经济职能会模糊对资产阶级国家本质的认识。其实这种担心完全没有必要。资产阶级政府具有经济职能并不意味着资产阶级国家的性质发生了根本变化。在国家仍然掌握在资产阶级手中的情况下，政府的经济职能不过是资产阶级“借管理来掠夺”的手段而已。这同社会主义国家的经济职能有着原则区别。它的经济职能越广泛，越表明它是“真正的总资本家”。因此，研究资产阶级政府的经济职能并不会模糊对它的本质的认识，相反却更有助于揭露它的本质，认识作为资本主义经济基础的上层建筑的资产阶级国家的阶级属性，也会使我们更清楚地看到，资产阶级国家的经济活动虽然在一定时期、一定程度上缓和了资本主义社会的矛盾，但不可能消除这些矛盾，特别是生产的社会性和占有的私人性之间的矛盾。要根除资本主义社会的固有矛盾必须用社会主义取代资本主义。资产阶级政府的经济职能恰好为这种替代准备了最完备的物质手段。无产阶级在夺取国家政权之后，将会利用这些现成的物质手段——国有经济、庞大的计划机关、中央银行等——迅速地实现从资本主义到社会主义的转变。

注 释

1 恩格斯：“社会主义从空想到科学的发展”，载《马克思恩格斯选集》第 3 卷，人民出版社 1972 年版，第 434 页。

2 恩格斯：“反杜林论”，载《马克思恩格斯选集》第 3 卷，人民出版社 1972 年版，第

317 页。

3 马克思、恩格斯:“共产党宣言”,载《马克思恩格斯选集》第 1 卷,人民出版社 1972 年版,第 253 页。

4 恩格斯:“论住宅问题”,载《马克思恩格斯选集》第 2 卷,人民出版社 1972 年版,第 59 页。

5 转引自吉林大学日本研究所编:《日本问题研究参考资料》1979 年第 2 期。

6 转引自《世界经济》1978 年第 1 期。

7 转引自《教学与研究》1980 年第 1 期。

8 列宁:“俄国社会民主工党〈布〉第七次全国代表大会”,载《列宁全集》第 24 卷,人民出版社 1957 年版,第 277 页。

9 列宁:“在全俄苏维埃财政部门代表大会上的报告”,载《列宁全集》第 27 卷,人民出版社 1958 年版,第 360 页。

10 转引自《国外经济考察报告选编》,人民出版社 1979 年版。

分权制不符合中国国情*

在我们社会主义中国，是实行以三权分立为标志和原理的分权制，还是坚持和完善以民主集中制为特征和原理的人民代表大会制，是一个具有根本性和方向性的原则问题。最近几年，除了极少数坚持资产阶级自由化立场的代表人物鼓吹用三权分立取代我国现行的政治体制外，也有一些同志把我国政治体制改革寄希望于三权分立。面对这种挑战和模糊认识，很有必要以马克思主义为指导，从理论与实践的结合上揭示三权分立的社会依据，进而说明我国为什么不能实行以三权分立为原理的分权制。

一

“分权”或“权力分立”思想萌芽于古代社会。但是，把分权作为一种政治纲领和政制模式则是近代的事情。那么，资产阶级为什么倡导和实行分权制呢？

（一）分权是资产阶级同封建专制统治者斗争的政治纲领

马克思曾经指出：“在某一个国家里，某个时期王权、贵族和资

* 本文发表于《政治与法律》1990年第4期，当时张文显使用了笔名“章文”。

产阶级争夺统治,因而在那里统治是分享的,那里占统治地位的思想就会是关于分权的学说,人们把分权当作'永恒的规律'来谈论。"[1]马克思的这段话精辟地揭示了分权学说和早期分权制的深刻的社会阶级原因。分权学说是在17、18世纪形成和发展起来的。当时资本主义生产方式在欧洲各国内部先后发展起来了,但是,封建制的上层建筑阻碍着资本主义的发展。为了给资产阶级的发展开拓道路,必须推翻封建势力在政治上的垄断地位。但那时期资产阶级和封建势力处于势均力敌的状态,资产阶级没有力量彻底推翻封建统治,他们只能争取到与自己的社会力量相应的政治地位。正是这种原因资产阶级思想家才提出分权学说作为争夺国家权力的政治纲领。为此,就需要削弱或限制王权,方法是把国家权力分为立法权、行政权和司法权等不同部分,分别由资产阶级控制的议会、代表封建贵族的国王、资产阶级和贵族联合组成的法院行使。可见,最初的分权既是国体问题,又是政体问题。从国体意义上说,分权就是实行"阶级分权",资产阶级同封建贵族共享统治权。从政体意义上说,就是建立立宪君主制。在这种政体下,立法权、行政权和司法权分别由各个统治阶级把持,并且互相制约,相对均衡。从法国大革命开始,大多数国家的资产阶级革命超越了洛克、孟德斯鸠等人的阶级分权和立宪君主制的政治纲领,建立了资产阶级专政的国家,国体意义上的分权已不复存在。但政体意义上的分权,经过调整,作为国家政治制度的根本原则被直接规定在各国宪法或宪法性文件中,成为资本主义国家政治体制的基础或核心。

(二)分权制是调整资产阶级内部矛盾,实现资产阶级民主专政的手段

资产阶级是一个因对生产资料的占有不同和因瓜分剩余价值的竞争而分裂为不同集团(政党)的阶级。每个集团(政党)都试图

促使国家制定并实施有利于自己的政策和法律,故都竭力去控制国家权力。经过较量,某一或某些集团成为执政集团,操纵着国家的核心权力,而那些竞选失败的在野集团(政党)则力图抑制或削弱执政集团(政党)的权力,用其他权力制约执政集团(政党),以求得政治上的相对平等,这就产生了把国家权力分解为不同部分的要求。由于资本主义经济发展的不平衡,各资本家集团(政党)总是轮番地控制核心权力,又丧失控制,分权的要求便成为资本家的普遍要求。这种由资产阶级内部矛盾决定的分权制,对保障资产阶级民主非常重要。资产阶级正是通过内部的分权,互相争斗,互相妥协,缓和内部矛盾,保障机会均等,实现资产阶级整个阶级平等地管理国家。资产阶级实行分权制还起着欺骗和愚弄劳动人民,稳定资产阶级专政的作用。

(三)分权制是资产阶级监督国家权力的基本形式之一

资产阶级专政与封建地主阶级专政的不同特点之一,是封建社会财富同国家权力是直接结合着的,土地的大小占有者就是政治上的大小统治者。而在资产阶级国家中,"财富是间接地但也是更可靠地运用它的权力"。[2]资本家往往躲在幕后,而由其代理人行使国家权力,对社会实行统治。这一特点就使得资本家必须有监督国家权力的决定性手段,资本家监督国家权力的决定性手段,是每隔几年进行一次大选,撤换他们不称心如意的官吏,委派他们信赖的人出任。但在官吏的任期内,怎么对他们进行监督呢?资本家有许多手段,三权分立就是其中之一。资产阶级不把国家权力交给一个机关,而是同时交给几个机关。让它们通过分权合作、互相制衡,共同行使资产阶级国家权力。这样,既可以防止任一机关的专权独裁,又可以防止任何一方偏离资产阶级专政的轨道,达到财富可靠地支配国家权力的目的。所以,恩格斯说:分权制是资产阶级"为了简化和监督国家机构而实行的日常事务上的分工”。[3]

(四)分权制也是资产阶级实现法制的组织程序

资产阶级国家的一个显著特点,就是资产阶级专政采取了法制的形式,实行以法治国。为实现法治,就要有国家机关去立法、执法、司法。但是,如果立法、执法、司法不是分别由不同的国家机关去行使,立法者就可能任意立法、修改或废除法律,或者凌驾于法律之上,法官就可能凭自己的好恶去判案,结果仍然是人治,而不是法治。因此,资产阶级在提出“法治”原则的同时,也提出“分权”的原则。分权制是同法制一同出现的。早在封建社会末期,资产阶级反对封建君治(人治)斗争中,就首先推动了司法独立。资产阶级革命成功之后,又进一步使立法与行政分立,建立了与资产阶级法制(法治)相适应的组织程序。根据这种程序,资产阶级通过选举代表,组成议会。由议会连年不断地生产法律,把资本主义社会的阶级压迫及统治阶级内部的相互关系权利义务化,然后由行政机关按照法律确定的原则管理国家,把法律普遍地适用于一切人,由法院把法律适用于特殊场合,即在争论案件和法律纠纷中,解释和运用法律,或者在法律受到蔑视和违抗时,用强力纠正违法行为,恢复法律的权威。在议会、行政机关和法院之间,通过相互法律监督和司法审查,防止和纠正任何一个环节上的违反宪法和法律的行为,在一定程度上保障了资产阶级法制。

二

从上述分析可知,基于深刻的社会历史、经济和政治原因,分权制是资产阶级国家必然要采取的一种政制。但是,分权制并不是一种可以适用于一切类型国家的完美形式,在我国的国情下,它就不适用。这是因为：

（一）我国不存在分权的阶级基础

1. 我国不存在"阶级分权"的问题

马克思主义的国家学说告诉我们，"阶级分权"只存在于历史上的特殊时期。那时期，社会同时存在两个或几个经济力量旗鼓相当的阶级，根据国家照例是经济上占统治地位阶级的国家的规律，国家政权必然同时属于几个阶级，这些阶级通过分权共同行使对社会的统治权。"阶级分权"这种现象也只存在于剥削阶级类型国家相互更替的转折时期，并且是向一个阶级的过渡。它几乎不可能出现在剥削阶级国家向社会主义国家的过渡时期，更不可能出现在社会主义国家。资产阶级的存在是以无产阶级的存在为前提的，资产阶级绝不会允许无产阶级成为有产阶级，并与它共掌国家政权。根据一般规律，无产阶级只有打碎资产阶级国家机器，才能成为经济上占统治地位的阶级并掌握国家政权。既然是打碎资产阶级国家机器，当然就不存在阶级分权问题，即不存在国体意义上的分权。至于在过渡时期个别资本家在社会主义国家机构中任职，那不是无产阶级与资产阶级分权。因为这些人加入国家政权是以承认社会主义制度、接受和拥护共产党的领导为前提的。他们不是代表资产阶级行使国家权力，而是按照人民的意志行使国家权力，他们的工作是为人民服务的。

2. 我国不存在人民内部的分权问题

在我国，人民是以工人阶级和农民为主体的、包括一切赞成、拥护和参加社会主义建设的人们的统一体。人民内部虽然存在着利益的差别，个别时候甚至会出现尖锐的对立，但总体上没有根本的利害冲突，更不存在政治上的对立，不存在资本主义国家那种必须用三权分立来解决的社会矛盾，因而没有必要分别把守一种权力互相抗衡。

(二)分权制有悖于社会主义民主的本质

社会主义民主是人类历史上最新型的民主,真正的人民民主。我国宪法规定:“中华人民共和国的一切权力属于人民。人民行使国家权力的机关,是全国人民代表大会和地方各级人民代表大会。”“中华人民共和国的国家机构实行民主集中制的原则。”这些规定完全符合真正民主的要求。人民代表大会是我国基本的政治制度。它的特点是全国人民根据民主集中制的原则,通过选举组成地方各级人民代表大会和全国人民代表大会,由人民代表大会制定法律和其他法规,决定和组织行政机关、司法机关、法律监督机关和其他国家机关,分别执行宪法和法律赋予的职能,各级人民代表大会和一切国家机关工作人员都对人民负责,接受人民的监督。在人民代表大会和行政机关、司法机关等其他国家机关的关系上,前者是权力机关,后者是执行机关。执行机关必须接受人民代表大会的领导和监督,并向它负责。人民代表大会制度体现了人民主权和人民权力的统一性,有利于人民群众当家作主。当然,由于各种原因,我国的人民代表大会制度还不够完善,其功能还没有充分发挥出来,但这决不应当成为否定以至取消人民代表大会制度,代之以三权分立制的理由。相反,我们要通过政治体制改革完善人民代表大会制度,使各级人民代表大会成为真正民选的、有最高权威和富有效率的权力机关,我们只能朝着这个方向努力,而不能用三权分立取而代之。如果我们接受某些人的主张,照搬西方国家的三权分立,把人民代表大会置于与行政、司法机关和其他机关同等或低等地位,并允许行政机关和司法机关与之抗衡,有权否定人民代表大会的立法和决议,有权宣布解散人民代表大会,那必然要破坏国家权力统一于人民这一社会主义民主的本质,那还叫什么人民主权、人民当家作主呢?在我国,废除人民代表大会制度,实行三权分立制,不是改革而是倒退。

(三)分权制不符合社会主义法制原则

资产阶级法制以三权分立作为其组织程序,社会主义法制也必须有自己的组织程序,但不是分权制。社会主义法制的基本原则是:凝结着人民公意的法律高于任何个人、集团、政党的意志,有至上的效力和最高的权威,国家中的一切权力根源于宪法和法律,而且要依法行使。这就要求立法机关同时又是国家最高权力机关。只有立法机关是国家最高权力机关,才能把人民的意志表现为国家意志,它制定的法律才有极大的权威性和统一性,对一切国家机关和公民才有至高无上的约束力,才能保障法律得以实施和遵守。这种体制与社会主义法制的基本原则是完全一致的。

上文写到分权制在一定程度上保障了资产阶级法制。这只是就一个侧面说的。从另一个侧面看,分权制也常常成为资产阶级动摇和破坏法制的手段。资产阶级实行三权分立,在宪法上不明确哪个机关为最高权力机关,这样便于他们根据阶级统治的需要,时而赋予这个机关,时而赋予那个机关较大的权力。当他们需要法制时,赋予议会较大的权力,标榜“议会优越于行政”、“法律至上”、“以法治国”;而当他们感到法律有碍手脚时,则赋予行政机关自由裁量权,用行政命令取代立法,甚至建立集立法权、管理权、司法权于一身的“独立管理机构”,取消了分权原则。所以,我们不能只看到分权制保障资产阶级法制的一面,而看不到它动摇和破坏法制的另一面。社会主义法制始终要求有法可依,有法必依,执法必严,违法必究。任何可能干扰破坏法律实施的组织、程序与社会主义法制原则都是矛盾的。

(四)分权制不适应社会主义国家职能

社会主义国家是建立在以公有制为主体的经济基础之上的新

型国家。它除了担负着保护人民、镇压敌人的神圣职能外，还担负着巨大的组织、管理和发展社会主义经济的职能。这在客观上要求国家工作必须是高效率的，即能够用较少的人力资源和自然资源获得最大的效果。按照三权分立原理，国会是立法机关，但由于国会议员主要是来自资产阶级不同阶层、不同集团的官僚，议会党团之间互相钳制，为了各自的利益争论不休。他们对议案经常是议而不决，使迫切需要的立法往往拖延数月，数年甚至数十年才能通过。下院（众议院）通过后还要经过上院（参议院）通过，这就拖延了法律产生的时间。所以，就连西方人也怀疑议会"解决问题的能力"。

而人民代表大会制度由于在体制上实行了议行统一于人民代表大会及其常务委员会，消除了三权分立和抗衡造成的议行脱节和互相扯皮的现象，而使国家机关能够在人民代表机关的基础上权责分明，统一领导，便于国家机关集中处理国事。同时，人民代表生活在人民群众之中，他们在人民代表大会举行期间互通信息，反映人民的要求，这就能够保证国家权力机关正确而迅速地处理各种信息，形成必要的决议和法律。闭会后他们又立即回到各自工作的岗位和生活的地区，贯彻人民代表大会制定的法律和通过的决议。

总之，社会主义国家既不存在三权分立的社会依据，社会主义民主、法制和国家职能也不需要和不容许实行三权分立。因此，我们必须彻底否定在我国实行三权分立的政治主张。当然，我们不否定在最高国家权力统一于全国人民代表大会的前提下，借鉴分权学说和分权制的某些机制，在国家机关之间实行合理的职能划分和分工，把职权与职责、民主与效率、配合与制约统一起来，在建设民主、文明的社会主义现代化国家中充分发挥各自的职能。

注　释

1　《马克思恩格斯全集》第3卷,人民出版社1960年版,第52—53页。

2　恩格斯:"家庭、私有制和国家的起源",载《马克思恩格斯选集》第4卷,人民出版社1972年版,第169页。

3　《马克思恩格斯全集》第5卷,人民出版社1958年版,第225页。

民主 + 宪政 = 理想的政制 *

——比较宪政国际讨论会热点述评

1987年,美国学术团体联合会在福特基金会的赞助下计划组织全球性比较宪政研究。这个计划的目的在于通过对宪政及其社会结构、动力资源和文化场进行跨学科、跨文化、跨政体、跨时代、多边性考察和分析,激励世界各地的学者和公民对宪政这个到目前为止仍然相当薄弱的重要领域开展深入持久的思考和研究,为宪法的作者(立宪者)和用者(公民和官员)提供有益的理论观点,推动全球范围的宪政化进程,特别是发展中国家的宪政进程。

比较宪政计划的主要活动是在美国(北美)、亚洲、欧洲、非洲、拉丁美洲召开的六次学术讨论会。六次会议的总题目包括:宪政的理论分析,宪法传统(宪政)的模式,联邦制和权力的区域配置,宪政与种族的差别(多样化),宪政与权利,宪政与官僚体制,权力的授予与限制,宪政的局限等。每次会议都针对各洲宪政的历史经验与现状,宪政的结构与动力等进行全球性比较和思考,因而每次会议又都有各自的具体题目。中国学者参加了在亚洲和欧洲召

---

* 本文是张文显与信春鹰的合作作品,发表于《比较法研究》1990年第1期。

开的两次讨论会。现将讨论会形成的一些热点问题加以概述,以期为我国的宪政研究和政治体制改革研究提供可资借鉴的观点和资料。

一、可操作的宪政概念

“宪政”(constitutionalism)是不同于“宪法”(constitution)的一个概念。美国学术团体联合会主席凯茨博士(Dr. Katz)介绍了比较宪政项目规划会上学者们就宪政的定义问题达成的共识:第一,宪法是由一组用于制定规则的自足或自觉的规则构成的,即宪法是“法之法”;第二,宪政是由意识形态和文化决定的一系列特殊道德观点,如尊重人的尊严,承认人生而平等、自由并享有幸福的权利;第三,任何有意义的宪政概念必须考虑到“合法性”(国家权力、公共政策和法律的合法性)和“同意”(人民对政府及其行为的承认和赞同)。美国华盛顿大学政治学教授丹·莱夫(D. Lev)认为,宪政意指法律化的政治程序,即限定和钳制政治权力的公共规则和制度。宪政的出现是与约束国家及其官员相关。宪政——它比“法治”、“法治国”概念更抽象——不过意味着“受限制的国家”(limited state),即官员的政治权力受可知的既定法律的约束。宪政概念至少假定国家和社会是有区别的甚至是对立的,没有这种区别或对立,就没有必要给国家设定法律程序。印度德里大学历史学教授、英国剑桥大学南亚史研究员雷乔迪休里(T. Raychauduri)认为,宪政是一种制度安排和较好的政治条件,诸如公民基本权利宣言,普遍、平等、秘密的选举制,分权与制衡,代议民主制,多党制,两院制,联邦制,司法独立等。还有个别学者把宪政理解为宪治,即通过宪法或根据宪法的民主政治。在这个意义上,宪政是民主和法治的代名词。

二、民主与宪政

民主和宪政都是现代政制的基础。然而,民主强调公民的参政权和政治程序,宪政强调对政府(国家权力)的限制和防范。这一区别使二者的互相补充和结合成为必要。也就是说,理想的政制必须既是民主的,又是宪政的。

民主理论建立在这样一种道德观念之上:人类因其是人(而不是物)应当受到尊重,成年人必须享有较大程度的自治和参与。然而,在现代复杂的国家,完全的自治和直接的参政几乎是不可能的,人民只能通过把他们的权力授予(委托给)自由选举出来的代表来参政。于是,选举成为民主的核心,定期的、普遍的、自由的、平等的少数服从多数的选举,以及为了实现这种选举所必需的政治交往、结社和表达自由成为民主的最高原则。选举是任何法律和公共政策取得合法性和道德约束力的先决条件和程序,即是说,法律和公共政策唯有是人民授权的权威产品,才能得到合法性。人民是法律的臣民(制约对象),人民也是法律的主人(制定主体和监督主体)。

民主理论之所以把公众参与和选举作核心,乃是因为它假定:第一,人民的智慧和道德可以超过任何个人或小集体的智慧和道德,而不管这个人或小集团多么有政治经验。第二,选举是防止专制的手段。首先,人民不会自己对自己实施暴政,因而人民不去选举欺压人民、侵害民权的官员,并会通过投票把那些欺压人民、侵害民权的官员赶下台。其次,任何一个政治集团及其领袖要在选举中获胜或通过选举连任,都不得不作为一个经纪人活动——公正或近似公正地调节整体利益,调解而不是判决冲突,不轻易歧视或压迫任何特定集团(因为这个集团有可能在明天成为胜利的联盟)。最后,选举易使政治家和公民接受“政治游戏规则”,并把这种政治文化内在化。

宪政主义也关心人类的尊严，并承认民主的政治程序在一定程度上能够保证人类尊严。然而，它怀疑民主理论的某些假定及其效力。首先，宪政主义认为人性是不完善的，人有自私和滥用权力的倾向。因而宪政主义者（如杰弗逊）警告人们不要盲目相信政治家，而要使他们受制于宪法和公民的宪法权利，以降低政治风险。其次，政治游戏规则或政治文化并不能保证被授予全权的当选代表维护公民的权利，特别是不能保证少数种族、民族、宗教团体、政治上处于劣势的人们的公民权利。不受限制的人民政府亦有较大的暴政倾向，历史上不乏通过民主程序而实施暴政或制造悲剧的例子（如苏格拉底冤案、雅各宾恐怖等）。再次，民主理论过于推崇选举决策者的程序和决策者制定法律和公共政策所必须遵循的程序，几乎沦为"程序拜物教"。宪政主义者不否认民主程序，但拒绝程序至上。他们指出，就个人权利而言，法律和公共政策的合法性不仅取决于决策者是不是自由选举产生的，决策是不是遵循了正当的程序，而且取决于法律和公共政策的实际内容。一个法律，即使它是民选的立法者按照法定的程序一致通过的，如果侵犯了人类尊严，也是没有合法性的。个人的尊严和自治要求私人的某些活动（权利）不受干预，即使大多数人认为这种干预是正当的和必须的。当然，宪政主义也有其局限和风险，即由于过多的限制，可能使政府瘫痪，以至出现无政府的状态。

由于民主和宪政各有其优点和局限，很多国家同时采纳了民主理论和宪政主义，建立了宪政民主制（constitutionalist democracy），一方面给人民提供了广泛的政治参与、公平的政治交流和结合、定期的自由选举等权利和机会；另一方面又对政府设置了规则化、制度化的限制，如把国家权力分解为相对独立的立法权、行政权和司法权，并使三权分别由不同机关（国会、内阁、法院）行使；设立不同形式的两院制，使决策过程更为慎重和受到制约；实行司法审查,由法官宣布违宪的法律和政令无效。有些国家(如美国、澳大利亚、加拿大、西德等国)还采用联邦进一步分散权力。美国还采用交错选举众议院和参议院的制度和直接选举总统的制度,以分割多数人的权力。这些规则化、制度化的限制在保护人的尊严和自由方面发挥了重大作用。

三、西方宪政的来源:市场经济的形成,中产阶级的兴起,政治与经济的分离,法治意识的普及

宪政既代表了历史的自然进程,又是社会革命的产物。无论从哪个角度,宪政都是与市场经济(自由市场)的形成、中产阶级的兴起、经济与政治的分离(二元化)和法治意识的普及密切相连的。

市场经济是通过市场并受制于市场的高度发达的商品经济(自由市场)的出现,首先从经济上否定了基于血缘、门第、地域、宗教、语言、种族之间的差别而形成的等级和特权,接着从政治上摧毁了专制制度,把市场通行的等价交换原则转化为法律面前一律平等的原则,为实施宪政创造前提。与市场经济同时来到人世间的是中产阶级。中产阶级的兴起和中产阶级领导的社会改革给人类带来了民主的宪政的曙光。从历史上看,中产阶级没有王室和贵族那种世袭的、生而就有的权力和特权,也没有教会那种"上帝授予的"宗教特权,为了保护和发展他们依靠自己的努力和机遇所获得的财富,他们要求分享政治权力。为了达到与贵族和教会分享权力的目的,他们把自己的要求普遍化为人民大众或全人类的要求并冠以"自然权利"、"自然法"、"天赋人权"等名称,用以动员民众。在夺得权力之后,为了防止今后重新出现政治权力的积聚和垄断,他们要求用宪法明确地把权力分解为不同部分,使之互相分离和制衡。在当代发展中国家,中产阶级是宪政运动的领袖,宪政进程的每一步都是中产阶级努力的结果。

与前资本主义社会形态相比较,资本主义社会的显著特征是经济与政治分离,其主要表现是生产资料所有者阶级即资产阶级(他们也是国家权力的真正所有者)不直接控制或行使国家权力,而是运用财富的力量间接地控制国家权力,通过自己的政治代理人行使国家权力。这种权力的所有和权力的行使之间的分离可能造成政治风险——权力不是按照所有者或只是按照部分所有者的意志行使,从而使权力的行使不利于所有者。为了防止这种政治风险,权力的所有者在把权力委托给政治代表的同时制定了宪法,给他们规定了权力的限度和行使权力的程序,并保留了撤回委托的权力。这就是宪政的精髓。

宪政也源自法治意识的普及。市场经济的正常运行要求生产和交换具有明确性、可预测性和财产的安全性,而唯有明确的、肯定的、普遍的、非溯及既往的法律规则才能满足这种要求。于是,法治(而不是神治或人治)的意识渐渐形成,并成为一种占主导地位的意识形态,而宪政或宪治正是法治的最高表现。

四、宪政的模式

个别西方学者认为,世界上的宪法可以有多种多样,但宪政只能有一种,那就是古典自由民主理论所设计的宪政,亦即以美国、法国、西德、瑞典等西方国家为代表的宪政,就是:“宪政并不是仅仅指有一部宪法,而是指要有一部特殊宪法,一部有特定价值准则和道德标准的宪法。”更多的学者则认为,虽然宪政不能等同于宪法,不能说有多少种宪法就有多少种宪政,但宪政的模式不限于一种。在现代国际社会,宪政至少有两种模式:自由民主宪政和社会民主宪政。自由民主宪政是以个人为宪法本位的宪政,它宣布人人生而平等,每个人都有作为人应当享有的生存、自由和谋求幸福的权利。这些基本人权是天赋的(造物主赋予的),不能转让,不可剥夺。政府是为了保障这些权利而建立的,政府的权力只是为着保障公民的权利并在法律范围内行使,当政府权力不再保卫人权而被滥用时,人民可以起而反抗。社会民主宪政是以社会为本位的宪政。它强调社会的和谐与整体的利益高于任何人的自由和利益,强调政府的行政能力和效率,有时候为了维护社会的秩序和利益,可以暂时地牺牲个人的自由和利益。有些学者主张把各国的宪政实践划分为高标准(高水平)宪政、中标准(中水平)宪政、低标准(低水平)宪政。他们认为建立在自由民主之上的宪政是高标准(高水平)宪政,建立在社会民主、宗教民主、阶级民主之上的宪政分别归属于中标准(中水平)和低标准(低水平)宪政。这种主张实际上是以西方的宪政作参照来评价当今世界的宪政,否认社会主义宪政的价值,理所当然地受到了社会主义国家学者的反驳。

五、宪法的功能

与会者指出,在不同的历史传统、文化背景和政治体制中,宪法的功能是不同的。这制约着宪政及其实效。综合而言,宪法的主要功能有:

(一)契约功能

宪法是人们据以把自己转变成或重新转变成一个国家的成员的契约。就这一功能而言,宪法好像一个婚约(不管是主动达到的,还是被动接受的),使一个新的实体外在化、固定化、合法化。

(二)符号功能

宪法的符号功能表现为:第一,标志着一个国家的诞生或再生,民族的存在和统一;第二,表明一个国家的公民的基本权利、政治结构及其根本的价值、目标和决策程序等;第三,表达、指引或重构了一个民族要求成为一个社会的愿望。

（三）章程功能

宪法为合法政权的运作设定了根本的规则——官职有哪些？官员怎样产生？任期多长？权力怎么在官员之间分配？官员为使自己的法律和公共决策有效力必须遵循哪些程序？给公民（作为个人）或人民（作为整体）保留了什么权利？这些是每一个宪法必须具有的最低限度的内容。在这一功能的意义上，宪法有点像是人民发给政府的“营业执照”。

（四）卫士功能

真正的宪法发挥着保护公民基本权利的功能。一个宪法如果体现了民主精神，并且是权威的，它就会维护公民的参政权，并且明确地限制政府（包括人民自由选举出来的代表）的权力，以保护个人的基本权利不受干预和侵犯。

（五）意识形态功能

宪法有着巨大的意识形态功能。一方面宪法体现了一个社会占主导地位的意识形态并进一步传播这种意识形态；另一方面宪法使公民权利神圣化，培育公民的权利意识，交给公民一面对抗侵权行为的政治盾牌。这后一方面的功能在西方国家发挥的比较充分。西方国家的大多数公民早就习惯于运用宪法保卫自己的权利，而在大多数发展中国家，公民们普遍缺乏宪法意识，当权利受到侵害时，很少想到宪法，更不善于运用宪法。

六、宪政的障碍：贫困、愚昧、分裂、许可证是国王

贫困是当今世界许多国家实行宪政的严重障碍。这是因为：

第一,在贫困状态下,参政、限权之类民主的宪政问题不会引起民众的关注,充其量只在少数人中有微弱的号召力。第二,贫困必然引起社会不安和动乱,诱发一系列社会问题,政府为了对付动乱和社会问题,不可能不把正常的宪法程序置于一边,尽管口头上仍然尊重宪法。第三,政府为了实施消费计划,不得不集中和加强国家权力,而国家权力的集中和加强不可避免地导致官员的政治特权以至政治腐败。大量的历史和现实事实证明,政府总是倾向于以安全、消费、发展等等名义集聚权力,摆脱制约或把权力人格化。这显然是与宪政化逆向的。

宪政是人类文明的进化的产物和标志。其生态环境是自由、民主、开放的政治文化相当发展,公民的参政和法制意识普遍觉醒,政治信息传播和交流渠道比较畅通,市场(包括经济的、政治的和思想的市场)观念和规则成为共识。这一切都是与愚昧对立的。在一个政治尚未开化的民族是不可能出现宪政奇迹的。

分裂是许多从殖民制度下获得解放和独立的民族国家实行宪政的社会障碍。这些国家在争取民族解放和国家独立的斗争中,国内各种政治势力和利益集团在民族利益的旗帜下暂时地放弃了各自的利益和纲领,或掩盖了他们之间的分歧,而胜利之后他们的利益冲突和纲领分歧就公开化,以至出现宗教分裂、民族分裂、政治分裂或其他严重的社会冲突。分裂的持久和加剧或者导致内战,或者导致独裁。

在典型的资本主义国家,与商品经济和民主政治的经济结构和政治结构相适应,法律这种既定的、非人格的、稳定的规则具有最高的权威和约束力,故有"法律是国王"的格言。但在很多发展中国家,由于经济、文化和社会生活均依附于政治,行政权力支配社会,几乎每办一件事情都要经过政府(行政官员)的许可,连报刊杂志发表什么新闻也要受到政府的审查和管制,因而政府的许可证成为真正的国王。这必然使民众崇拜权力、畏从权力,而不是信仰和依赖宪法和法律。

上述宪政的障碍在发展中国家不同程度地存在。排除这些障碍需要时间,需要社会的进一步发展,需要实践。所以,在当今世界各国宪政化的进程是不平衡的。

七、宪政的险物:军人政治、一党制、绝对总统制

宪政所代表的政治秩序是这样一种秩序:人民是主权者;人民在自由而公平的选举中行使投票权,建立代议机构;代议机构同其他国家机构分别行使国家权力,都要服从制约和监督,以防止滥用权力和侵犯人权。这种秩序内含着这样一个原理:文官居于军人之上或文官至上。文官至上意味着人民至上(文官是民选的)和法律至上(文官是通过法律行使权力的),因而也意味着宪政。如果一个国家不是文官至上而是军人至上或文官政治被军人政治取代,这个国家的宪法和民主的政治秩序就会被推翻。不同利益集团的政治竞争激烈或存在严重政治冲突的国家,民主力量脆弱,缺乏民主传统的国家,出现军人政治的可能性极大。

一个宪政国家的政治舞台应该对任何公民至少对有投票权的公民开放,公民可以直接或通过政党在政治舞台上交流政治观点和要求,更换或补充政治权威,参与竞争等。没有这种广阔的政治舞台,就没有宪政;收缩这个舞台,就是收缩甚至取消宪政。在亚非拉很多国家这个政治舞台不是在扩大而是在收缩,以至收缩到只有一个政党或只允许一党合法存在的程度。这些国家赋予一个政党及其领袖最高决策权。例如,有些国家宣布某某政党是唯一政党,该唯一政党的领袖同时也是政府首脑和国家元首,或者高于政府首脑和国家元首,对所有重大问题行使最终决定权,所有的政治活动都必须服从该政党的控制,所有的公共机构都须接受该政党的监视、控制和裁决。

危害宪政的另一个险物是绝对总统制或皇权总统制。绝对总统制有四个特点:第一,总统的职位高于代议机关和所有其他国家机关,不受其他机关的制约。第二,总统有不受法律程序限制的豁免权(特权)。例如,总统活动不受宪法程序和行政程序的制约,享有广泛的自由裁量权(擅断权);总统免于民事程序和刑事程序,不能被起诉。第三,总统一旦任职,可以无限期地连任,即总统的职位和权力是人格化的、终身的。第四,总统权力的行使带有偏执狂的特点(这是绝对权力难以避免的),导致行政的不确定性、不可预测性,从而加剧了民众的不安全感。

八、宪法的衰败

在许多亚非拉国家,宪法已经丧失固有的和应有的功能和价值,突出表现在这样几个方面:

(一)宪法丧失基本法或根本法的地位

宪法就其固有的或应有的性质和历史发生来说,属于一个国家的根本法。作为根本法,宪法具有最高的法律地位和效力,国家中的一切权力源自宪法并须依宪法行使,一切法律都不得违背宪法的精神和原则,宪法的权威高于任何个人(包括首脑、元首)、政党(包括执政党和在野党)和国家机关的权力;宪法具有稳定性、连续性,只要社会的基本结构未变,宪法的原则不能任意改变。然而,在很多亚非拉国家,这一切都被颠倒了,宪法软弱得对抗不了行政当局的一个政令,不如执政党的一个决定,宪法的原则经常被束之高阁或被普通法律加以篡改而无人过问,宪法被频繁修改或随意解释。

(二)宪法成为政治战的工具

宪法本应是一种社会契约,体现人民的公意,并服务于人民的整体利益。但在很多国家,宪法都蜕变成为社会集团政治战的工具。那些夺取权力的集团(政党)把宪法作为巩固自己权力、压迫敌对(对立)集团的工具。例如,通过宪法规定最高行政官员有权任命和罢免所有的公职人员——文官、军官、法官、检察官等;使各级政治补充(官员补员)程序服从于严格的政党审查,执政党审查不合格者不能入仕;扩大国家的制裁权,其方法是削弱或废除议会对政府的紧急处置权的审查;扩大警察的自由裁量权,等等。

(三)宪法成为集权图

宪法与权力相连,规定权力的创立、配置、行使、合理化、效果、再生等。在这个意义上,任何宪法都是一个"权力图"(power map)。但宪法的权力配置图是不同的。真正的宪法是一个"分权图",衰败的宪法则是"集权图"。作为分权国的宪法,其首要的功能是限制或控制政府权力,管理国家的政治程序,把权力的运行和操作纳入法制的轨道和人民的监视之下,以保护公民的基本权利免受国家权力的干扰和侵犯。而当宪法从分权图退化为集权图时(如非洲某些国家的宪法),其功能不是去限制或控制权力,而是把权力高度集中、积聚起来,并使这种集中和积聚起来的权力不受法律的制约。

中国特色社会主义宪政理论与实践的几个问题*

一、要理直气壮地高举宪政旗帜

无论是在新民主主义革命时期，还是在社会主义革命和建设时期，中国共产党都很重视宪政问题，建国前夕《中国人民政治协商会议共同纲领》和1954年《中华人民共和国宪法》的制定，分别代表着新民主主义宪政和社会主义过渡时期宪政的最高水平。尽管在20世纪50年代中期以后至"文化大革命"结束，我国宪政事业遭受严重损害，但是中国共产党人和中国人民对宪政的追求始终没有停止。进入改革新时期，我国社会主义宪政事业健康发展。其主要标志是：第一，1982年对《宪法》实行彻底修改，使社会主义民主和公民基本权利和义务宪法化。1982年《宪法》的制定标志着我国社会主义宪政事业进入了新的发展阶段。第二，与时俱进地修改了宪法。从1988年第一次修宪到2004年修宪，我国现行《宪

---

* 本文是2010年5月23日张文显在"中国特色社会主义宪政理论与实践研讨会"上的主题发言。

法》共进行了四次修改。这四次修宪使我国宪法及时反映时代的要求,确认改革开放的成果,适应改革开放的需要,规范和推进改革开放的进一步发展。现行宪法的四个修正案的发展历程和内容递进记录了中国改革开放的历程,是改革开放与宪政法治相辅相成的最佳例证。第三,不断完善宪法性法律体系。1982 年以来,全国人大制定和修改了数十部宪法性法律,诸如《全国人民代表大会组织法》、《地方各级人民代表大会和地方各级人民政府组织法》、《国务院组织法》、《人民法院组织法》、《人民检察院组织法》、《选举法》、《立法法》、《监督法》、《集会游行示威法》、《民族区域自治法》、《香港特别行政区基本法》、《澳门特别行政区基本法》、《戒严法》、《国家安全法》、《国防法》、《反分裂国家法》等,使我国宪法性法律体系不断协调和完善。与此同时,我国高度重视人权立法,制定和完善了一系列保障人权的法律制度,还参加了 22 项国际人权公约,其中包括《消除一切形式种族歧视国际公约》、《消除对妇女一切形式歧视公约》、《禁止酷刑和其他残忍、不人道或有辱人格的待遇或处罚公约》、《儿童权利公约》、《经济、社会、文化权利国际公约》等核心国际人权公约。第四,健全宪法实施的保障机制。在修改《宪法》、制定宪法性法律的基础上,党中央、全国人大非常重视健全宪法实施的保障机制,保证宪法的贯彻实施。在党中央的领导下,全国人大制定的《立法法》、《监督法》等法律均对宪法的实施保障做出了明确规定。

社会主义宪政事业之所以取得辉煌成就,是因为党中央和全国人大高度重视宪法的作用,不断完善宪法体系和加强宪法实施。邓小平同志作为第二代党中央领导集体的核心,在十一届三中全会前后多次强调指出:为了保障人民民主,必须加强社会主义法制,使民主制度化、法律化,使这种制度和法律具有稳定性、连续性和权威性,使之不因领导人的改变而改变,不因领导人的看法和注意力的改变而改变,为宪法的修改和完善奠定了指导思想。之后,江泽民同志集中全党意志和智慧，郑重宣告“依法治国，建设社会主义法治国家”，并多次论述宪法在国家政治生活中的根基性作用。党的十六大以来，以胡锦涛同志为总书记的党中央高度重视宪法的完善发展和实施，维护宪法的权威和尊严，奋力推进依宪治国、依宪执政，指出：要在全社会进一步树立宪法意识和宪法权威，切实保证宪法的贯彻实施，要在全社会形成崇尚宪法、遵守宪法、维护宪法的良好氛围；反复强调要依宪治国、依宪执政；以胡锦涛同志为总书记的党中央带头学习宪法、身体力行地遵守宪法、维护宪法的权威，为全党和全国人民树立了光辉榜样，推动了社会主义宪政事业的发展。

现在，我们一些同志认识不到宪政在依法治国、建设社会主义法治国家和政治文明中的根本性作用，看不到中国特色社会主义宪政事业的巨大成就，遇到错误思潮干扰和扰乱，就不敢坚持“宪政”，甚至连“宪政”的概念也不敢提了，好像“宪政”是资产阶级的专利；在个别研究机构甚至把“宪政”作为理论研究的“禁区”。这是不该发生的。当年，我们不提“人权”、反对人权概念，造成我们人权问题上处于被动局面，今天不能在宪政问题上重演那种低级错误。直面错误思潮，我们更有责任以科学的态度破解认识误区，驳斥无稽之谈，恢复“宪政”概念的合法性，高扬“宪政”旗帜；有责任加强对宪政问题的研究和宣传，让党中央提出的在全党、全体人民中间牢固树立宪法意识、树立宪法权威的要求获得广泛的认同，巩固宪政事业的社会基础；有责任深入总结中国特色社会主义宪政的实践经验，把宪政方面的“中国经验”、“中国模式”概括出来，宣传出去，形成正面舆论，增强中国的政治软实力，同时进一步推进中国特色社会主义宪政事业更好更快地发展。

二、中国特色社会主义宪政的概念和基本特征

宪政是政治文明的首要标志，在现代世界，举凡称得上政治文

明的国家无不是实行宪政的国家。政治文明包括文明的政治理念、文明的政治体制、文明的政治规则、文明的政治活动、文明的政治效果等等,而这些都是通过宪法表征出来,并依赖宪政得以保障和发展。

我们为什么需要宪政,为什么建设宪政,我们寄希望于中国特色社会主义宪政的意义是什么?这就是中国特色社会主义宪政的核心价值。以我所见,社会主义宪政的核心价值就是其宪政精神,主要包括:实现社会主义民主的法律化制度化,为规范有序地、理性和平地行使民主进行制度设计;尊重和保障人权;致力于实现社会公平正义;促进社会和谐;保障国泰民安,民富国强。

中国特色社会主义宪政的基本特征,或者说宪政的中国模式,概括而言,就是:党的领导,人民民主,依宪治国。现代世界绝大多数国家是以政党政治为特征的。在政党政治中,政治纲领的提出和国家机构的产生与更替都通过政党的活动来实现。当代中国的政党制度是中国共产党领导的多党合作和政治协商制度。在这种制度中,中国共产党是执政党,是领导核心。中国共产党不仅在政党体系中是领导核心,在整个政治体系中也是领导核心。没有中国共产党的领导,宪政法治就会流于空谈空想,就会偏离正确方向。民主既是宪政和法治的前提和基础,更是宪政和法治的本质和动力。坚持人民民主,关键是要坚持和创新人民代表大会这一根本政治制度。人民代表大会制度是我国的根本政治制度,是我国人民民主专政国家的组织形式和运行机制,是中国特色社会主义宪政的优势和力量所在。以人民民主为本质的宪政,必须以维护和发展最广大人民群众的根本利益为出发点和落脚点,必须切实尊重和保障人权。宪法是国家的根本法,是治国安邦的总章程,是保证国家统一、民族团结、经济发展、社会进步和长治久安的法律基础,是依法治国的核心。依法治国必须坚持宪法至上,首先是依宪治国,党依法执政首先也要依宪执政。总之,坚持党的领导、人民民主、依宪治国的有机统一,既是中国特色社会主义宪政的基本特征,也是中国特色社会主义宪政的先进性和优越性所在。

三、如何建设中国特色社会主义宪政

我们需要一种什么样的宪政?毫无疑问,应当是中国特色的社会主义宪政,是基于中国国情、中国经验、中国发展的宪政,是能够为中华民族的伟大复兴创造和谐稳定的政治秩序、充满活力和生机的社会秩序、保障国泰民安、国富民强的宪政,是尊重和保障人权、维护社会公正、促进已经分化出来和以后将不断分化出来的各个阶层互相认同、和平共处的宪政,各个阶层的互相认同只能在宪政的层面上才能解决,这涉及社会公正、协商民主、政治共和等重大的理论问题。在这样的基本前提下,去谋划、设计具体的宪政标准,才是求真务实的方法论。照搬西方的宪政模式,不仅行不通,而且不可行。

如何建设和发展中国宪政?首先,恢复宪政概念的合法性,提高全党、全民的宪政意识,特别是执政党的领导机关、国家最高立法机关、国家最高司法机关要有强烈的宪政意识,带着维护国家长治久安的忧患意识去推进中国特色社会主义宪政事业。其次,以中国特色社会主义理论为指导,从尊重和保障人权、优化国家权力配置、严密权力运行程序等主要方面,进一步完善宪法和宪法性法律体系,在宪政领域实现有法可依,即做到依宪执政、依宪治国。宪法四次修改多数是在序言和总纲中的规范,具体规范的修改或者解释应当加强。再次,要完善宪法实施的保障机制和救济机制,切实维护我国宪法的尊严和权威。胡锦涛总书记强调指出:“全面贯彻实施宪法,必须健全宪法保障制度,确保宪法的实施。”“要抓紧研究和健全宪法监督机制,进一步明确宪法监督程序,使一切违反宪法的行为都能及时得到纠正。全国人大及其常委会要从国家和人民的根本利益出发，在立法过程中充分保障宪法规定的公民的自由和权利；要切实担负起监督宪法实施的职责，坚决纠正违宪行为；要切实履行解释宪法的职能，对宪法实施中的问题作出必要的解释和说明，使宪法的规定更好地得到落实。地方各级人大及其常委会要切实保证宪法在本行政区域内得到遵守和执行。各级国家行政机关、审判机关和检察机关都要坚决贯彻宪法，依法行政，公正司法。”我们应当按照总书记的讲话精神，切实完善宪法实施的保障机制和救济机制。

世纪之交的修宪

——兼论宪法的概念和宪法修改*

1997年召开的中国共产党第十五次全国代表大会，以邓小平理论为指导，总结我国社会主义民主法制建设的实践经验，适应社会主义市场经济、民主政治和精神文明建设的时代需要，响亮地提出“依法治国，建设社会主义法治国家”。依法治国的核心是依宪（法）治国，建设社会主义法治国家的根本任务和首要标志是实施宪政，建设社会主义宪政国家。所以，党中央和全国人大十分重视宪政建设，重视宪法的修改和完善，重视宪法的实施保障。前不久召开的全国人大九届二次会议根据中共中央的建议，审议通过了宪法修正案，从而使我国宪法更加完善，更加符合国情，更加有利于把建设有中国特色社会主义事业全面推向21世纪。这次修宪是1988年修宪和1993年修宪的继续，是世纪之交的一次极其重要的修宪，是民主修宪、科学修宪、适时修宪的又一次伟大实践，也是宪法理论的丰富和升华。

---

* 本文发表于《法制与社会发展》1999年第3期。

一、宪法的概念

（一）什么是宪法

宪法有广义和狭义之分。广义上的宪法是指宪法法律部门，它由三个层次构成：第一层次是宪法典，我国现阶段的宪法典就是1982年《宪法》的文本以及17条宪法修正案。第二层次是宪法性法律，包括《国务院组织法》、《全国人民代表大会和地方各级人民代表大会代表法》、《全国人民代表大会常务委员会议事规则》、《全国人民代表大会和地方各级人民代表大会选举法》、《民族区域自治法》、《香港特别行政区基本法》、《澳门特别行政区基本法》、《国籍法》、《国旗法》、有关公民基本权利和义务的单项法律（例如《集会游行示威法》）等。第三层次是有关宪法的解释和惯例。关于宪法解释，比较好理解。关于宪法惯例，在不成文法国家是宪法的重要组成部分。在我国，宪法惯例也越来越受到重视，比较典型的宪法惯例有：为便于人民政协参政议政，全国政协和地方省级政协往往同全国人大和省级人大同时召开全体会议；有关国家重大问题（如政府工作报告、国家机构重要人选、宪法修改、涉及国计民生的大事）的决策，在广泛征求政协和各民主党派意见、同他们进行对话协商的基础上再由人大依法决定。狭义的宪法指包括宪法文本和宪法修正案在内的宪法法典。本文所说的宪法主要是狭义上的宪法。

通常，人们是在三种意义上理解宪法。

1. 宪法是宣言书

所谓宣言，一般是指国家、政府、政党、团体为说明其政治纲领或对重大政治问题表明其基本立场和态度而发表的文件。例如，法国人权宣言、美国独立宣言、世界人权宣言、共产党宣言等。任何一个国家的宪法都是一个宣言。作为宪法性质的宣言，它标志着一个国家的诞生或再生,民族的存在和统一,表明一个国家公民的基本权利、国家的政治结构、社会发展目标、国家权利运行程序等。我国《宪法》序言对中国各族人民奋斗历史和斗争成果的确认,对国内阶级关系、民族关系、国际关系的陈述和表态,对国家未来发展前景的展望和规划,对社会阶段、国体和政体的陈述和规定,是向国人和世人的政治宣言和法律宣言。

2. 宪法是总章程

在制定中华人民共和国第一部宪法的时候,毛泽东指出:"一个团体要有一个章程,一个国家也要有一个章程,宪法就是一个总章程。"[1]国家为什么要有章程,这个章程是什么意义上的章程。这可以从三个方面来理解。

(1)章程就是操作机器的软件

马克思主义经典作家曾多次把国家说成是统治阶级对社会实施统治和管理的机器。把国家说成是机器,这是很形象、很生动、很精确的比喻。一说到"机器"这个概念,人们就会想到它是由齿轮、杠杆、细带等部件组成的。然而,机器之所以是机器而不是部件的简单堆积,就是因为它除了物质部件之外还有着严格的程序系统。只有把这些物质部件按照一定操作规范和程序组合起来并按照规范和程序来操作,它才能有条不紊地运转从而发挥其特有的功能。机器越复杂,规则程序也越复杂。例如现在广泛使用的计算机,就是由硬件和软件两部分构成的。没有软件,没有各种各样的操作程序,硬件就是一堆什么用处也没有的金属和塑料。国家是庞大的机器,国家机关,如权力机关、行政机关、司法机关、军队、警察等,是其硬件部分。这些国家机关如何活动,怎样发挥作用,必须有章程,即规则和程序,这些是其软件部分。法律就是这种章程,宪法则是总章程。所以,人们常说,国家和法律的关系就是硬件和软件的关系。

(2)章程就是人民发给国家机关的营业执照

现代民主政治在运作上是代议民主或间接民主。民主政治的根本特征是国家的一切权力属于人民,人民当家作主。但是,在现代国家,特别是我们这样的大国,由于地域辽阔、人口众多、政治与经济相对分离、社会分工以及公共政治事务需要专门知识和专门才能等原因,人民群众不可能直接地经常地行使那属于自己的权力,直接管理国家和社会公共事务,而只能实行间接民主制,即人民代表大会制度。我国宪法规定:中华人民共和国的一切权力属于人民,人民行使国家权力的机关是全国人民代表大会和地方各级人民代表大会。人民群众通过定期选举产生代表机关,再由代表机关组织行政机关和司法机关一道行使国家权力。这就是代议民主制。这种体制意味着在政治权力的持有与政治权力的行使之间存在着某种程度的分离。这种分离可能引起政治失控,以至出现政治异化。为了防止政治权力的失控和异化,要有一部宪法,庄严地宣布一切权力属于人民,公民与生俱来的权利和自由不受非法剥夺;严格地规定国家代表机关(立法机关)、行政机关、司法机关及其他国家机关的职权(人民委托出去的政治权力)范围和行使职权的程序。同时建立有效的监督体系,即制约机制。在这个意义上,宪法有点像是人民及其代表机关发给政府的“营业执照”。没有这个执照,政府不能营业;不按这个执照规定的权力界限和运行程序活动,就是滥用权力,就是违宪,就应当取缔。

(3)章程就是民主集中制的法律化

民主集中制是党和国家政治生活的基本原则。民主集中制既是体制性的,又是程序性的。在国家政治生活中,从体制上,民主集中制体现为公民通过选举程序产生各级人民代表大会,通过各级人民代表大会行使国家权力。全国人民代表大会是国家最高权力机关,代表全国人民行使国家权力。从程序上,民主集中制表现为人民代表大会充分反映民情民意,把人民的意志、意见和智慧集中起来制定成为法律和具有法律效力的决定,同时组成国家行政机关、审判机关、检察机关和其他国家机关去执行法律和实行法治。

从实质上,民主集中制的“集中”不是把权力集中到个人手中,而应当是集中至党中央及国家的最高权力机关;不是集中为领导人个人或“一把手”的意志、意见或指示,而是集中为政策、法律和制度;人民的共同意志应当主要通过具有普遍适用性和普遍约束力的法律的形式表现出来,而不应主要通过“为民作主”的领导人个人的讲话或最高指示的形式表现出来;集中指导应主要体现为政策和法律的指引,而不是某个人或某个机关的号召或指令。在依法治国、建设社会主义法治国家的历史进程中,必须强调把全党全国人民的意志集中到党的路线、方针和基本政策上,并进一步集中到法律和宪法上,坚持在民主基础上实行法治,在宪法和法律指导和规范下实行民主,这是民主集中制的时代精神,也是在党和国家政治生活中贯彻民主集中制的要求。一部良好的宪法正是这种民主集中制的法律化和制度化。

3. 宪法是根本法

我国《宪法》在序言中明确宣布本宪法是国家的根本法。与“根本法”相通的概念有“基本法”、“母法”、“法之法”等。有时为了强调宪法的根本法地位,也称宪法为“根本大法”。根本法是从四种意义上说的。

第一,从宪法的内容上说,宪法被称为国家的根本法,是因为它所规定的是国家的根本制度和根本任务。这里所说的根本制度,就是社会主义的经济制度、政治制度和社会制度,它们通过宪法原则的形式表现出来。所说的根本任务,就是全国人民的奋斗目标、纲领以及为实现这一目标和纲领而实施的战略方针。

第二,从宪法的效力上说,宪法具有最高的法律地位和效力。在封建专制国家,“国王是法律”;在民主国家,“法律是国王”。国家中的一切权力源自宪法并且须依宪法行使;一切法律都不得违背宪法的精神和原则,宪法的权威高于任何个人、政党、国家机关的权威。

第三,从宪法与其他法律的关系上说,宪法是其他法律的立法依据。所以,人们形象地称宪法为"母法",称其他法律为"子法"。

第四,从宪法的制定和修改程序上说,宪法必须具有权威性、稳定性、连续性,只要社会的基本结构未变,宪法的原则就不能改变。宪法不能轻易修改,也不能随意解释。如果由于社会发展、经济体制和政治体制发生重大变化而必须修改,那也必须遵循严格的程序。对宪法修改规定严格程序是为了维护宪法的权威性和稳定性,防止某种政治势力通过修改宪法而动摇国家的经济结构和政治结构。

(二)宪法的结构

宪法结构是指宪法文本各项内容、各个篇章的排列顺序。世界上现有 140 多部宪法,其结构没有一致的模式。不同国家的宪法其结构有所不同,即使同一国家,在不同的历史时期其宪法的结构也会不同。宪法的结构不是单纯的文字排序、立法技术和规则组合,而是反映了一个国家的性质、法律精神和历史传统等,宪法结构的变动也不是一般的内容调整。例如,我国 1954 年《宪法》、1975 年《宪法》和 1978 年《宪法》关于公民基本权利和义务的规定都是作为宪法文本的第三章列在国家机构之后,1982 年《宪法》把公民的基本权利和义务的规定作为第二章列在总纲之后、国家机构之前,这一调整表明我国更加重视公民权利和义务,特别是公民的基本人权,体现了人民当家作主、权力来源于权利、人民以权利来制约国家权力的法律精神,顺应民主法律化和制度化的时代潮流。我国现行《宪法》的结构包括序言、第一章总纲,第二章公民的基本权利和义务,第三章国家机构,第四章国旗、国徽和首都。

(三)宪法与宪政

宪政与宪法是不同的概念。无论我们说宪法是宣言,还是说宪法是章程和根本大法,宪法都是文本,是有关国家国体、政体、公民基本权利和义务的原则和规范体系。只有宪法得到全社会的普遍尊重、重视和实施,唯有人民的权利和自由得到切实的保障,唯有政府的权力受到实际的制约和监控,唯有全社会在宪法的作用下整体上实现了自由、效率、平等、公正、稳定和发展,才能说到宪政。所以说宪政是宪法实施的结果。宪政是依宪治国所达到的理想状态。我个人认为,我们国家还没有达到宪政的状态,尚处在向宪政过渡之中,或者说是从低标准、低水平宪政向高标准、高水平宪政发展之中。

二、现行《宪法》的前两次修改

中华人民共和国历史上有过四部宪法,即 1954 年《宪法》、1975 年《宪法》、1978 年《宪法》和 1982 年《宪法》。在四部宪法之前,《中国人民政治协商会议共同纲领》起临时宪法的作用。1982 年《宪法》(即现行宪法)是在我国党和国家工作重点全面转移(即从阶级斗争为纲转向以经济建设为中心)、社会主义民主法制建设取得明显成就、社会主义现代化建设事业胜利前进的历史条件下制定的。这部宪法是建国以来最好的一部宪法。它继承和发展了新中国民主立宪的经验,确认和巩固了十一届三中全会以来拨乱反正和民主法制建设的成果,并且具有前瞻性地为今后的经济体制改革和政治体制改革指明了原则方向,为即将到来的改革开放提供了法律空间。

(一)关于宪法修改

所谓宪法修改,就是指对已经生效的宪法条款,由有权的国家机关、按照法定程序予以重定、修改或部分地增减。

导致宪法修改的因素是各种各样的,就我国现行《宪法》的修改而言，最主要的因素是经济体制改革和政治体制改革以及由改革引起的重大社会经济变化和政治变化。经济体制改革和政治体制改革一方面使某些宪法条文所反映的经济关系和政治关系不复存在，另一方面使许多新形成的社会关系没有法律的界定、确认或保护，出现宪法规则真空。为了使宪法适应已经变化了的社会现实，发挥宪法在指导改革开放、引导社会生活、规范国家行为等方面发挥应有的功能，必须对宪法进行修改。

宪法的修改不同于重新制定，一般来说，只要一个国家的基本经济制度和政治制度以及基本社会关系不发生根本变化，就不会出现重新制定宪法的问题。根据我国《宪法》规定，我国实行社会主义制度，实行人民民主专政，这一根本制度是不会改变的，也不应改变。所以，我国《宪法》只存在修改问题，而不发生重新制定的问题。《宪法》只赋予全国人大修改宪法的权力，而未授权全国人大重新制定宪法。尽管在内容上可以说有的修改实质上是重新制定，但在形式上只能说是修改。例如，五届人大五次会议通过的宪法修改草案，是对 1978 年《宪法》的全面修订，实际上是重新制定。但我们只能说是对 1978 年《宪法》的修改，因为从第一届全国人民代表大会制定《宪法》之后，全国人大再没有制定宪法的权力，只有修宪的权力。这样做是为了维护宪政，防止反动势力废除人民民主专政的宪法。从报纸杂志上看到有的文章说中华人民共和国成立以来，我们先后制定了四部宪法，这种说法是不准确的。

修改宪法有大修、中修、小修三种方式。大修即全面系统的修改，是在坚持宪政精神和宪法根本原则的前提下，把原来的条文以至结构放在一边而重新起草。小修即个别修改，是对个别或少数条款的修改或补充。中修介于大修和小修之间，是对一些条款的修改或补充。1975 年《宪法》代替 1954 年《宪法》和 1982 年《宪法》代替 1978 年《宪法》，属于大修。1988 年 4 月 12 日，七届人大一次会议对宪法第 10 条和第 11 条的部分内容所做的改动和补充只涉及两个条款,属于小修。1993 年 3 月 29 日,八届人大一次会议对《宪法》序言、第 7 条、第 8 条、第 15 条、第 16 条、第 17 条、第 42 条、第 98 条的变动和补充,可以说是中修,九届人大二次会议对《宪法》序言、第 13 条、第 14 条、第 15 条、第 16 条、第 17 条的实质内容的变动和补充,也属于中修。

宪法修改有两种方式,一是"修改一次,重颁一次"。二是采用宪法修正案。我国从 1998 年第一次对"八二宪法"修改起,借鉴外国的经验,开始采用宪法修正案的方式。这样做更有利于保持宪法的权威性和稳定性。宪法修正案是现行《宪法》的组成部分。

(二)1988 年七届人大一次会议对《宪法》的修改

到目前为止,全国人大对 1982 年《宪法》修改了三次,共审议通过宪法修正案 17 条。每一次修宪、每一修正案都是对宪法本身的重大完善,都对我国经济、政治、社会发展和法制建设产生了积极的推动作用。

1982 年《宪法》是在我国启动改革开放的历史条件下制定的。制定宪法的时候,已经为改革开放提供了广阔的余地。例如市场调节的作用,国营企业的经营自主权,土地所有权下放一部分于集体,鼓励和发展个体经济等。但是,随着改革深入,《宪法》原来规定的经济制度明显制约和阻碍着经济体制改革和经济发展。其中最主要的问题有两个:一是私营经济的开放,二是土地转让的合法化。私营经济本质上是带有剥削性质的经济方式,它是在个体经济的基础上发展起来的。在整个国民经济发展中对公有制经济起着重要的补充作用(那时私营经济的规模比较小,所以只能说是"补充")。如果限制其发展甚至取缔它,不但私营经济本身会逐渐萎缩,个体经济的发展也会受到影响,国民经济和体制改革的发展必然减缓。所以必须通过修宪,给私营经济以恰当的生存地位。土地使用权转让的开放同样重要。如果不允许土地使用权合法转让,中外合资与外国独资企业的开办及本地生产经营都不可能顺利进行,经济体制改革和对外开放不但不可能进一步发展,甚至会出现倒退。因此,1988 年 4 月 12 日,七届人大一次会议通过宪法修正案,在《宪法》第 11 条增加:"国家允许私营经济在法律规定的范围内存在和发展。私营经济是社会主义公有制经济的补充。国家保护私营经济的合法权利和利益,对私营经济实行引导、监督和管理。"将《宪法》第 14 条第 4 款修改为:"任何组织和个人不得侵占、买卖或者以其他方式非法转让土地。土地的使用权可以依照法律的规定转让。"

(三)1993 年八届人大一次会议对《宪法》的修改

1988 年宪法修正案公布以后,我国的经济体制改革迅速深化,经济发展中制约经济规律发挥作用的计划成份进一步弱化,而市场调节则从辅助地位占据主导地位。与之相适应,政治体制改革逐渐推开,国家机关推行公务员制度,精简撤并,转变政府职能,政治运行中注意发扬民主,巩固和进一步发展共产党领导下的多党合作与民主协商,民主宪政制度趋于严肃和务实。1992 年 10 月,在邓小平南方重要谈话的推动下,党的十四大提出建立社会主义市场经济体制,进一步完善人民代表大会制度。根据中共中央的建议,八届人大一次会议在 1988 年修宪的基础上再次修宪,而且通过 9 条修正案。1993 年宪法修正案的主要内容包括:

第一,在序言中明确宣布我国正处于社会主义初级阶段,这就为我国现阶段的经济建设和民主建设提供了一个总体基准,要求我们一切工作都要从社会现实条件出发,不可脱离实际,急于求成。第二,宣布国家的根本任务是,根据建设有中国特色社会主义的理论,集中力量进行社会主义现代化建设,明确了指导思想。第三,宣布坚持改革开放,将以"一个中心、两个基本点"为核心内容的党的基本路线完整地体现在根本大法之中。第四,将建设“高度文明、高度民主”的社会主义国家改为建设“富强、民主、文明”的社会主义国家,这一修改加进了建设“富强”国家的内容,突出了经济建设的重要性及其与民主政治发展的关系,把民主和文明前面的定语“高度”删掉,使之与社会主义初级阶段相适应,体现了实事求是精神。在序言中还明确写上了“中国共产党领导的多党合作和政治协商制度将长期存在”,把我国的政治制度表达得更为全面。第五,将“国营经济”改为“国有经济”,一方面明确了所有制关系,另一方面表明国有经济的实现方式并非一定要由国家经营,体现了所有权与经营权分离的改革精神。第六,肯定了“农村中家庭联产承包为主的责任制和生产、供销、信用、消费等各种形式的合作经济”的社会主义集体所有制的法律地位。第七,确立了市场经济的合法地位,为社会主义市场经济的建立和发展提供了宪法保障。与此相适应,取消了有关国营经济和集体经济必须服从和全面完成国家计划的规定,这为公有制经济组织完全进入市场经济体系、独立自主经营创造了条件。第八,延长了县级人民代表大会的任期。宪法修正案将县级人大的任期从3年改为5年,实际上延长了整个县级政权的任期,这有利于保证县级政权的相对稳定,有利于政治稳定和经济发展。

三、九届人大二次会议对《宪法》的修改

1999年3月15日,九届人大二次会议对《宪法》进行了新的修改。会议通过了6条宪法修正案。根据中共中央的建议,这次修宪的政治和理论依据是党的十五大关于党和国家指导思想、经济体制改革、政治体制改革、依法治国等重大问题的决定和理论,技术上的原则是只对需要修改的并已成熟的问题做出修改,可改可不改的问题不作修改。所以,这次修宪数量上不算很多,但内容十分

重要。这 6 条宪法修正案有的是对 1982 年《宪法》正文的修改,有的是对 1988 年和 1993 年修正案的修改和补充。

这次修宪的内容包括:

第一,把“我国正处于社会主义初级阶段”修改为“我国将长期处于社会主义初级阶段”。社会主义初级阶段这一科学论断有两个含义:第一,我国是社会主义,不是封建主义,也不是资本主义;第二,我们的社会主义处在初期发展阶段。加上“长期”两字之后,这一科学论断更加成熟、更加客观、更加深刻,更符合我国基本国情和发展水平。宪法内容的这一修改有利于统一全国人民对社会主义初级阶段长期性的认识,特别是有助于防止和克服各种超越历史阶段的“左”的、空想社会主义的错误认识、错误政策、错误做法。

第二,把邓小平理论的指导写入《宪法》。邓小平理论是在中国改革开放和社会主义现代化建设中形成和发展起来的当代中国的马克思主义,把邓小平理论作为全国人民的指导思想增加到宪法序言中,从根本大法上明确它的指导地位和作用,使由邓小平建设有中国特色社会主义理论所建构的党的基本路线一百年不动摇进一步有了宪法保障。这一修正案符合全国各族人民的共同心愿,对于建设有中国特色社会主义事业的顺利发展,具有重大的现实意义和深远的历史意义。

第三,明确规定“实行依法治国,建设社会主义法治国家”。基于对“文革”期间法制荡然无存,人权自由普受践踏的深刻教训,党的十一届三中全会提出加强社会主义民主,健全社会主义法制。从那时开始,中国步入了社会主义法制的道路。经过 20 年的探索和实践,终于在党的十五大明确提出了“依法治国,建设社会主义法治国家”。依法治国,建设社会主义法治国家这一治国方略是在汇纳十一届三中全会以来法治思想的精华,总结社会主义民主法制建设经验的基础上提出来的。它的实质,就是广大人民群众在党的领导下,依照《宪法》和法律规定,通过各种途径和形式管理国家事务,管理经济文化事业,管理社会事务,保证国家各项工作都依法进行,逐步实现社会主义民主的制度化、法律化,使这种制度和法律不因领导人的改变而改变,不因领导人看法和注意力的改变而改变。依法治国意味着不仅要有完备的法律体系和制度,而且要认真实行法律,切实依照法律治理国家,管理社会。现在全国人民代表大会把这一治国方略载入《宪法》,这表明中国将彻底摒弃人治,实行法治,将坚定不移地沿着依法治国的道路前进;预示着我国将把经济、政治和社会生活纳入法治轨道,实现政治民主自由、经济繁荣昌盛、社会稳定发展、人民安居乐业。新的宪法修正案使我们再次看到了法治国家的曙光,坚定了依法治国、建设社会主义法治国家的信心。

第四,在原来关于社会主义经济制度的规定之后,增加"国家在社会主义初级阶段,坚持公有制为主体、多种所有制经济共同发展的基本经济制度,坚持按劳分配为主体、多种分配方式并存的分配制度"。这一条前后两款体现了原则性和灵活性相结合的立法原则,既完整地保留了原来的对整个社会主义历史时期普遍适用的规定,又增加了社会主义初级阶段的基本经济制度和分配制度;公有制为主体、多种所有制经济共同发展,决定了我们必须实行按劳分配为主体的多种分配方式。这一修改有利于进一步保护、解放和发展生产力。

第五,在继续肯定和保护家庭承包经营的同时,把"统分结合的双层经营体制"列入《宪法》的保护范围。家庭联产承包经营责任制是70年代末和80年代初广大农民的创造,1993年宪法修正案肯定了这种责任制。但是,1993年的宪法修正案只是针对"人民公社"的提法,肯定家庭联产承包责任制的集体所有制性质,而没有表明农村应实行什么样的经营体制。也就是说,那时只从所有制的角度对家庭联产承包制作出法律界定,而没有明确它是农村社会主义集体经济所有制的实现形式。这次宪法修正案明确规定“农村集体经济组织实行家庭承包经营为基础、统分结合的双层经营体制”。它一方面明确了家庭联产承包经营的“基础”地位和作用(过去是“为主”,现在是“基础”,地位和作用加强了),另一方面说明随着生产力的发展、农村合作经济、股份合作经济等集体经济的实现形式进一步多样化。以宪法的形式把农村行之有效的经营体制确定下来,有利于农村经济经营体制的长期稳定、不断完善和农村经济持续健康发展。

第六,宣布并肯定个体经济和私营经济等非公有制经济是社会主义市场经济的重要组成部分。从过去的对计划经济的“补充”变成为现在的市场经济的“重要组成部分”,一方面说明了个体经济和私营经济在最近几年有了快速发展(据统计,到 1998 年 6 月底,全国注册的私营企业已达 104.67 万个,从业人数 1458 万人,注册资金 6554 亿元。这还不说众多名为“国有”、“集体”实为私有私营的企业),非公经济的规模和效益不容忽视;另一方面说明在社会主义法律范围内的个体经济和私营经济具有社会主义市场经济的性质,在社会主义市场经济中占有相当重要的地位。它们姓“社”不姓“资”,它们是在社会主义范畴内存在和发展,是有利于生产力发展的进步的生产关系,服务于解放和发展生产力这一社会主义本质。这一修改有利于破除一些人对个体、私营经济的偏见和歧视,有利于保障非公经济与公有经济在法律的范围内自由、平等、公正地竞争,有利于消除非公经济、特别是私营企业家的思想顾虑,给他们吃了个定心丸,从而为个体经济和私营经济的健康发展创造制度环境,使非公经济在拉动经济增长、提高生产力、增加税收、解决就业、活跃市场、深化国企改革中发挥更大、更积极的作用,非公经济的发展也有利于通过解放和发展生产力来实现全社会的共同富裕。

第七,把镇压“反革命的活动”改为镇压“危害国家安全的犯罪活动”,使之与刑法将“反革命罪”改为“危害国家安全罪”的表述一致起来,既有利于贯彻新刑法,也有利于提高宪法的权威。反革命罪的罪名沿用已久。在党和国家的文件中,早就使用反革命罪的提法。1954年《宪法》也规定要镇压反革命,把某些严重危害社会的行为和活动定为反革命罪,实行严厉打击,对巩固人民民主专政的国家政权和社会主义制度曾起过很大作用,现在为什么要改?一是考虑到我们国家已经从革命时期进入集中力量进行社会主义现代化建设的历史时期。阶级矛盾不再是社会的主要矛盾,国家的根本任务是经济建设。在新的历史时期,针对国家的犯罪活动主要表现不是反革命,而是危害国家安全,危害社会治安,破坏社会主义经济。所以,从法律角度来看,对危害中华人民共和国的犯罪行为,规定适用危害国家安全罪比适用反革命罪更为合适。二是宪法的规范化和科学化的要求。“反革命”严格说是一个政治概念,而不是一个法律概念,是在特定历史条件下使用的特殊概念,不能泛化。宪法修正案将“反革命的活动”这一概念修改为“危害国家安全的犯罪活动”,使宪法的表述更加规范和严谨,为国家机关依法镇压危害国家安全的犯罪活动提供了宪法依据。三是考虑到刑事领域的国际合作的需要。现在世界上绝大多数国家没有反革命罪的法律规定,我们如继续使用反革命罪的概念,就难以有效地开展国际合作。在这个意义上,宪法的这一修正案也有利于我国法律制度与国际法治社会接轨。

注释

1 《毛泽东选集》第5卷,人民出版社1977年版,第139页。

论人民代表大会制度*

一、人民代表大会制度最根本的特征和优势

人民代表大会制度作为我国的根本政治制度，是中国共产党把马克思主义基本原理同中国具体实际相结合的伟大创造，是中国人民当家作主的重要途径和最高实现形式，是中国社会主义政治文明的重要制度载体。[1]新中国成立 60 年来，特别是改革开放 30 年来，随着中国社会主义民主法治建设的稳步推进，人民代表大会制度不断巩固、完善和发展，显示出强大的生命力和明显的优越性。

人民代表大会制度的基本内容主要包括五个方面：一是各级人民代表大会都由民主选举产生，对人民负责，受人民监督；二是各级人民代表大会及其常委会实行民主集中制，集体行使权力、集体决定问题，以求真正集中人民的共同意志、代表人民的根本利益；三是国家行政机关、审判机关、检察机关都由人民代表大会产生，对它负责，受它监督；四是遵循在中央的统一领导下，充分发挥地方的主动性、积极性的原则，划分中央和地方的国家机构的职

---

* 本文第二部分略作修改后，以“充分认识人民代表大会制度与西方议会制度的本质区别”为题发表于《人民日报》2009 年 3 月 12 日。

权;五是各少数民族聚居的地方实行区域自治,设立自治机关,自治机关除行使一般地方国家机关的职权外,同时依法行使职权。[2]

人民代表大会制度最根本的特征和优势就是人民性。在社会主义国家,人民是国家和社会的主人,国家的一切权力属于人民。对此,我国《宪法》第 2 条第 1 款规定:“中华人民共和国的一切权力属于人民。”人民代表大会制度的核心和实质就是保证一切权力属于人民,保障人民当家作主。在我国这样一个疆域辽阔、人口众多的大国,全体人民不可能全部直接管理国家事务,而只能由人民直接或间接地选举产生自己的代表机关,然后由代表机关代表人民掌握国家权力,管理国家事务,同时代表机关及其代表必须接受人民的监督,人民有权罢免自己选出的代表。这种模式在我国就体现为人民代表大会制度。人民代表大会就是我国各族人民管理国家的基本组织形式。对此,我国《宪法》第 2 条第 2 款规定:“人民行使国家权力的机关是全国人民代表大会和地方各级人民代表大会。”

具体来说,人民代表大会制度的人民性主要体现在五个方面:第一,各级人民代表大会是国家权力机关,代表人民统一行使国家权力。其中,全国人民代表大会是最高国家权力机关,行使国家立法权和决定国家的重大事务。根据宪法的规定,全国人民代表大会行使的主要职权有:修改宪法,监督宪法的实施,制定和修改刑事、民事、国家机构的和其他的基本法律,选举和决定中央国家机构的领导人员,审查和批准国民经济和社会发展计划和计划执行情况的报告,审查和批准国家的预算和预算执行情况的报告,批准省、自治区和直辖市的建置,决定特别行政区的设立及其制度,决定战争和和平的问题等。地方各级人民代表大会是地方国家权力机关,有权在宪法和法律规定的职权范围内决定本地区的重大事务,特别是审查和决定地方的经济建设、文化建设和公共事业建设的计划。人民代表大会之所以拥有决定国家重大事务的权力,就在于它是代表人民行使国家权力的机关。

第二,各级人民代表大会都由人民直接或间接选举产生,对人民负责,受人民监督。按照我国选举法的规定,各级人大代表的选举实行直接选举与间接选举并用的原则。其中,县乡两级人大代表由选民直接选举产生,县级以上人大代表由间接选举产生,即由下一级人民代表大会选举产生。无论是直接选举还是间接选举产生的人大代表,都要向人民负责,受人民监督。根据宪法和法律的规定,各级人大代表在其任期之内和行使职权过程中,必须同选民和选举单位保持密切的联系,选民或选举单位有权依照法律规定的程序罢免不称职的代表。人大代表与选民或选举单位的关系,表明人民是国家的主人,人大代表是人民的公仆,人民代表大会是表达民意的代表机关。

第三,国家行政机关、审判机关、检察机关都由人民代表大会产生,对人民代表大会负责,受人民代表大会监督。"产生"、"负责"、"监督"这三个关键词,集中概括了"一府两院"与人民代表大会之间的基本关系,也深刻反映了人民代表大会制度的人民性。所谓"产生",主要是指"一府两院"的领导人员或组成人员由人民代表大会任免或决定。例如,全国人民代表大会根据中华人民共和国主席的提名,决定国务院总理的人选,根据国务院总理的提名,决定国务院副总理、国务委员、各部部长、各委员会主任、审计长、秘书长的人选。所谓"负责",主要是指"一府两院"必须执行人民代表大会所制定的法律、法规或作出的决议、决定,并定期向人民代表大会报告工作。所谓"监督",主要是指"一府两院"必须自觉接受人民代表大会依照宪法和法律的规定所进行的各种监督。根据监督法的规定,各级人大常委会对"一府两院"的监督形式主要包括:听取一府两院的专项工作报告;审查和批准预算,听取和审议国民经济和社会发展计划、预算的执行情况报告,听取和审议审计工作报告;法律法规实施情况的检查;规范性文件的备案审查;特定问题的调查等。

第四,人民代表大会常务委员会是人民代表大会的常设机构,在人民代表大会闭会期间行使国家权力,向人民代表大会负责并报告工作。这也是人民代表大会制度的人民性的重要体现。在我国,由于绝大部分人大代表都有自己固定的工作岗位,每次人大会议的会期较短,而人大所承担的工作职责和工作任务又很繁重,因此必须设立常设机构,经常性地行使国家权力,以保证人大能够充分、有效地履行国家权力机关的职能。另一方面,为了保证人大常委会的工作能够真正体现人民的意志和利益,人大常委会必须向人大报告工作,并接受人大的监督。例如,根据宪法的规定,全国人大可以改变或者撤销全国人大常委会不适当的决定,有权罢免全国人大常委会的组成人员。

第五,人民代表大会采用民主化的组织制度和工作制度,以求真正集中人民的共同意志,代表人民的根本利益。例如,在立法上,全国人大及其常委会坚持走群众路线,充分发扬民主,扩大公民对立法工作的有序参与。在立法实践中采用的民主立法的具体制度形式有:将法律草案全文向社会公布,广泛听取各方面尤其是基层群众的意见;举行立法听证会,就有关立法问题直接听取公众和有关方面意见;提请审议的法律草案印发有关中央和国家机关、地方和单位,召开各种形式座谈会征求意见,对法律草案中专业性强的问题,召开论证会,组织专家充分论证;重要法律草案在大会审议前,组织代表提前审阅和讨论,充分听取代表意见,修改完善法律草案。这些民主立法制度的采用保障了全国人大及其常委会制定的法律真正体现人民的意志和利益。

二、人民代表大会制度与西方议会制度的本质区别

在新的历史时期,为了自觉地坚持和完善人民代表大会制度,

充分发挥人民代表大会的政治优势,努力建设社会主义政治文明,我们不仅要深入理解人民代表大会制度的人民性,还必须充分认识我国的人民代表大会制度与西方议会制度的本质区别。

第一,必须充分认识人民代表大会与西方议会的本质区别。人民代表大会是我国人民民主专政国家的根本组织形式和核心运行机制。人民通过普遍的民主选举,产生自己的代表,组成各级人民代表大会,各级人民代表大会都对人民负责,受人民监督,有力地保障了人民当家作主。根据我国现行选举法,县乡人大代表是按选区直接选举产生的,县级以上人大代表由下一级人民代表大会选举产生,并按照选举单位(除解放军代表团外,一般按照行政区划)组成代表团参加代表大会。我们的人民代表大会中没有议会党团,也不以界别开展活动。无论是代表大会,还是常委会组成人员、专门委员会组成人员,都不按党派分配席位。我们的人大代表、常委会组成人员、专门委员会组成人员,无论是共产党员,还是民主党派成员或者无党派人士,肩负的都是人民的重托,都是为人民依法履行职责。而西方议会的议席往往是各个政党、各个利益集团、各种社会势力政治分赃的结果,由此在议会内部分为不同议会党团,每个党团的背后都站着供养它的利益集团,议员们为了各自党派的私利而勾心斗角、尔虞我诈。

第二,必须充分认识我国人民代表大会和"一府两院"的关系与西方国家国家机关间关系的本质区别。在我国,依据《宪法》规定,人民代表大会是国家权力机关,统一行使国家权力,国家行政机关、审判机关、检察机关都由人民代表大会产生,向人民代表大会负责,受人民代表大会监督,依靠人民代表大会支持。在这样的前提下,人大行使立法权、监督权、重大事项决定权以及其他重要权力,各级人民政府行使行政管理权和行政执法权,人民法院和人民检察院行使司法权。人大根据党的主张和人民的意愿,通过制定法律、作出决议,决定国家大政方针,并监督和支持"一府两院"依法行政、公正司法,保障各国家机关协调有效地开展工作,把人民赋予的权力真正用来为人民谋利益。虽然各国家机关分工不同、职责不同,但都是在中国共产党领导下、在各自职权范围内贯彻落实党的路线方针政策和宪法法律,为建设和发展中国特色社会主义服务。我们的政体还有利于集中力量办大事,发挥社会主义制度的优越性。而在西方资本主义国家,通常实行立法权、行政权、司法权"三权分立",分别由议会(国会)、政府和法院把持。有时候这三个机构由一个政党控制,有时候由不同政党分别控制。它们经常以牺牲民众的利益为代价争吵不休、互相扯皮。

第三,必须充分认识人民代表大会代表与西方议会议员的本质区别。我们的人大代表是由人民选举产生,代表人民行使国家权力,全国人大代表来自各地区、各民族、各方面,人口再少的民族也至少有一名代表,具有广泛的代表性。而西方国家的议员则是某党某派的代表,而且往往集中在少数党派,议员的分布范围狭小。我们的人大代表来自人民、生活在人民中间、同人民群众保持着密切联系,人民性是人民代表的内在品质。而西方国家的议员则是官僚,在竞选的时候他们向选民点头哈腰、好话说尽,而竞选成功之后则官气十足,忘掉他们对选民的承诺。我们的人大代表有各自的工作岗位,对党和国家的方针政策、宪法法律的贯彻实施情况体会最深刻,对现实生活中的实际问题了解最丰富、最深入,集中起来就可以比较准确地反映社情民意。而西方议会的议员则是脱离生产工作第一线的"职业议员",是一个拥有自身特殊利益的共同体。我们的人大代表作为人民代表大会的组成人员,个人不能代表国家权力机关直接去处理问题,而是通过会议等方式依法集体行使职权,各级人大常委会是人民代表大会的常设机构,常委会的办事机构是代表的集体参谋助手和服务班子。

第四,必须充分认识我国政党和人大的关系与西方政党与议会的关系的本质区别。在我国,中国共产党是中国工人阶级的先锋队，同时是中国人民和中华民族的先锋队，是中国特色社会主义事业的领导核心，代表中国先进生产力的发展要求，代表中国先进文化的前进方向，代表中国最广大人民的根本利益。中国共产党是唯一的执政党，其它政党是参政党，我国不存在多党轮流执政或联合执政的政治基础和社会基础，人民的根本利益和国家的长治久安也不容许实行多党轮流执政或联合执政。这是由中国社会主义国情与中国共产党的性质所决定的，也是饱受灾难和屈辱、又亲历国富民强的中国人民的自觉选择。中国共产党还是国家政权和整个社会的领导党，具有对国家和对社会的领导权，而且这种领导权是其执政权的政治基础，也形成了人民代表大会体制中的政治核心，这是与西方国家执政党仅仅对应于议会或政府的政治地位显著不同之处。所以，中国共产党与人民代表大会的关系与多党轮流执政体制下的政党与议会的关系有着本质区别，不能用西方政党与议会的关系来套我国政党与人大的关系。中国共产党坚持立党为公、执政为民，不像西方政党那样为了获得议席而迎合选民的需要或迫于选票压力而奉行指导思想和政治纲领的机会主义。中国共产党尊重、支持、督促人民代表大会依法行使国家权力、履行国家职能，以确保国家机关活动的民主性、合法性、公正性、权威性，保证国家稳定、社会和谐、民族振兴、人民幸福，中国特色社会主义事业可持续发展。同时，对在人大机关工作的党员领导干部实施监督，以保证权为民所用、情为民所系、利为民所谋。

深入理解人民代表大会制度的人民性，充分认识人民代表大会制度与西方议会制度的本质区别，归根结底是为了充分发挥人民代表大会优越性。人民代表大会作为中国共产党和中国人民的伟大创造，在当今世界政治体系中具有保证人民当家作主、协调国家机关高效运转、凝聚各族人民力量的政治优势。让我们在中国共产党的领导下，进一步发挥人民代表大会的政治优势，夺取中国特色社会主义事业的新胜利。

注释

1 胡锦涛:“在首都各界纪念全国人民代表大会成立五十周年大会上的讲话”,载《十六大以来重要文献选编(中)》,中央文献出版社 2006 年版,第 224 页。

2 吴邦国:“以‘三个代表’重要思想为指导,努力开创人大工作新局面”,载《十六大以来重要文献选编(上)》,中央文献出版社 2005 年版,第 229 页。

政治体制改革与政治立法*

如同经济体制改革给法律工作者提出了一系列重大课题一样，政治体制改革也为法律工作者提出了一系列重大课题。政治立法就是其中之一。

一、加强和完善政治立法是政治体制改革的必然要求和基本内容

政治体制，从一种意义上说，是政治设制和政治规范的统一体。政治设制是政治体制中的“硬件”，指各类各级国家机构、政党及其他社会政治组织，其中主要是国家机构和执政党。政治规范是政治体制中的“软件”，其中主要是调整政治主体相互关系的法律规范——政治法和执政党的规章。政治设制是政治规范的载体，又是政治规范指令的对象，二者不可分割。没有政治设制，就无需政治规范；没有政治规范，政治设制就无法运行。因此，政治体制改革，就是一方面通过加强党的组织建设，通过改变、组合、排列或增减国家机构，调整国家机关工作人员构成，提高国家机关工作人员的政治素质、

---

* 本文是王子琳与张文显的合作作品，由张文显执笔并定稿，发表于《当代法学》1987 年第 1 期。

智力素质、能力素质，使政治设制结构合理、内外上下协调、转换灵活，富有生机和活力，另一方面，通过加强政治立法，完备符合政治体制内在机制的政治法体系，保障政治设制高效地运行。

政治体制，从另一种意义上说，是各种政治主体之间关系的总和。政治体制改革就是要理顺各政治主体间的关系，其中最重要的是理顺各类各级国家机关之间、公民与国家机关及其工作人员之间、党委与国家机关之间的关系。所谓理顺这些关系，就是在各政治主体之间合理地分配或规定权利和义务，使他们之间的权利和义务及其界限最优化，使政治体制成为高度民主、富有效率的机体，以适应有计划商品经济的发展和社会主义精神文明建设。这种政治主体间权利和义务的分配和再分配只能通过政治立法进行。所以，加强和完善政治立法既是政治体制改革的要求，又是政治体制改革的基本内容。

政治法是一个相对独立的法的部门，其调整对象是各政治主体在国家政治生活中的相互关系，涉及各个阶级（阶层）在国家政权中的地位、公民与国家机关的关系、各国家机关之间的关系，尤其是国家权力机关与其他国家机关的关系、国家整体与部分、中央政权与地方政权的关系、公民的政治权利和义务、政党和其他社会政治组织的权利和义务，各国家机关的权利和义务以及政治行为、政治程序等等。政治立法是否完备是一个国家的政治体制是否健全、民主是否制度化的标志，也是一个政治体制能否有秩序、高效率运行的重要保障。

党的十一届三中全会以来，随着我国国家政治生活恢复正常，我国的政治立法工作取得了重大成就。我们修改了宪法；修改或新制定了各种国家机关组织法；制定了党必须在宪法和法律的范围内活动；宣布了全国人大的最高法律地位，扩大了全国人大及其常务委员会的职权；实行了行政工作中的首长负责制；实行了有限制的委任立法；宣布了“一国两制”，规定了特别行政区的设置；调整了各类国家机关之间的权限,实行了公、检、法三机关间的制约制度;扩大了公民基本权利,明确了公民的基本义务,制定了逮捕拘留条例等确保公民基本权利的单行法规。这些政治立法是建设民主的、高效率的政治体制的成果,又推动了政治体制民主化和高效化的进程。

但是,我们必须看到,与刑事立法、经济立法、民事立法相比,我国的政治立法是相当薄弱的。这表现在:第一,空白多。我国的许多基本政治关系还没有用法律的形式明确下来。我们还没有立法程序法、行政程序法、国家工作人员法等必不可少的法律,还没有建立保障宪法实施的违宪审查制度和控制政府编制、提高行政效益的预算控制制度,监督国家机关工作人员遵守法纪和从政道德的监察制度,评估国家机关及其工作人员政绩的效益预测和检查制度,把各种权力的互相渗透(重合、交叉)保持在平衡(最佳)状态的权力配合制度等。第二,不配套。我国的许多政治立法停留在原则性规定上。例如,《宪法》规定我国公民有言论、出版、集会、结社、游行、示威的自由,但没有相应的《新闻法》、《出版法》、《结社法》、《集会、游行、示威法》把它们具体化。因此,在实际政治生活中,往往无法可依。再如,虽然宪法规定各级人大与各级政府的关系是权力机关与执行机关的关系,但由于没有相应的具体的法律和制度保障,致使某些地方政府实际上凌驾于人大之上。第三,有缺陷。最突出地表现为政治立法不适应发扬民主和提高效率的需要。例如,我国的宪法和选举法不足以激发和保护公民参与政治的意识、热情和责任感,保障公民的知情权、批评建议权、弹劾权、质询权。再如,我国的国家机关组织法,很不适应国家机关高效率地工作的需要。这些空白和缺陷都需要在政治体制改革中逐步完善。

二、民主和效率是政治立法的灵魂

民主和效率是衡量社会主义政治体制完善与不完善的根本标

准,这是由社会主义政治体制的人民民主性质和巨大的组织和管理职能所决定的。政治体制民主化的基本标志是:首先,人民群众能够参与和影响政治决策,各种要求和愿望都能够在人民代表大会中反映、交流,以形成共同意志并在法律、政策和措施中体现出来。其次,国家机关和一切政治组织依法办事,即严格执行人民的意志。政治体制高效率的基本标志是:首先,能够用较少的人力资源和自然资源取得较大的效果,即用最少的人员、最少的经费取得最大的效益。其次,对信息的反应、接受、传递、处理、反馈,要及时、全面、准确、迅速、灵活、有价值。

我国政治体制改革的根本目标,就是建立民主的、高效率的政治体制。我国政治体制改革要解决的问题很多,但关键的问题有三个:首先,存在权力过分集中的现象。其次,仍然存在党政不分,以党代政。再次,官僚主义。解决这三个问题都归结为发扬民主,提高效率。权力过分集中,就是少数上级机关甚至个别领导人权力过大,下级机关无权决定属于自己权力范围内的事情。如果任何事情都由少数甚至个别领导人亲自处理,势必延长信息处理的"时滞",降低国家机关的应变能力,造成政治体制低效率甚至负效率运行。党政不分(即党委和国家机关的权力界限不清),以党代政(即党委直接进行"立法"和行政管理),致使某些地区出现了不正常的管理体制。这些地区的党委管了很多不该管、管不好、管不了的事,而人大、政府和政府部门却不能独立地负责处理它们所应当处理的问题,从而削弱了人大和政府的功能,降低了人大和政府的工作效率。官僚主义突出地表现在领导人脱离人民群众,对人民群众的利益漠不关心,甚至压制群众;表现在国家机构中部门林立、机构臃肿、层次繁多、职责不清、副职虚职过多、人浮于事、互相扯皮、互相推诿、议而不决、决而不行……这些现象都是与民主和效率原则对立的。既然民主和效率是社会主义政治体制的最高原则,是政治体制自我完善和发展的目标,民主和效率自然就是政治立法的灵魂。在政治体制改革中，我们应根据民主和效率的要求，建立起以民主和效率为中枢的完备的政治法律体系，使各政治主体都有法可依、依法行政，民主而高效率地活动。

民主和效率是不可偏颇的。但在实践中，它们是互相适应又互相矛盾的。例一，决策程序。一方面，如果政治决策是建立在充分发扬民主、广泛征求群众意见或由较多数的人参与的基础上，就可以减少或避免决策失误，减少执行过程中的阻力，从而提高决策的效率；但是另一方面，如果事无巨细都要通过民主程序，由会议去决定，那就可能拖延决策，从而贻误时机，甚至会出现决策代价超过决策本身，这自然会降低政治体制的效率。例二，工作监督。实行对国家机关工作的监督，对于防止、查处或制止滥用职权、以权谋私、违法乱纪等腐败现象，保护公民权利，维护社会主义民主和法制是十分必要的。但是，如果不适当地要求和实行制约，必然造成权力结构内部严重的内耗，从而削弱国家机关的效能。例三，委任立法。委任立法是为了克服立法机关对现代信息应变能力的局限，提高行政工作效率而采取的一种措施。但是，委任立法过多，而且没有严格的监督和审查程序，就有可能出现行政权力过当。由于民主和效率存在着矛盾的方面，在实践中，很可能顾此失彼，或者片面地强调民主而忽视应有的效率，或者片面地强调效率而忽视必要的民主。无论出现哪种情况，都可能损害政治体制及其功能。政治立法的任务在于通过合理地在各政治主体之间分配权利和义务，确定权利和义务的合理界限，以正确处理民主和效率的矛盾，保证政治体制在人民的手中高效率地运行。

三、党政关系是政治立法的重要内容

党政关系，即共产党的各级党委与各级各类国家机关的关系，是政治体制改革所要解决的突出问题之一，因而也是政治立法的重要内容之一。共产党是社会主义现代化建设事业的领导核心。坚持共产党的领导是我国现代化事业取得胜利的根本保证,是不容怀疑和动摇的。但是,党不能代替国家机关直接对社会公共事务实行管理。可是,在一段时期,我们没有正确认识和处理党的领导和国家机关的职能之间的关系,造成了党政不分、以党代政、不利于我国的经济、政治和文化的发展。

党的十一届三中全会以来,全党在改善党的领导,理顺党政关系方面做了大量认真、细致、开拓性的工作,取得了重大突破,但是,目前,党政不分、以党代政、党委不适当地干预国家机关依照法定程序行使法定职权的现象仍然存在。这种局面不适应已经或正在转变的政府职能,不利于发扬人民民主,也不利于党自身的完善和进步,理应成为政治体制改革中需要解决的问题之一。

改革党政关系不是要把党的领导从国家政治生活和社会管理中排除出去,而是改善和加强党的领导。在这方面,关键的问题是把党和政都统一到宪法和法律上。这就需要用宪法和法律的形式把党的领导具体化、制度化,把各级党委和各级各类国家机关的关系明确下来。这样才能既保障和改善党委对国家机关的领导,又使党委在宪法和法律的范围内活动,也便于广大群众对党委和国家机关实行监督。

建国以来,在我国的党政关系方面有着两种不好的倾向:一种倾向是试图摆脱、削弱甚至取消党委对国家机关的领导;另一种倾向是在加强党的一元化领导的口号下,不适当地、不加分析地把一切权力集中于党委。出现这两种倾向的原因之一,在于我们没有建立健全党政关系法。十一届三中全会后,鉴于历史的经验教训,我国《宪法》明确规定了党在国家中的领导地位和领导权,同时,又明确规定了党必须在宪法和法律的范围内活动。但是,如果不进一步用宪法和法律的具体规范,规定执政党的权利和义务,规定党委对国家事务的领导权限、管理范围及其程序,党必须在宪法和法律的范围内活动就不能充分地有保证地实现。

如何确定党政之间的权力界限？我们认为，要从有利于发扬和保障社会主义，有利于保持党对国家领导的活力，有利于保障和提高国家机关的工作效率出发，这是处理党政关系的基本原则。

政治立法是我国法制体系的薄弱环节。要求一下子健全是不现实的。但是，我们可以根据政治体制民主化和高效率的要求，在宪法的范围内，制定一些具体法规，然后随着政治体制改革的深入，在不断实践的基础上，制定出法律，逐步使政治关系合理化、法律化、制度化。

法制在政治体制改革中的地位和作用*

在当代中国,法制与改革是法律工作者的重大课题。本文仅就法制在我国政治体制改革中的地位和作用作一探讨。

一、法制化是政治体制改革的基本目标和内容

根据党中央设计的政治体制改革总体方案,我国政治体制改革的主题是建设有中国特色的社会主义民主政治,它的长期目标是建立高度民主、法制完备、富有效率、充满活力的社会主义政治体制。政治体制改革方案之所以把"法制完备"与"高度民主"、"富有效率"、"充满活力"并列作为有中国特色的社会主义政治体制的基本标准,把法制建设作为贯穿于我国政治体制改革全过程的基本内容,乃是因为法制与民主、效率和活力有着高度的内在统一性。

(一)民主政治是法治政治

民主政治的基本原理,是一切权力属于人民。但是,除了古代个别城邦国家实行直接民主制——公民都是国家最高权力机关的

---

* 本文是张文显与杨春堂的合作作品,发表于《政治学研究》1988 年第 2 期。

组成人员并直接立法、执法和司法以外，在现代国家，特别是在我们这个有10亿人口的大国，不可能实行由全体人民直接行使国家权力，直接管理国家。人民是通过定期选举产生代表机关，再由代表机关组织政府和司法机关一道行使国家权力。这意味着在政治权力的持有和政治权力的行使之间存在着某种程度的分离。为了防止这种分离可能引起的失控——政治权力不是按照权力所有者的意志，而是凭着权力行使者的意志和情绪而运行，特别是为了防止出现政治异化——政治权力在运行过程中发生异变，从而权力的行使不利于权力所有者，必须制定法律，首先是一部宪法，严格规定国家代议机关和行政机关、司法机关的职权范围和行使职权的程序，并建立有效的法律监督体系和制约机制，消除政治权力运行不受监督和制约的现象。这就是法治的实质。

民主政治有一个最基本的要求：各政治主体必须依照既定的规则和程序从政（行使政治权利和权力）。政治是不同的政治主体为实现一定的利益而影响、控制或行使国家权力的活动。由于各政治主体的利益不同，必然出现政治期望和政治目标的重叠和冲突。按照既定的规则从政，可以创造一种公平竞争、和平共处、稳定合作的局面。这正是民主的价值所在。随着法治意识和法律技能的普遍提高，公民对规则的要求和对一切政治活动必须具有“合法性”的要求会越来越强烈，更需要把政治纳入法制的轨道。

民主政治是自由的政治和平等的政治。所谓“自由的”，是指各政治主体可以不受限制地表达他认为是合理的，其他人和国家应该采纳的各种政见和决策建议。所谓“平等的”，是指在表达政见和提出决策建议方面，各政治主体具有同等的资格，同时每个人对他人的政见和建议有提出异议和否决的权利。这就是列宁所说的：“民主意味着在形式上承认公民一律平等，承认人家都有决定国家制度和管理国家的平等权利。”[1]这种自由和平等的政治为各种愿望和政见的接触、交流、碰撞，各政治主体影响和参与决策提供了机会。但是,如果不遵循一定的规则和程序,人们就无法进行愿望和政见的交流,更不可能在个人平等地自由地发言和讨论的基础上形成多数人的意志,并根据多数人的意志制定出法律和政策。"文化大革命"那种无规则无秩序的"四大"曾经如何毁坏平等自由的民主,人们是记忆犹新的。

民主政治的基本标志,是政治过程开放和透明。政治开放,人民才有机会议政、参政和督政,把政治变成多数人的事业,并通过议政、参政和督政提高公民素质。政治透明,人民才有机会了解国家的重大决策和法律是如何提出和制定的,从而提高对决策和法律的认同度;才有机会了解国家公务人员的政治品质、政治态度、政治行为、政治实绩,揭露官僚主义和腐败现象,保障政治的民主和廉洁。政治开放和政治透明也有利于国家机关及其工作人员集思广益,做出正确的决策。而只有用法律把政治过程制度化、程序化,才能真正实现政治开放和透明,保持参与渠道畅通无阻。

(二)高效的体制必需法制化

高效的(富有效率的)政治体制是能够用较少的资源消耗取得同样多的效果或用同样的资源消耗取得较大效果的体制,即用尽可能少的机构和人员、最低额的经费,取得最大政治效果的体制。

政治体制的效率取决于多种因素,其中法制化是一个基本因素。

高效的政治体制必须有规则和有秩序地运行,否则不可避免地会出现"瞎指挥"和"瞎折腾"。在全部无效率的事情中,最无效率的莫过于"瞎折腾"。我国建国以来频频出现"瞎折腾",曾经造成时间、财富、人力和信心的巨大损失,多次使我们国家和人民陷入危机。为确保政治体制有规则、有秩序和高效率地运行,避免"瞎指挥"引起"瞎折腾",必须排除人治,实行法治。

高效的政治体制需要政治体制的每个组成部分(系统—器

官—细胞)都活跃起来,都发挥其功能,这里的一个不言而喻的前提是,各国家机构和政治组织要有明确的职能规定和权责界限。首先是党、国家权力机关、行政机关、司法机关和其他社会组织之间的功能和权责要分明,其次是中央、地方、基层之间的职责权限要分明,做到政治体制内部上下左右的职能划分及相应的权利和义务的配置科学化,并用法律固定下来。而我们却长期忽视这一点。“我们的党政机构以及各种企业,事业领导机构中,长期缺少严格的从上而下的行政法规和个人负责制,缺少对于每个机关乃至每个人的职责权限的严格明确的规定,以至事无大小,往往无章可循,绝大多数人往往不能独立负责地处理他所应当处理的问题,只好成天忙于请示报告,批转文件。有些本位主义严重的人,甚至遇到责任互相推诿,遇到权利互相争夺。”[2]结果造成机构臃肿,层次繁多,副职虚职充斥,官僚主义严重,政治信息不能得到及时、全面、准确、迅速、灵活和有价值的接受、传递、处理和反馈。这是急需消除的弊端。

(三)法制是民主和效率的调节器

由社会主义政治体制的人民民主性质和巨大的组织管理职能所决定,我国的政治体制应当是既民主又高效的,民主和效率是相辅相成的,但在政治生活中它们也会发生矛盾。例如,在决策过程中,如果政治决策是建立在充分发扬民主、广泛征求意见或由较多人参与的基础上,就可以减少或避免决策失误,并可以减少执行过程中的阻力,从而提高决策的效率;但是,如果事无巨细都要通过民主程序,由会议去决定,那就可能拖延决策,从而贻误时机,甚至会出现决策代价超过决策本身,这就损害了政治效率。再如,实行国家权力间的制约,对于防止、查处或制裁滥用职权、以权谋私、违法乱纪等腐败现象,保护公民权利,维护民主和法制是十分必要的;但是,如果不适当地实行制约,必然造成权力结构内部严重的摩擦和内耗,从而削弱国家机关及其工作人员的效能。

民主与效率的矛盾主要是由于人们对政治体制的期望不同引起的。一般说来,公民倾向于要求民主,而政府机关则倾向于强调效率;人大希望把更多的政务交给代表会议讨论决定,而政府则希望尽量减少甚至取消制约,由行政首长说了算;参与政治的意识和能力较高的阶层(如知识分子阶层)期望享有较多的议政和参政的权利,有较多的机会了解政治和制约政治权力,而农民和工人(特别是受教育的程度较低的农民和工人)则往往有依赖思想,依赖长官决策;城市、发达地区与乡村、落后地区的人们对民主和效率的要求相差也很大。由于民主和效率存在着矛盾,人民对民主和效率的期望不同,在实践中,很可能顾此失彼,或者片面强调民主而忽视应有的效率,或者片面强调效率而忽视必要的民主。无论出现哪种情况都会损伤政治体制及其功能。因此,必须适当地调整民主和效率的关系。

调整民主和效率的关系的方法可能很多,法制可以说是最基本的方法。法制从一定的社会条件和目标出发,通过规定各政治角色的权利和义务(或权力和责任)及政治活动的程序,来调整民主与效率的关系。在现阶段,为了促进经济体制改革和对内对外开放,要着重通过政治改革,建立有利于提高效率、增强活力和调动各方面积极性的领导体制。这是政治体制改革的近期目标。法制要围绕着这个目标调整民主和效率的关系。

(四)增强政治体制的活力有赖于法制

政治体制的活力有四个基本标志:

1. 承受能力

承受能力指政治体制经得起各种困难或危机的考验而立于不败之地的能力。这是一个政治体制有无活力的基本标志。如果小规模的学潮、工潮,强度不高的政治地震,少数甚至个别政治家的升降,一种外来学说的传播,国际上的一场风暴,都足以构成对一个政治体制的严重危险,则该体制可能是缺乏活力的体制。

2. 应变能力

应变能力指政治体制随着国内社会和国际社会主要矛盾的转化、经济模式的转换、科学技术的发展以及文化观念的演化而变化的能力。一个政治体制如果不能预测未来的政治发展和社会变迁,适应世界发展趋势,对外界业已发生的巨变熟视无睹,则其生机就将衰竭。

3. 同化能力

同化能力指政治体制吐故纳新,不断充实能量,保持新陈代谢机制的能力。一个有活力的政治体制能够不断地对自己过时的制度实行扬弃,同时能够开放门户,借鉴和同化外来的思想和制度,而不片面强调“国粹”。

4. 自我完善能力

自我完善能力指政治体制及时发现自己的缺陷,并依靠自己的力量克服缺陷,不断创新的能力。这也是一个政治体制充满活力的关键因素。没有这一能力,一个政治体制就要僵化;而僵化的体制必将在革命中被新体制所取代,或者在外来的强大压力下崩溃,或者需要付出沉重的代价才能变革。

政治体制活力的源泉在于公民、公务人员和政治领袖的信心、智慧、创造力和积极性。法制则是开发这些活力源泉,并使它们持久奔流的基本前提。通过把民主法律化和制度化,创造民众享有尽可能广泛的政治权利、人格和自由受到充分尊重和切实保护的法制环境,可以提高人民对政治体制的信任度、认同感和责任心,养成民主意识、法治意识和社会连带感情,从而巩固政治体制的基础,提高政治体制的承受能力。通过规定和实行以普遍、平等、自由为原则的选举制度,以公平竞争和公开竞争为机制的公务员制度,以真理面前人人平等为宗旨的表达自由制度,可以产生出富有政治领导智慧和能力的政治家集团；可以保证优秀人才脱颖而出，在国务活动中各尽其才；可以保证各种政治思想、政治理论和政治意见不受限制地表达出来，又毫无例外地接受实践的检验，使公民、公务人员和政治领袖在各种思想的比较和竞争中发现新思想，并用适应新环境的新思想代替旧思想，……从而增强政治体制的应变能力、同化能力和自我完善能力。

综上所述，法制与民主、效率和活力有着高度的内在统一性。所以，政治体制的民主化、法制化、高效化和活化（与僵化相对）共同构成政治体制改革的目标和基本内容，并且在改革实践中互相促进。

二、法制是政治体制改革的保障

法制不仅是政治体制改革的目标和内容，而且也是政治体制改革的重要保障。

（一）政治体制改革只能在安定的社会环境中进行，法制是维护社会安定的主要手段

我国的政治体制改革是在经济体制改革日益深化，国民经济持续发展，人民物质文化生活明显改善，全社会改革意识和改革热情空前强烈的形势下顺理成章地提到全党和全国人民日程上来的。但是，我们必须清楚地看到，现阶段的政治体制改革，是在一个商品经济不很发达，封建主义影响根深蒂固，既缺乏民主传统，又缺乏民主政治经验的社会历史环境中进行的。政治体制改革面临的困难、障碍、矛盾和冲突，比人们预料的要多得多。因此，在日趋成熟的政治体制改革的大背景中，还潜伏着许多不安定因素，而且在改革过程中还会产生出新的不安定因素。如不排除和制止这些不安定因素，政治体制改革就不可能比较顺利而富有成效地

进行。

存在和再生不安定因素的原因是多方面的：第一，各种刑事犯罪分子和国内外敌对势力一刻也不会放松捣乱破坏。第二，政治体制改革将会触动某些人的既得利益，引起其中一些人的不满甚至反抗，他们将会利用我们的失误和困难，特别是与群众眼前的切身利益有关的失误和困难，制造事端。第三，少数人打着改革的旗帜，钻改革中制度不完善的空子，以改革谋私利。他们的行为不仅直接干扰和破坏改革，而且会使人民群众对改革产生失望、怀疑甚至怨恨，从而削弱人民群众对改革和继续改革的心理支持。第四，新旧体制转轨时期产生的社会震动使长期生活在旧体制之下并习以为常的人们产生某种心理失衡和价值判断的裂痕。而这种失衡和裂痕往往是无政府主义的温床。第五，有些人把理想的或乌托邦的民主模式当作现阶段的目标，加以宣传鼓动，使一部分对我国政治体制改革的长期性和复杂性认识不足的青年人对改革的期望过高，要求过急，并试图采取偏激方式表达他们的这种过高的期望值。第六，新体制的不完善和运行中的故障也会诱发个别不安定因素。

总之，政治体制改革过程中面临的不安定因素甚多，其中有些不安定因素是改革阵痛中不可避免的，问题是要尽可能排除不安定因素，把不安定因素的影响和产生的阻力控制在最小范围，降低到最低限度。否则，如邓小平同志所说的："如果没有秩序，遇到这样那样的干扰，把我们的精力都消耗在那上面，改革就搞不成了。"[3]社会主义法制是我们排除干扰，减少和消除不安定因素的基本手段。在政治体制改革的全过程，我们要运用法制武器，打击各种刑事犯罪分子，打击敌视和破坏改革的国内外敌对势力和敌对分子，同时，还要善于通过法制手段，调整利益分化和利益冲突，以缓解和疏导矛盾：教育人民群众增强公民意识，明确公民的基本权利和义务以及个人对社会的责任，自觉地维护安定团结的局面，为改革创造良好的环境。

（二）以法为根据和先导是推进政治体制改革的基本方法

法制在政治体制改革中的保障作用还表现为：现行宪法和政治立法为改革提供了法律依据；改革中的立法将引导政治体制改革合法而又有秩序地进行。

我国的现行《宪法》是十一届三中全会以后，在经济改革和政治改革取得初步成效的1982年通过的。《宪法》一方面确认了改革的初步成果，另一方面预示和规定了继续改革的原则和目标。《宪法》序言宣布，要把我国建设成为高度文明、高度民主的社会主义国家。第3规定："中央和地方国家机构职权的划分，遵循在中央的统一领导下，充分发挥地方的主动性、积极性的原则。"第5条规定："国家维护社会主义法制的统一和尊严……一切国家机关和武装力量、各政党和社会团体、各企事业组织都必须遵守宪法和法律。"第27条规定："一切国家机关实行精简的原则，实行工作责任制，实行工作人员的培训和考核制度，不断提高工作质量和工作效率，反对官僚主义。"这些关于社会主义民主、法治和效率的基本规定，指明了我国政治体制改革的基本走向，是我们进行政治体制改革的最高法律依据和根本性法律保障。

在政治体制改革中，仅仅依靠这些原则性方向性规定还不够，还要根据改革的进程和需要，制定具体法律、法规或"特别法"，以推动改革，指导改革。

政治体制改革与经济体制改革不同。从一定意义上说，经济体制改革中的模式转换时期出现无规则真空现象可以由市场机制自动填补或部分填补，价值规律能在一定程度上一定范围内发挥调节功能。而政治体制改革是对国家领导体制、国家权力结构的改革，对国家权力的运行范围和方式的调整，涉及国家机器的运转和整个社会的控制。因此，在新旧体制转换时期，不能出现权力运行中断和规则真空。这就要求在重大改革之前,制定出法律或试行条例或特别法,和改革一起推出,以使新旧体制顺利衔接。

政治体制改革是在全国范围内的“改制”和“创制”活动,牵动方方面面,涉及千百万人的职位和利益,必须自上而下,有导有序地推进。所谓“自上而下、有导有序”,最重要的,是由中央设计改革的总体方案,确定改革的目标、进程、次序、兴利除弊的基本内容,并通过宣传使广大人民群众特别是共产党员和公务员心中有数、充分理解,在此基础上,把总体方案分解为单项方案,并根据情况规范化为法律、法规或具有法的效力的指令——改革规则。“改革规则”是改革时期的特别法。从中央到地方和基层,都必须在有关改革的法律和指令范围内有领导地进行,而不能另搞一套。否则,就会打乱改革的进程。

政治体制改革是从试点开始,然后全面展开的。试点一开始并不创造“通则”,而是创造“例外”(即不同于现行体制的设置和规则)。这种“例外”在法律化为“通则”之前,不能直接推广到全国。这是因为:第一,各地、各部门的情况和条件不同,要把局部的改革经验变为全国的模式,必须经过可行性论证并上升为通则。第二,试点所创造的例外,即使非常可行,也只有转化为法的规则,具有法的效力,才能起到指导和推动全局改革的作用。

在政治体制改革中,以立法为先导,既有利于改革,也有利于法制。一方面,用法律指导和规范改革,使改革具有合法性和权威性,便于推进改革。另一方面,可以避免或减少改革与法制的背离。在法律特别是宪法未作修改的时候,进行背离法或违宪的改革(如招聘县长、镇长、承包城市),会损害法的尊严,削弱本来就很脆弱的法制结构。当然,经中央批准,并在中央指导下的改革试点城市和单位可以不受现行法的严格限制。

为了充分发挥法制在改革中的先导作用,应当总结改革时期立法的规律和特点。改革时期的立法具有探索性、试验性、超前性和导向性。由这些特点决定,我们要把握好改革时期法的制定时机,过早和过迟都不能起到先导作用;要留有余地,宜粗不宜细,在法的形式上要多样化,暂时不宜制定为法律的,以试行条例的形式出现;暂不宜由最高立法机关制定的,可由行政部门制定单行条例或规定。

(三)坚持和完善基本的政治法律制度,政治体制改革才能沿着正确的方向进行,达到预期的目标

政治体制所包括的制度分为基本制度和具体制度。基本制度是具体制度的基础,具体制度是基本制度的体现和外在化。不过,由于受各种条件的限制,包括人们对基本制度和具体表现关系的认识水平的限制,具体制度在表现基本制度时会出现偏差。

我国是人民民主专政的社会主义国家,基本政治制度是好的,但在具体制度上存在着一些重大缺陷,政治体制改革不是对我国基本政治制度进行改革,而是对具体制度的改革。需要解决的是在具体制度上的缺陷,如权力过分集中,党政不分,政务与事务不分,工作质量和工作效率低下,官僚主义,有法不依,领导干部职务的变相终身制。政治体制改革的目的是通过改革,兴利除弊,使社会主义基本政治制度的优越性得以充分发挥。在这个意义上,政治体制改革是社会主义制度的自我完善和发展,而不是放弃社会主义基本制度另起炉灶。

在我们看来,我国的基本政治制度,包括人民民主专政、社会主义道路、中国共产党领导下的多党合作、马克思列宁主义毛泽东思想的指导地位、人民代表大会制、民主集中制、政治协商原则、国家结构的单一制、民族区域自治、各民族一律平等、法制统一、宪法至上、司法机关依法独立行使职权、独立自主的对外政策,是中国人民长期奋斗的成果,也是理性化的政治经验,是我们建设富强、民主、文明的社会主义现代化国家的基本前提,也是国泰民安的根

本保障。它们是写入宪法的，已由宪法和其他基本法律权威化为我国的基本法律制度。坚持并在改革中不断完善这些基本制度，政治体制改革才能沿着正确的方向推进，逐步实现建设有中国特色的社会主义民主政治的伟大目标。当然，要想坚持这些基本制度，必须对具体制度进行改革，使它们充分体现基本制度的本质，使之进一步充实和完善。

（四）政治体制改革的成果只有用法的形式加以确认，才能巩固和推广

法是由国家制定或认可的社会规范，具有明示、肯定、系统、严密、统一、通行、可强制和可预测等特点。用法的形式确认已经进行的改革，把改革中新形成的政治关系、政治规范和政治制度变为法的内容，是巩固和推广改革成果的基本方法。这是历史的经验。

两千五百年前，雅典城邦进行的政治改革，使雅典建立了民主政治，摆脱了社会危机，出现了经济和文化的繁荣昌盛，也使雅典成为当时欧洲文化的中心，对人类历史产生了巨大影响。雅典政治改革成功的主要经验，是每一次重大改革之后或改革中都制定出一套法典，以法典的形式将各项改革成果固定下来，以法典的权威捍卫和发展改革成果。

而我们前几年进行的政府机构改革，之所以出现机构和人员“精简—膨胀—再精简—再膨胀”的循环往复现象，其症结固然在于没有抓住转变政府职能这个关键，但没有及时制定和实施政府机构设置法，控制人员膨胀的编制法和预算法，无疑也是一个极为重要的原因。

总之，法制既是政治体制改革的目标和内容，又是政治体制改革的保障。我们必须一手抓改革，一手抓法制，把法制建设贯穿于政治体制改革的全过程。用改革推进法制化进程；用法制引导和保障改革。

注 释

1 《列宁选集》第3卷,人民出版社1972年版,第257页。

2 《邓小平文选》第2卷,人民出版社1994年版,第328页。

3 参见邓小平:《建设有中国特色的社会主义》(增订本),人民出版社1987年版,第156页。

建立社会主义民主政治的法律体系*

——政治法应当是一个独立的法律部门

中共十一届三中全会以来，我国在建设社会主义民主政治的同时，进行了有关政治生活的立法。然而，实事求是地说，到目前为止，我国的政治立法远不适应民主政治的实践和发展的需要，远远落后于刑事立法、民事立法和经济立法。[1]造成这一状况的基本原因之一，是我们这个社会缺乏“政治法”的概念和意识，即使法学界和立法机关，也没有把政治法作为一个独立的法律部门认真对待。因而，为了建立民主政治法律体系，以有效地保障、引导和推动有中国特色的社会主义民主政治，必须从理论和实践的结合上对政治法是否应当是一个独立的法律部门作出充分的论证。

一、政治法之客观基础——民主政治必然是、必须是法治政治

政治法之作为一个独立的法律部门和系统的法律体系，有其现实的客观基础。这就是民主政治。因为民主政治必然是也必须

* 本文发表于《法学研究》1994 年第 5 期。

是法治政治。

(一)民主政治在运作上是代议民主或间接民主

民主政治的根本特征是国家的一切权力属于人民,人民当家做主。但是,除了古代个别城邦实行直接民主——公民都是权力机关的组成人员并直接立法、执法和司法外,在现代国家,特别是我们这样的大国,由于地域辽阔、人口众多、政治与经济相对分离、社会分工以及公共政治事务需要专门知识和专门才能等原因,人民群众不可能直接地经常地行使那属于自己的权力,直接管理国家和社会公共事务,而只能实行间接民主制,即人民代表大会制度。人民群众通过定期选举产生代表机关,再由代表机关组织政府和司法机关一道行使国家权力。这就是代议民主制。这种体制意味着在政治权力的持有与政治权力的行使之间存在着某种程度的分离。这种分离可能引起政治失控,即政治权力不是按照权力所有者的整体意志,而是凭着权力行使者的意志和情绪而运行,以至出现政治异化,政治权力在运行中发生异变,权力的行使不利于权力所有者或者偏袒部分所有者。以权谋私、贪污腐化、权钱交易、弄权渎职等政治腐败行为都是权力失控和异化的现象。为了防止政治权力的失控和异化,要有一部宪法庄严地宣布一切权力属于人民,公民与生俱来的权利和自由不受非法剥夺;严格地规定国家代表机关(立法机关)、行政机关、司法机关及其他国家机关的职权(人民委托出去的政治权力)范围和行使职权的程序,同时建立有效的监督体系和制约机制。在制定宪法之后,还需制定出一系列政治法律或法规,以制约国家权力,有效地保障人民当家作主。

(二)民主政治是程序政治

首先,民主政治实质上是民主集中制。而民主集中制的科学内涵必定是程序性的,即民主基础上的集中,集中指导下的民主。

在现代文明社会和法治时代,“集中”不是集中到某个人,而是集中到法律和制度;社会共同意志应当通过法律表现出来,而不应通过某个人的意志表现出来。集中指导应主要体现为法律的指引,而不是某个人或某个机关的指令或命令。其次,民主政治要求各政治主体必须依照既定的规则和程序参与政治(行使政治权力和权利)。政治是不同的政治主体为实现一定的利益而影响、控制或行使国家权力的活动。由于各政治主体的利益不同,必然出现政治期望和政治目标的冲突。按照既定的规则从政,可以创造一种公平竞争、和平共处和稳定合作的局面。这正是民主的程序价值所在。随着法治意识的增强和法律技能的普遍提高,公民对规则的要求和对一切政治活动必须符合法律的要求会越来越强烈,从而推动政治活动的法制化。

(三)民主政治是一种自由的、平等的和参与的政治

所谓“自由的”,指政治主体(公民和合法的政治组织)可以不受限制地表达他们认为是合理的、其他人和国家应该听取与采纳的政见、决策或立法建议。所谓“平等的”,指在表达政见、提出决策或立法建议方面,各个政治主体享有同等的资格和机会,同时每个主体对他人的政见和建议有提出异议和否决的权利。所谓“参与的”,是指民主政体下的决策和立法程序不是少数几个人说了算,更不是个别人的专断,而是在广大人民群众直接或间接的参与下,按照少数服从多数、多数尊重和保护少数的民主原则行事。也就是列宁所说的:“民主意味着形式上承认公民一律平等,承认大家都有决定国家制度和管理国家的平等权利。”[2]自由、平等和参与的政治为各种政见、决策和立法建议的表达和交流,各政治主体影响和参与决策提供了机会,使立法政策和法律既能真实地反映广大人民群众的根本利益和共同意志,又能够比较有效的避免出现长时期、大面积、难以纠正的决策失误——这类失误往往比少数人

闹事更可能导致社会混乱和脱序,导致经济的衰败和社会倒退。但如果没有一定法律的引导、规范和制约,人们就无法进行愿望和政见的交流,更不可能在平等地、自由地发言和讨论的基础上形成多数人的意志,并根据多数人的意志制定出法律和政策。“文化大革命”那种无法无天的“四大”和群众运动曾经如何毁坏平等、自由的民主,人们是记忆犹新的。

(四)民主政治也是一种整合政治

在任何政治体制下都存在着政治张力和冲突,诸如发展与稳定,民主与效率,自由与平等,公民权利之扩散趋势与国家权力之集中趋势,各种政见和价值观点的对立等。正是由于这些张力和冲突产生了对民主政治的需要和珍爱;同时,也只有妥善地对待和处理这些张力和冲突,才能保卫和发展民主政治。政治张力和冲突的解决,有赖于社会整合。民主就是人类发明出来的一种行之有效的整合机制。而民主整合是借助于法律进行的,并需要通过法律表现出来。

总之,民主政治内在地要求法治。要实行民主,要保障和发展民主,就必须加强法制,建立起与社会主义民主政治相适应的法律体系。

二、政治法之学理证成——政治法有独特的调整对象和方法

政治法之所以是和应当是一个独立的法律部门,从学理上说乃是由于政治法有独立而稳定的调整对象,并有相对特殊的调整方法。

(一)政治法有独立而稳定的调整对象

在法学和法律实践中,划分法律部门的根本标准是法所调整

的不同对象。有无相对独立而稳定的调整对象，是一个法律部门生成和确立的动因和依据。正是根据法学界这一公认的划分法律部门的标准，可以认定或主张政治法是一个独立的法律部门。

政治法以政治关系和政治行为为调整对象。政治关系是社会关系的基本方面。人类社会是一个由各种各样的联系（物质的、伦理的、文化的、政治的、法律的联系等）构成的复杂网络或系统。在阶级社会或政治社会中，经济关系即生产关系是最基本的社会关系，政治关系则是经济关系的集中表现。在生产关系中形成的利益必然表现为不同的甚至对立的权利主张，这些主张在单纯的经济结构中无法得到满足时，往往需要借助国家权力的干预才能实现，因而它必然表现为影响、控制或争夺政治权力的活动，从而在人与人、团体与团体、阶级与阶级、政党与政党之间形成各种横向或纵向的政治关系。例如，公民与公民、公民与政府、政党与政党、政党与国家、中央与地方的关系，以及国家机关之间的关系。由于政治关系是围绕着政治权力形成的，又由于政治权力是一种稀缺的社会资源，它制约以至决定着其他社会资源的配置，直接或间接地影响人们的物质利益和文化利益，所以，政治关系是极为重要的、基本的社会关系。既然如此，对政治关系实行合理的法律调整，就不仅是十分必要的，而且是非常重大的。

政治行为是基本的社会行为。马克思说过，人是最名副其实的政治动物。人的政治性是通过其政治行为表现出来的。政治行为是政治主体为着一定的利益而影响或支配政治权力的活动，诸如参加选举或竞选，发表政治言论，提出政治见解或政治纲领，加入或组织政治团体，政治协商和监督，政治宣传，政治游行、示威、集会等。政治行为有个人行为、群体（集体）行为、政府行为等各种类别。政治行为以其对整个社会的利害，有积极功能和正面价值，也有消极功能或负面效应。积极功能有利于提高国家政治事务的透明度和规范性，增强政治体制的活力和效能，保障政通人和，保持政治稳定,推动政治健康发展。消极的功能则可能因普遍的政治冷漠而导致政治体制僵化或严重的政治腐败,或者因为政治行为失控而导致政治体制瘫痪以至社会动荡。有鉴于此,必须完善政治立法的法律机制,明确政治主体的法定权利、义务、自由和责任,引导主体的政治行为发挥其积极功能,扼制其消极功能。

(二)政治法有相对独特的调整方法

调整方法之不同是划分法律部门的另一个重要参照。所谓调整方法,就是法律规范作用于社会关系的特殊手段和方式。大致包括两个方面:一是确定主体的法律地位和资格以及主体之间权利和义务关系的特殊方法;二是认定、归结法律责任,实施法律制裁的特殊方法。政治法对社会关系(政治关系)的调整方法在许多方面不同于民事法律调整、行政法律调整、经济法律调整、刑事法律调整。政治关系是以政治资源,即政治权力、政治信息、政治利益等为客体的,是在政治资源的配置过程中,亦即在政治权力的运行过程中形成的。政治法对政治资源的配置,一方面是根据各个阶级、各个政党在国家中的地位(这种地位或者是由历史形成的,或者是人民选择的结果)进行的,另一方面是按照公民政治平等的绝对原则进行的。尤其是对于政治权力,一方面要保持国家政治权力的统一性或国家的主权性,另一方面把国家权力分解为具体的公民政治权利,赋予公民参政的资格、自由和机会,以保障国家权力在公民的参与和制约下运行——国家权力的和平转移,政权机关的组建,政务要员的任免,基本国策和基本法律的产生、修改、废止,都是公民按照既定的法律程序行使政治权利的结果。这样一种调整方法在国家和公民之间形成了一种权力与权利互控或衡平机制。对于由于违反政治法律规范而产生有害结果的行为,政治法的制裁方式也有其特点。它主要采取政治惩戒、强行辞职、撤职、弹劾、剥夺政治权力和政治自由,以及援引刑法的其他处罚方法。

妨碍政治法成为一个独立法律部门的一个认知因素是人们在学理上往往用宪法涵盖以至代替政治法。例如，我国宪法学者龚祥瑞先生就认为："宪法就其作用而言，是国家法，或称政治法。""国家法就是关于一国政治制度和国家机构的法律，所以，宪法又可称'政治法'。"[3]这种相当流行的观点，源于西方近代的法律思想传统。在近代启蒙思想家的著述中，政治法与宪法往往是等值的概念。例如，格老秀斯在进行人类法分析时，曾把实在法分为政治法、民法和刑法。卢梭在论述法律的分类时，指出："为了规划全体的秩序，或者说为了赋予公共事物以最好的可能形式，就需要考虑各种不同的关系。首先是整个共同体对于其自身所起的作用，也就是说全体对全体的比率，或者说主权者对国家的比率。……规定这种比率的法律就叫做政治法；并且如果这种法律是明智的话，我们也不无理由地称之为根本法。"[4]法国启蒙思想家孟德斯鸠也明确指出："立法者通过政治的和民事的法律使他们尽他们的责任。""社会是应该加以维持的；作为社会的生活者，人类在治者与被治者的关系上是有法律的，这就是政治法。"[5]还有其他一些思想家也在相同或近似意义上使用过"政治法"的概念。这种把政治法与宪法等值的做法，是与当时宪法的性质和内容相适应的。那时的宪法以规定人权和公民权、公共政治权力及其相互关系以及国家构成为基本内容。这些内容基本上都属于政治关系和政治生活范畴。但是，宪法后来的发展，特别是社会主义类型宪法的出现，充实了宪法的内容，部分改变了宪法的初始性质，从而使宪法与政治法不再是等值的概念。

宪法不等值于政治法，也不应涵盖政治法。政治法以宪法为依据，但二者是不同的。第一，宪法是国体与政体宣言。即是对现实统治关系和权力结构的确认和宣告。正如毛泽东所说："世界上历来的宪政，不论是英国、法国、美国，或者是苏联，都是在革命成功有了民主之后,颁布一个根本大法,去承认它,这就是宪法。”[6]而政治法则主要是有关政治关系、政治活动的可操作的、可适用的规则、原则和概念体系。第二,宪法是总章程。即是对社会经济、政治、文化等社会生活领域的总体概括,是对各种社会关系的普遍性规定,而不限于政治关系和政治生活。如果因为宪法规定了政治生活的基本原则,就用宪法代替或涵盖政治法,那么,是不是也能够以宪法规定了社会的经济制度、婚姻家庭制度、法律诉讼的基本原则为由,而否定或取消经济法、民法、婚姻法和诉讼法呢？第三,宪法是根本大法或基本法。即它所规定的内容是社会生活中根本问题,它所确立的原则是其他立法的基础,是检验其他法律原则和规则合法性或法律资格的标准。而政治法中大量的规范是关于具体政治活动的规定,它不仅不能与宪法并行,也不可用作确认刑法、民法、经济法、诉讼法规范之效力的标准。第四,宪法有特殊的制定和修改程序。由于宪法的内容涉及公民的基本权利和义务,国家的根本经济制度、政治制度以至社会的意识形态,涉及国家的发展目标和根本任务,所以必须有较大的稳定性。保持宪法稳定才能保持法制稳定和社会稳定。这就要求宪法的制定或修改应有比制定和修改普通法律更为严格的程序。而政治法规范的制定或修改则不必有如此严格的程序。如果不区分宪法和政治法,把政治法规范当作宪法原则对待,并要通过特殊程序制定或修改,那就会极大地限制政治法规范的制定、修改和完善。事实上,我国很多政治法律或法规(如《集会游行示威法》、《社团登记条例》等)也不是按照制宪和修宪的程序而制定和修改的。

总之,无论从什么角度,政治法都是相对独立于宪法的下位概念。如果继续把宪法当作政治法,否定政治法作为一个法律部门之存在地位及其独立性,那将严重妨碍民主政治法律体系的建立,不利于社会主义民主的法律化和制度化。

三、政治法之实践需要——政治生活呼唤着政治法

提出政治法的概念,建立政治法律体系,也是社会主义民主政治实践和整个社会主义现代化事业的迫切需要。实践对政治法的迫切需要是多方面、多层次的。这里,仅从全国人民最为关心的四个政治实践问题作一例示和论述。

(一)政治稳定和政治发展的需要

社会稳定与发展是当代中国政治生活、经济生活和社会生活的主题,是中国人民的根本利益、长期利益和综合利益所在。国内外历史的和现实的经验表明,社会稳定与发展时常处于失衡和关联负值的状态——或者是稳定(超稳)扼制了发展,导致社会停滞和衰败,或者是发展(剧变)冲击了稳定,导致社会动荡以至国家解体。在很多发展中国家,人们经常看到,一方面贫困、愚昧、冷漠等经济、文化和政治上的落后是动乱或暴力的根源;另一方面经济增长引起贫富悬殊,教育和传媒发展引起信息泛滥,政治公开和社会动员引起“参与”过剩,又导致新的不稳。我们所需要的稳定则是充满活力、生机勃勃的稳定,而不是僵化和凝固;我们所期望的发展是持续的、不断加速度的发展,而不是急于求成的短期行为,更不是大起大落的恶性循环。这样的稳定和发展内在地需要法治,也唯有通过法治才能实现。首先,在现代社会,社会稳定的核心是社会秩序。社会秩序的一般意义是把各种主体和社会力量安排在一种被认为是合理的、有效的相互关系中,以形成有规律的、系统化的格局。由于法律是由国家制定并依靠国家强制力作最后屏障保证实施的。法律又是明确的、肯定的、普遍的规范,具有全社会必须一体遵行而不得违反的硬性。这就从根本上为政治秩序的建

立提供了保障。其次,法律是以权利和义务双重机制指引和评价人们的行为的。它不仅预设了人们的义务和责任,限定人们的活动范围,而且赋予人们各种权利,给人们以日益丰富和扩大的选择机会和行动自由。这就使法律成为富有活力的调整机制,使法律除了具有一般社会规则的功能——规定人们当为和必为的行为,使人们的行为遵守既定的行为模式,符合公认的价值准则而具有积极的社会意义之外,还具有巨大的激励和动员作用。再次,法律是由各种性质、对象、功能、效力不同的规则建构起来的庞大体系,从横向看是由各种并列的法律部门组成的,从纵向看是由母法、子法等效力不同的多级规则层次构筑的,从网状看是由跨越、渗透于不同法律部门和层次的法律规则有机地联结在一起的。除规则之外,法律还包括各种原则、概念、技术等要素。这又使法律不仅具有对人们的行为和社会关系的调节功能,而且具有强大的组织功能。这是自觉的、良性的社会发展所不能或缺的。社会秩序和社会稳定的核心是政治秩序和政治稳定。因而,建立和完善政治法律体系是必不可少的。

(二)反腐败斗争的需要

最近几年,政治腐败现象越来越严重。党和人民带着忧患的意识思考着如何从根本上消除腐败现象,或者至少把腐败现象控制在最低限度。对腐败现象需要综合治理,例如思想教育,职业道德教育,高薪养廉,加强党风政纪,强化法制等。在综合治理中,从政治上、体制上解决问题具有根本性和长期有效性。1980 年,邓小平同志总结国内外的历史经验,深刻指出:“我们过去发生的各种错误,固然同某些领导人的思想作风有关,但是组织制度、工作制度方面的问题更重要。这些方面的制度好,可以使坏人无法任意横行,制度不好可以使好人无法做好事,甚至会走向反面。即使像毛泽东同志这样伟大的人物,也受到一些不好的制度的严重影响,以至对党和国家对他个人都造成了很大的不幸。”他还引述毛泽东曾经讲过的话说:“斯大林严重破坏社会主义法制,这样的事件在英、法、美这样的西方国家不可能发生。”总之,“不是说个人没有责任,而是说领导制度、组织制度问题更带有根本性、全局性、稳定性和长期性。这种制度问题,关系到党和国家是否改变颜色,必须引起全党的高度重视。”[7]因而邓小平同志强调提出社会主义民主必须法律化制度化。民主问题是这样,反腐倡廉问题也是这样。一些发达国家和地区已经提供了运用法律惩治和防范政治腐败的大量实证经验和理论概括。

(三)深化政治体制改革的需要

党的十一届三中全会以来,伴随经济领域的体制改革,政治领域也进行着体制改革。政治体制改革越深入,加强政治立法的问题越突出。这是因为:第一,政治体制改革只能在安定的政治环境中进行,如果没有政治上的安定局面,总有这样或那样的干扰,政治体制改革就无法进行。而法制则是扼制和消除不安定因素,维护政治安定的有力手段。第二,政治体制改革必须以法律为依据和先导。无论是经济体制改革,还是政治体制改革,从某种角度看都是体制转换或包含着体制转换,体制转换过程中不可避免地会出现某种程度的规则真空。从一定意义上,从计划经济模式到市场经济模式的转换时期出现规则真空,可以有市场机制自动填补或部分填补,价值规律能够在一定程度和一定范围内发挥调节作用。而政治体制改革是对国家领导体制、国家权力结构的改革,对国家权力的运行范围和方式的调整,涉及国家机器的运转和整个社会的控制,如果在政治体制改革过程中出现规则真空,无序和动荡就会发生。这就要求在重大改革举措出台之前或同时,制定出相应的政治法律或法规,和改革举措一起推出,以使改革有章可循,有法可依,新旧体制顺利衔接。第三,政治体制改革的目标之一是建立和完备政治法制，实行依法治国。法制完备是政治现代化的主要标识。为了实现这一目标，改革应与法制建设同步，把法制建设贯穿于改革的全过程，用改革推动法制化，用法制引导和保障改革。第四，政治体制改革的成果必须由法律来确认、巩固和发展。十多年来我国的政治体制改革在理顺党政关系、完善人民代表大会制度、转变政府职能、改革干部人事制度、调整中央与地方的权力结构和事权划分、健全政治协商对话制度、扩大公民政治权利和自由、消除官僚主义弊端等方面，初步取得了明显的成果。这些成果需要通过政治立法的形式加以确认、巩固和发展，使之制度化、法律化，以使它们不因领导人的更替而改变，也不因领导人的看法或注意力的改变而改变。

（四）政治价值衡平的需要

由于市场经济促成利益多元化，每种利益又都归属于一定的价值或表现为一定的价值主张，所以，政治生活领域如同经济生活、文化生活和其他社会生活领域一样，并存着多元价值。这些不同的价值有时是互补的，有时是相斥的。以公平和效率为例，公平和效率是既相适应又相矛盾的价值。一方面，以效率为标准配置社会资源，提高效率，增加社会财富总量，在此基础上才有可能实现高层次的公平，即共同富裕。同时，只有重视公平，才能调动大多数人投身改革和建设的积极性，实现稳定、持续的效率。另一方面，如果把效率绝对化，不考虑公平，就可能导致收入悬殊、两极分化，造成社会不稳，影响以至从根本上损害效率。这种源于经济利益的价值张力必然表现为政治价值上的张力，并表现为政策上的两难。诸如此类的政治价值关系很多。因而，需要各种机制来衡平政治价值，尽可能缓和它们之间的张力，扩大它们之间的互补性。法律就是这样的机制之一，而且是最有效的机制。

政治法作为一个独立的法律部门，是由不同要素和层次所构成的庞大体系，是随着社会主义民主政治的发展而不断充实和完善的。从建立政治体系的现实需要和未来发展出发，笔者认为我国的政治法体系至少应该包括以下基本层面或结构：第一，政治主体法。即有关公民、人大代表、各类政治法人（政党及具有各种政治性质的社团）、国家机关等主体的政治法律地位，在国家和社会政治生活中基本的权利和义务以及在特定类型的政治生活中的具体权利和义务的各项立法，例如公民权利法典、人大代表法、政党法、国家机关组织法等。第二，政治关系法。即有关政治主体之间的政治关系的立法，诸如公民与国家的关系，政党与政党（特别是执政党与参政党）的关系，政党与人大、政府、武装力量的关系，国家权力机关与其他机关的关系，中央与地方的关系等的立法。第三，政治行为（活动）法。即有关政治主体基本政治行为（活动）的规范和准则，例如选举法、结社法、游行示威法、集会法、出版法、廉政法、监督法等。第四，政治程序法。即有关政治主体行使政治权利（权力）和履行政治义务的程序以及政治诉讼程序。例如，立法程序法、行政程序法、公民参政的程序立法、政治诉讼法等。上述每个层面都包括基本法律和单项的法律或法规，以便层层落实民主政治的基本原则，保障一切国家权力属于人民、主体在法律面前一律平等、主体通过正常的渠道行使权利（权力）和履行义务，同时制约主体不得滥用或僭越权利（权力）。

注 释

1 根据国务院法制局政策研究室的统计，在过去10年的立法中，有关民主政治的立法仅占全部立法（包括法律、法规在内）的4%，参见汪永清："立法结构均衡问题初探"，载《中国法学》1990年第4期。

2 《列宁选集》第3卷，人民出版社1972年版，第257页。

3 龚祥瑞：《比较宪法与行政法》，法律出版社1985年版，第27页。

4 [法]卢梭:《社会契约论》,何兆武译,商务印书馆1990年版,第72页。

5 [法]孟德斯鸠:《论法的精神》(上),张雁深译,商务印书馆1978年版,第3、5页。

6 《毛泽东选集》(合订本),人民出版社1968年版,第693页。

7 《邓小平文选》,人民出版社,第293页。

论法与经济 *

无论是在普通语言，还是在学术语言中，“经济”一词都有着多种意义。本书侧重在两种意义上使用“经济”这一概念，即一是从生产方式的意义上，二是从经济体制或经济运行方式的意义上。所以，我们着重从法与生产方式、法与经济体制两个方面来论述法与经济的关系。

一、法与生产方式

生产方式指人类获得物质生活资料的方式，故也叫物质资料的生产方式。生产方式包括生产力和生产关系两个方面，是二者在物质资料生产过程中的统一。其中生产力是生产方式的物质内容，生产关系是生产方式的社会形式。生产方式是人类社会发展的决定力量。这是因为：第一，生产方式是人类社会赖以存在和发展的基础。人类只有从事生产活动，才能获取生存和发展所必需的物质资料。也只有在生产的基础上，才能从事其他社会活动。生产活动一停止，人类社会就会灭亡。第二，生产方式决定社会制

---

* 张文显在多部论著中阐述法与经济的关系，本文节选自张文显主编的《法理学》（第三版）（法律出版社 2007 年版），是张文显撰写的第 28 章。

度的性质,制约着整个社会的精神生活、政治生活和其他社会生活的过程。第三,生产方式决定社会制度的更替。随着一种生产方式被另一种生产方式所代替,原来的社会制度也就被新的社会制度所代替。第四,生产方式是划分社会类型的基本标志。在人类历史上,先后有五种生产方式,以此为基础,人类历史也相应地被划分为五种社会类型。法与生产方式有着密切的联系。

(一)法与生产关系

人们在生产过程中发生两方面的关系:一是人与自然的关系,表现为人类征服和改造自然获取物质生活资料的能力,即生产力;二是人与人之间的关系,即生产关系。这两方面相互联系、相互作用。人与自然的关系决定人与人之间的关系,人与人之间的关系反过来制约着人与自然之间的关系。

生产关系是人们在生产过程中结成的相互联系以及把这种联系规范化和制度化的体制。生产关系的内容包括三个方面、四个环节。三个方面是:生产资料的所有制形式,人们在生产过程中所处的地位和相互关系,在人们之间分配产品的形式(即分配关系),四个环节是:生产、交换、分配和消费。与上层建筑概念相对应,生产关系就是经济基础。

1. 经济基础对法的决定作用

法作为社会上层建筑的组成部分,其本质、产生、发展以及特征都是由经济基础所决定和制约的。

首先,法的产生和发展是由生产关系决定的。法从无到有,从低级到高级,从一种形态转变为另一种形态,从一种形式到另一种形式,归根到底都是由经济基础决定的。其次,法的本质即法所体现的统治阶级的意志和国家意志、法所维护的社会利益,是由社会的经济基础决定的,一个社会的经济基础是什么样的,它的法也必然是什么样的。复次,法的内容即法所规定的权利和义务、权利与义务关系以及权利和义务的社会价值，是由经济基础决定的。最后，法的未来即法的历史命运也是由社会经济基础决定的，当社会经济基础不再具有阶级性质的时候，具有阶级性和国家意志性质的法将演变为反映社会意志的公共生活规则。当然，在我们强调法是由经济基础决定的这一历史唯物主义基本观点的同时，必须明确：第一，这是从总的性质上来说的。但是，“这并不像某些人为着简便起见而设想的那样是经济状况自动发生作用，而是人们自己创造着自己的历史，但他们是在制约着他们的一定环境中，是在既有的现实关系的基础上进行创造的”。[1]经济基础对法的决定作用，总是通过人们有意识的活动实现的。第二，除了经济基础对法的决定作用外，对法的性质、内容、发展规律发生影响以至在某些情况下起决定作用的因素还有国家制度、历史传统、民族习惯、社会心理、政治观点、道德观点、宗教等。

2. 法对经济基础的反作用

马克思主义的历史唯物主义既是唯物的，也是辩证的。它在强调经济基础对法的决定作用的同时，十分重视法对经济基础的巨大的能动作用。正如恩格斯所指出：“政治、法律、哲学、宗教、文学、艺术等的发展是以经济发展为基础的。但是，它们又是相互影响并对经济基础发生影响，并不是只有经济状况才是原因，才是积极的，而其余一切都不过是消极的结果。”[2]法对经济基础的能动作用或反作用主要表现为：第一，对统治阶级赖以存在和壮大的经济基础起确认、引导、促进和保障作用。一定社会的经济基础是该社会占统治地位的阶级的物质生活条件和根本利益所在，因此，历史上任何一个阶级取得政权之后，总是要运用法的手段来确认、巩固、维护有利于自己的、决定着法的本质的经济基础，并通过发挥法的积极功能来促进其经济基础的发展。第二，对不利于、有损统治阶级存在和发展的经济基础实施限制、削弱或扫除。一个社会往往存在着不同的经济基础，有的经济基础是与统治阶级的根本利益互相冲突的,对这样的经济基础,统治阶级往往利用法的手段来限制其发展,削弱其潜势,如果有可能则彻底扫除之。法对经济基础的反作用,有时是直接的,例如资本主义法明确宣布私有制神圣不可侵犯、契约自由、自由贸易等,我国社会主义法对社会主义公有制为主导、多种经济成分共同发展的经济基础的确认和保护等;有时是间接的,例如对统治阶级的国家政权、社会主导意识形态的维护,间接地维护和保障了社会占主导的经济基础。

3. 维护和发展以公有制为主体、多种经济成分共同发展的所有制结构

马克思认为社会主义是"以共同占有生产资料为基础的社会"。[3]这是马克思从成熟的社会主义出发所作的设想。可是,在很长一个时期,我们未从我国社会生产力的实际情况来考虑马克思的设想,不切实际地追求生产资料的"一大"、"二公"、"三纯",致使生产关系脱离生产力的实际水平,妨碍了生产力的健康发展。党的十一届三中全会以来,在解放思想、实事求是思想路线的指引下,经过对历史教训和现实情况的分析,得出一个结论:在生产关系问题上,必须从我国社会生产力的实际状况出发,合理组合各种经济成分;并且经过多年的探索,形成了坚持以公有制为主体、多种经济成分共同发展的方针。根据这一方针,我们要在积极促进国有经济和集体经济发展的同时,鼓励个体、私营、外资经济发展,并依法加强管理。随着产权的流动和重组,财产混合所有的经济单位越来越多,将会形成新的财产所有制结构即混合经济。对这种混合经济,我们也要给予扶植和保护。

之所以一方面要坚持公有制为主体,另一方面要鼓励其他经济成分发展,乃是因为:第一,我们的社会化生产力在整个国家的生产中已经处于支配地位,社会化大生产决定着整个国家的经济命脉,公有制经济有可能也有必要在整个经济体制中占有主体地位。第二,由于我国幅员辽阔,各个地方经济起点不同,劳动者和

管理者的素质不同,加上参与国际市场的程度不同,我们目前的生产力发展带有多层次、不平衡的特点。在生产力结构中,既有社会化程度较高、现代化的大生产,也有封闭式的半自然经济的小生产;既有自动化、半自动化的先进生产手段,也有最落后的手工劳动。在地区、部门、行业之间,生产力发展水平参差不齐、高低不等。因而,不具备建立单一公有制经济的物质技术基础,只能实行与这种生产力状况相适应的、以公有制为主体的多种所有制成分并存的结构。第三,在社会主义公有制占主体的情况下,其他经济成分都在一定程度上改变了自己固有的性质或功能,而成为社会主义经济的必要补充。例如,个体经济和私营经济的存在,对于发展社会生产、方便人民生活、扩大劳动就业,促进整个国民经济的全面繁荣和满足人民多方面的需要,具有明显不可缺少的作用。再如,中外合资、合作企业和外资独资企业,有利于利用国外先进技术和资金,有利于引进国外的科学的经营方式和方法,有利于促进国际经济技术交流和贸易往来,也有利于扩大劳动就业和增加税收。

我国现行的经济结构既适应社会生产力的现实状况,又有利于维护和发展社会主义经济制度,必须保持其稳定性,而不能轻易改变。我国人民民主专政国家政权担负着保护以公有制为主体、多种经济成分并存的所有制结构的神圣职能。

首先,要为公有制提供保护,防止国有资产流失。目前的问题是:对国有产权缺乏严密有效的保护。虽然宪法、刑法和其他法律有不少保护国有财产的规定,但侵吞国有财产的现象大量存在。在各种名义下国有资产被转移到个人或小集体手中,转为个人或小集体所有。国有资产的流失已经相当惊人。必须针对这种新情况,抓紧制订严密的法律、法规,并加快产权制度改革,以便既防范国有财产被非法转化为集体或个人财产,又使国有资产的交换和拍卖有法律依据。

其次,也要对非国有财产权实行切实的保护。随着非国有经济的发展,对非国有产权特别是私人产权能否给予有效的保护,已成为一个重大的经济、政治和社会问题。就市场经济的培育和发展而言,也是一个需要立即解决的问题。改革开放以来的经验表明,非国有经济的发展不仅增加了社会财富,而且对经济体制以革命性的冲击,给新经济体制以强大的助推。非国有制企业作为千千万万个真正独立的市场主体,它们自我决策,自负盈亏,自由竞争,自力更生,把生机勃勃的市场机制引入我国的经济生活,为国有企业转变经营机制、适应市场需要提供了宝贵的经验。无论从非国有经济在国民经济结构中的现实地位,还是从它对建立社会主义市场经济的巨大作用,都应当通过立法,明确肯定它的合法性和合理性,并加以切实保护和管理。

还应当指出,公有制经济的主体地位或主导地位是就全国范围即整个国民经济来讲的。至于有的地方、有的产业可以有所差别。公有制的主体地位主要体现在国家所有的资产在社会总资产中占优势,国有经济控制国民经济命脉及其对经济发展的主导作用等方面。公有制不是越大越纯越好,不要人为地对公有制拔高升格,更不必都由国家采用单一模式经营,而是可以采用各种灵活的方式经营。当前和今后一定时期仍要强调进一步转换国有企业经营机制,创造多元化的国有经济实现形式和组织形式。公有制经济特别是国有经济,要积极参与市场竞争,在市场竞争中壮大和发展。国家要为各种所有制经济平等地参与市场竞争创造条件,对各类所有制企业一视同仁,果断取消歧视性、限制性政策,也要逐步取消对某些企业在特定时期采取的在定价、税率、利率、融资等方面的特殊优惠政策,消除政策性垄断,保证公平竞争。现有城镇集体企业,也要理顺产权关系,区别不同情况改组为股份合作制企业或合伙企业;有条件的也可以组建有限责任公司;少数规模大、效益好的,也可以组建为股份有限公司或企业集团。

（二）法与生产力

生产力作为人类征服和改造自然的客观物质力量，是由生产者、劳动资料、劳动对象以及参与社会生产和再生产的其他一切物质技术要素构成的一个复杂系统。在生产力中，具有一定生产经验和劳动技能的劳动者是首要因素。因为劳动者是生产力的主体，他们具有认识世界和改造世界的主观能动性，他们制造、使用工具，推动生产工具不断更新，是活的生产力。劳动工具是人类劳动器官的延长，是人的体力和智力的物化，是生产力发展水平的物质标志。劳动对象是人们在生产过程中运用劳动工具进行加工改造的一切物质对象。生产力中的劳动资料和劳动对象即物的要素标志着生产力的性质和发展水平，制约着劳动者的生产经验和劳动技能。

法与生产方式的关系最终要从法与生产力的关系来说明。这是因为：生产关系对法的决定作用是生产力决定生产关系并通过生产关系决定上层建筑这一客观规律的表现。马克思指出："社会的物质生产力发展到一定阶段，便同它们一直在其中活动的现存生产关系或财产关系（这只是生产关系的法律用语）发生矛盾。于是这些关系便由生产力发展形式变成生产力的桎梏。那时社会革命时代就到来了。随着经济基础的变更，全部庞大的上层建筑也或慢或快地发生变革。"[4]所以，列宁指出："只有把社会关系归结于生产关系，把生产关系归结于生产力的高度，才能有可靠的根据把社会形态的发展看做自然历史过程。不言而喻，没有这种观点，也就不会有社会科学。"[5]法与生产力的关系也应从两个方面来看：一方面，社会生产力的发展水平从根本上决定法的性质、内容，法的变化和发展，上述生产关系对法的能动作用只是生产力对上层建筑作用的"中介"。另一方面，法对社会生产力起着巨大的反作用，它可能保证或推动社会生产力，也可能束缚或破坏生产力，这取决于它所保护的生产力是否适应社会发展的需要。

(三)以经济建设为中心,解放和发展社会生产力

在当代中国,研究法与生产方式的关系必须以党的“一个中心、两个基本点”的基本路线为依据、为指导。党的基本路线是从全国各族人民的根本利益出发,在科学地分析我国社会主义初级阶段的社会主要矛盾的基础上形成和完善起来的。

1. 以经济建设为中心是新时期我国社会主要矛盾的必然要求

我国社会主义初级阶段法的根本任务是解放和发展社会生产力。这是由我国社会的主要矛盾决定的。社会的主要矛盾是社会发展的不同时期必须解决的主要问题,它随着社会的发展而发生变化。社会的主要矛盾决定着它的根本任务或中心任务。

那么,社会主义初级阶段社会主要矛盾是什么呢?

科学社会主义的创始人马克思和恩格斯曾经以西欧发达的资本主义国家为背景,设想社会主义革命将会在发达的资本主义国家大体上同时发生。但是,自 1917 年俄国十月革命以来的历史实践表明,社会主义革命大多数是在经济文化比较落后的国家首先取得胜利的,其中包括中国这样过去贫穷落后的国家。这些国家在社会主义制度建立的初期,在经济和文化发展水平上,同发达资本主义国家都存在着很大差距。因此,像我国这样的走上社会主义道路的落后国家来说,尤其要注重社会生产力的发展。我国建国初期党和政府对经济建设十分重视,仅用三年时间就使遭受战争严重破坏的国民经济得到恢复,随后又顺利实现了“一五”计划,为新中国的经济和社会发展奠定了基础。但是,由于当时人民民主专政的国家政权尚未巩固,对内国民党残余势力有待肃清,对外有抗美援朝战争;社会主义意识形态的主导地位尚未完全确立;社会主义的经济基础也尚未奠定,因而社会的主要矛盾是阶级斗争,

社会的主要任务是无产阶级为巩固新生政权而同被推翻的反动势力进行政治斗争，是变生产资料的资产阶级私有制为社会主义公有制的社会革命。经过几年激烈的政治斗争和对生产资料私有制的社会主义改造，到1956年社会主义基本制度全面确立。这时，中国共产党适时地召开了第八次全国代表大会。会议正确地分析了社会主义基本制度确立以后我国社会的主要矛盾已经不是阶级斗争，由此提出了党和人民的主要任务是集中力量发展生产力。“八大”以后不久，国际、国内发生的一些事件使党内“左”的思想抬头。1957年召开的八届三中全会改变了“八大”对国内阶级和阶级斗争状况的正确分析和对社会主要矛盾的科学判断，认为无产阶级同资产阶级的矛盾、社会主义道路同资本主义道路的矛盾仍然是社会主义社会的主要矛盾。到60年代初期和中期更进一步认为党内甚至党的高层已经出现了修正主义，必须发动和组织群众运动，反资反修，打倒“党内走资本主义道路的当权派”，直至发生了“文化大革命”。既然社会的主要矛盾是阶级矛盾，那么社会主义的中心任务就是阶级斗争，即“以阶级斗争为纲”。这种“左”的错误思想认识、政治路线和以阶级斗争为纲的实践，给我国的社会主义事业造成了巨大的损失。它不仅使我国的国民经济一度处于崩溃的边缘，而且使相当多群众对社会主义失去信心。

1978年12月，中国共产党召开了十一届三中全会，这是一次具有伟大历史意义的会议。这次会议遵循解放思想、实事求是的思想路线，果断地抛弃了“以阶级斗争为纲”的口号，并作出了把党的工作重点转移到社会主义现代化建设上来的战略决策。这就从根本上纠正了长期以来对我国社会主要矛盾的错误认识和基于这种认识而制定的错误的政治路线、组织路线和其他政策。十一届三中全会之后，邓小平同志多次指出：“至于什么是目前时期的主要矛盾，也就是目前时期全党和全国人民所必须解决的主要问题或中心任务，由于三中全会决定把工作重点转移到社会主义现代化建设方面来,实际上已经解决了。我们的生产力发展水平很低,远远不能满足人民和国家的需要,这就是我们目前时期的主要矛盾,解决这个主要矛盾就是我们的中心任务。"[6]根据邓小平同志的这个思想,党的十一届六中全会一致通过的《关于建国以来党的若干历史问题的决议》对我国社会的主要矛盾作了明确的概括和科学的论断,这就是:"在社会主义改造完成之后,我们所要解决的主要矛盾,是人民日益增长的物质文化需要同落后的社会生产之间的矛盾。"党的十二大、十三大和十四大都反复强调了这一点。这个论断是科学的,是符合我国现实情况的。仔细观察一下就会发现,我国社会目前存在的各种各样的矛盾和冲突,归结起来,都与社会生产力落后,物质基础薄弱有关。既然社会的主要矛盾如此,解决它的关键就是集中力量抓经济建设,抓生产力的发展。

必须强调指出,以经济建设为中心是我们国家长期的历史任务。这是因为在社会主义初级阶段,由于国内因素和国际影响,阶级斗争或带有阶级斗争性质的社会矛盾还将在一定范围内长期存在,在某种条件下还有可能激化,我们必须清醒地认识和处理这方面的问题。但是,我国社会阶级斗争趋向弱化这一总的态势不会改变,社会的主要矛盾也不会改变;并且随着人口的增加,将加大对物质和文化的需要,所以,以经济建设为中心不能动摇。正如邓小平同志和党中央反复强调的:除非发生大规模外敌入侵(那时仍然必须进行为战争所需要和容许的经济建设),无论在什么情况下都不能动摇这个中心;党和国家的各项工作都必须服从于和服务于这个中心,而不能离开这个中心,更不能干扰和冲击这个中心。

2. 解放和发展生产力是人民群众的最大利益

以经济建设为中心,解放和发展社会生产力,是亿万人民的利益所在。人民的利益包括物质利益、文化(精神)利益、政治利益等。其中物质利益是第一性的或目的性的。这是因为生存是人类的基本目的,衣食住行是人们最低限度的需要,人们的个体或群体活动都同物质利益有关。人们进行生产活动,直接就是为了物质利益;进行阶级斗争和社会革命,最终是为了实现和保证物质利益;呼唤、支持和参与改革,也首先是为了获得更大的物质利益。物质利益的实现是以发展生产力为前提的。

物质利益的满足以提高生产力为前提,其他利益的实现也依赖于生产力的发展。

首先从社会主义制度的稳固看,只有社会主义才能救中国。巩固和发展社会主义制度是人民群众的切身利益。而社会主义制度能否稳固,关键是看社会主义制度的优越性是否体现出来了,即它是否生产出丰富的符合社会需要的产品,是否使生产力获得了比资本主义更快、更高的发展,是否真正消灭了贫穷,不断提高了人民的生活水平,达到了共同富裕。在当今世界两种社会制度并存的格局下,社会主义与资本主义谁优谁劣,谁胜谁负,归根到底,决定于生产力发展谁快谁慢,谁高谁低。世界历史的实际已经证明,高度发展的社会生产力是巩固社会主义制度的物质基础,是保证社会主义制度最终战胜资本主义制度的决定性条件。只有社会主义的生产力发展比资本主义更快一些、更高一些,拥有更雄厚的经济实力,才能增强社会主义对人民群众的凝聚力和信心,使社会主义制度立于不败之地。20 世纪 80 年代以后,一些国家的社会主义制度纷纷瓦解,原因是多方面的,其中一个重要的原因是国民经济发展缓慢,在对社会主义和资本主义的比较中,老百姓对僵化落后的社会主义逐渐失去了信心和支持。而我国亿万人民群众之所以对社会主义充满着信心,正是改革开放以来社会生产力持续发展、人民从中得到了实惠。大多数人不仅解决了温饱问题,而且正在稳步迈向小康社会。

其次从民族独立和尊严看,民族独立和尊严是广大人民群众巨大的民族利益。中国从鸦片战争时起沦为半封建半殖民地社会,受尽了西方列强的欺压和凌辱,毫无尊严和主权可言。它既是由贫穷落后造成的,又构成了旧中国人民贫穷苦难的根源。一部中国近代史清楚地表明,经济落后就会非常被动,就会受制于人。当前,随着两极格局的终结,世界正在向多极化方向发展,但是霸权主义、强权政治依然存在,各国人民长期关注的和平和发展两大主题仍未得到解决,世界并不安宁。如果我们不加速经济发展,中华民族在近代史上挨打受气、任人宰割的悲剧就会重演。总之,要使我们在国际风云变幻中始终坚强地屹立于世界民族之林,归根到底,也是要靠大力发展社会生产力,增强我们的经济实力和综合国力。

再次从各种政治和文化利益的实现看,人不同于普通动物之处在于,人是政治动物和精神动物,人不仅要满足吃穿住行,而且要享受各种政治和文化利益,例如,政治自由,社会平等,参政议政,参与学术、艺术、音乐、体育等等,这些政治和文化利益的实现也只有在发展社会生产力的基础上才是可能的。可以想象,如果生产力不发展,没有丰富的社会财富,没有现代化的信息传播系统,没有充裕的闲暇时间,哪会有现代化的政治生活和精神生活?不发展生产力,不缩小工农之间、城乡之间、脑力劳动与体力劳动之间的差别,目前存在于人们中间的经济及社会不平等和由此产生的心理失衡,怎能缩小或消除呢?

3.“三个有利于”是评价一切工作的根本标准

既然经济建设是党和国家的中心任务,解放和发展社会生产力是亿万人民的最大利益,我们的工作做得怎样,衡量的根本标准是什么,就只能以生产力为根本标准,其他具体标准必须以生产力标准为前提。

生产力标准是根据生产力是人类全部历史的基础这一历史唯物主义的原理和中国社会发展的实际需要提出的。它的精神实质在于把解放和发展社会生产力作为党和国家一切活动的出发点,作为衡量一切工作的根本标准。

早在抗日战争时期，毛泽东就指出："中国一切政党的政策及其实践在中国人民中所表现的作用好坏、大小，归根到底，看它对于中国人民的生产力的发展是否有帮助及其帮助之大小，看它是束缚生产力的，还是解放生产力的。"[7]改革开放以后，邓小平同志反复指出：按照历史唯物主义的观点来讲，正确的政治领导的成果，归根到底要表现在社会生产力的发展上和人民物质文化生活的改善上。党的十三大报告明确提出了"生产力标准"，指出："是否有利于发展生产力，应当成为我们考虑一切问题的出发点和检验一切工作的根本标准。"邓小平同志1992年初春南巡谈话中进一步把生产力标准具体化为"三个有利于"，即有利于发展社会主义社会的生产力，有利于增强社会主义国家的综合国力，有利于提高人民的生活水平，从而使政策正确与否的标准更加明确，更容易为广大人民群众所掌握，并变成亿万人民从事社会主义现代化建设事业的热情。江泽民同志在党的十四大政治报告中进一步指出："判断各方面工作的是非得失，归根到底，要以是否有利于发展社会主义社会的生产力，是否有利于增强社会主义国家的综合国力，是否有利于提高人民的生活水平为标准。"[8]这些十分明确的结论和指示，已成为我国新时期党和国家工作的指导思想，成为我们评价法制建设成败得失的根本标准。

4. 社会主义法的本质和根本任务在于解放和发展社会生产力

对法与生产方式的关系的研究，必然得出这样一个结论：法的本质和任务归根结底在于保护、解放和发展社会生产力。按照历史唯物主义的观点，任何类型的法就其历史性的本质来说（即就其历史意义而言），莫不如此。法作为社会的上层建筑，无论是奴隶制的法、封建社会的法或是资本主义的法，相对于以前的社会制度都是进步的、合理的，它们的进步性和合理性在于都在一定的历史时期内解放、保护和发展了该社会的生产力，这是历史的事实，也是历史唯物主义的一个基本观点。如果不能解放、保护和发展生产力，这个类型的法就失去其历史意义，而被新的更高类型的法所取代。在社会主义社会，法的这一方面的本质和根本任务尤为鲜明和重要。以往法学在阐述社会主义法的本质和任务时，不是根本没有提到保护、解放和发展社会生产力，而是没有把它视为社会主义法的本质内容，没有把它提到根本任务的高度。邓小平同志1992年初南巡时指出："社会主义的本质，是解放生产力，发展生产力，消灭剥削，消除两极分化，最终达到共同富裕。"[9]江泽民同志在党的十四大报告中进一步明确指出："坚持四项基本原则，坚持改革开放，都是为了更好地解放和发展生产力。"[10]这些见解为正确认识社会主义的本质和社会主义法的本质提供了新的指导思想和理论武装，使法学界更加清楚地认识到保护、解放和发展生产力是社会主义法的本质的固有内容，社会主义法存在的根本依据和理由就在于此。若失去这一本质，社会主义法就不成其为社会主义法。在这个问题上，法学必须更新观念，并紧紧围绕社会主义法如何发挥解放、保护和发展生产力、为人民创造更多的物质财富和精神财富的功能进行更加富有成效的探索。

二、法与市场经济

（一）从计划经济到市场经济是伟大的历史转变

采用什么方式来配置社会有限的资源，以生产出质高量多价廉的产品，最大限度地满足社会需要，这是社会经济生活中最核心最关键的问题。人类进入社会化大生产以来，在资源配置中起基础性作用的有两种机制或方式，一种是市场机制，一种是计划机制。资源配置中市场起基础性作用的经济模式，概称市场经济；计划在资源配置中起基础性作用的经济模式，概称计划经济。世界经济发展的经验以及我国经济体制改革的实践充分证明，在当代社会,市场是配置资源的最佳方式,市场经济是最有效的经济模式,而计划经济必然导致僵化和停滞。

然而,在一个相当长的时期内,国内外流行着这样一种观点:计划与市场是不同社会经济制度的产物和标志,计划经济姓“社”,是社会主义的本质特征;市场经济姓“资”,是资本主义的本质特征。这种观点被上升为正统意识形态之后,成为否定和排斥市场的理论基础。原苏联和其他社会主义国家就是以这种理论为指导,建立了计划经济体制。计划经济体制在社会主义建立初期曾经起过积极的作用。后来由于计划越来越死,中央集权越来越严重,极大地限制了生产力的发展,也很难适应复杂多变、利益多元的经济生活。尽管从50年代中期,党和国家领导人和经济界的专家学者不同程度地察觉到这种高度集权的计划体制存在不少弊端,提出过一些搞活经济的设想和建议。但是,由于理论上、意识形态上的困扰以至政治上的压力,人们很难提出根本性的设想和建议,充其量不过是对计划经济体制做某些枝节性的修补。

1978年党的十一届三中全会指出:“应该坚决实行按经济规律办事,重视价值规律的作用。”从此,开始了以商品——市场经济为取向的改革。1981年《中共中央关于建国以来党的若干历史问题的决议》指出:“必须在公有制基础上实行计划经济,同时发挥市场调节辅助作用。要大力发展社会主义的商品生产和商品交换。”1982年党的十二大报告进一步提出,社会主义经济除计划外,还应当有市场调节,提出贯彻计划经济为主,市场调节为辅的原则。同年11月,国务院在《关于第六个五年计划的报告》中再次强调:“必须正确贯彻执行计划经济为主,市场调节为辅的原则,把大的方面用计划管住,小的方面放开,主要通过工商行政管理和运用经济杠杆加以制约。……无论实行指令性计划和指导性计划,都要自觉利用价值规律。”1984年,党的十二届三中全会做出了《关于经济体制改革的决定》,该决定突破了把商品经济与计划经济对立起来的传统观点,提出商品经济是社会经济发展不可逾越的阶段,我国社会主义经济是公有制基础上的有计划的商品经济,并在此基础上确定了全面经济体制改革的方针和任务。这比“计划经济为主,市场经济为辅”的思路又前进了一大步。1987 年,党的十三大进一步明确提出:“社会主义有计划商品经济的体制,应该是计划与市场内在统一的体制。”“社会主义商品经济的发展离不开市场的发育和完善,利用市场调节决不等于搞资本主义。”“计划和市场的作用范围都是覆盖全社会的。新的经济运行机制,总体上说来应当是‘国家调节市场,市场引导企业’。”1992 年春天,邓小平同志在南巡谈话中,针对和平演变的主要危险来自经济领域,市场调节背后必然隐藏着资本主义的幽灵等“左”的观点,以及否定十三大关于建立有计划商品经济的新体制的思潮,明确指出:“计划多一点还是市场多一点,不是社会主义与资本主义的本质区别。计划经济不等于社会主义,资本主义也有计划;市场经济不等于资本主义,社会主义也有市场。计划和市场都是经济手段。”[11] 小平同志的谈话把人们对计划与市场的认识从传统的旧观念中彻底解放了出来。之后,党的十四大在总结十多年的改革实践和理论研究成果的基础上,肯定了“社会主义市场经济”这一概念,并把建立社会主义市场经济体制作为改革的总体目标。用“市场经济”概念代替“商品经济”概念,在理论上更加科学,在实践上更为有用。商品经济与市场经济既有联系,又有区别。商品经济本质上就是市场经济,因为商品是为市场而生产、在市场上交换的产品,市场是商品交换的纽带,有商品交换就要有市场。在这个意义上,它们是一致的。但是,并不是有了商品交换就构成了市场经济,市场作为配置社会资源的基础性手段,它的形成标志着商品经济进入了更高水平、更发达的阶段,即只有发达的商品经济才能形成市场经济。另外,“商品经济”的对应面是“自然经济”和“产品经济”,“市场经济”的对应面是“计划经济”。因而,用“市场经济”代替“商品经济”,一方面,能够使人们更加明确地认识到我们要发展的不是一般的商品经济,而是市场对资源配置起基础性作用的商品经济,是高度发达的商品经济;另一方面,突出了与计划经济的对立,强调了从计划经济到市场经济的变革,这更有利于使理论变成可供操作的改革实践。所以,十四大提出“建立社会主义市场经济体制”标志着一个具有全局性的突破,一个伟大的战略转移。十四届三中全会把十四大提出的改革目标和基本原则具体化和系统化,勾画了社会主义市场经济的基本框架,制定了继续深化改革的宏伟蓝图。我国的经济体制从此将彻底告别计划经济的旧体制,迈向社会主义市场经济新体制的光明大道。

(二)市场经济必然是法治经济

建立社会主义市场经济是我国经济体制改革的总体目标。当今世界有两种生产资料所有制形式,我们选择了公有制,选择公有制可以保证全体社会成员基本的或最低限度的社会平等,使人民最终走向共同富裕的道路。当今世界有两种资源配置的基础性手段,一是计划经济,二是市场经济,我们选择了市场经济。事实证明,市场经济是当今世界最有效益的经济运行机制。它的基本特征是:市场在资源配置中起基础性作用,在商品交换和流通中起中介作用;市场竞争机制发挥优胜劣汰作用,而这种竞争是自由的、公平的、公开的和有序的;市场必须是开放的、统一的和多元的;企业是市场的利益主体、经营主体和责任主体;国家宏观调控的目的在于维护或恢复市场机制,宏观调控必须是依法进行的政府行为。建立市场经济体制的目的是解放和发展社会生产力,把经济搞上去。

建立社会主义市场经济,离不开法律。这是因为市场经济在某种意义上就是法治经济。市场经济内在地需要法律,没有法律就没有市场经济。

第一,市场经济是发达的(即充分发展了的)商品经济。商品经济是与社会分工相联系的、为交换而进行生产的经济关系。为了使商品交换有序、安全、公正和高效地进行,就必须有共同遵守的规则。这种规则在初级商品交换阶段(例如在农牧产品的即时当地交易中)往往表现为习惯,即人们在交换实践中自发形成的惯例或常规,而在市场经济条件下必须表现为既定的和富有权威性的法律规则。在市场经济条件下,交换成为经济人的生产目的和职业,大量的交换是在陌生的当事人之间并且是在时间和空间都分离的情况下进行的,有些交换又往往采取期货贸易的方式。在这种经济形态下,为了激励交换动机,维护交易信用,提高和保障交易安全,就需要有契约。契约是当事人据以进行财产权利让渡,产品及劳务交换的必要形式和程序,是当事人之间的信用关系。而契约的原则、技术和标准是由专门的法律设定的,且契约的效力也靠法律来保障。

第二,市场交易的前提是经济主体地位平等,意志自由,主体通过平等、自由的协商或讨价还价,共同决定他们之间的互利有偿、互相制约的关系。在这里,没有超经济的权力,也不容许超经济的权力的存在,指导或调节主体之间的关系的只能是平等的法律规则。换种说法,在市场经济体制下,每个经济主体都被抛进市场大海中,能够给人以指导、帮助和保护的,主要不是超经济的行政权力或其他力量,而是既定的法律规则。

第三,市场经济是竞争性经济,它在客观上必然要求有维护自由公平竞争的必要规则,以规范各个经济主体的行为。否则,市场机制就会失灵或扭曲,经济生活必然陷于混乱。正如人们常常比喻的,市场就是球场,竞争就是比赛,运动员比赛需要有规则,裁判员裁判亦需要有规则。没有规则,比赛就无从谈起。球场比赛尚且如此,比球场比赛复杂得多和激烈得多的市场竞争就更需要规则。

第四,市场经济是与各种利益的多样化并存的,如个人、集体和国家利益的多样化,中央与地方利益多样化,地区与地区、部门与部门利益多样化等。利益的多样化必然引起经济利益的交叉、重叠和冲突。为了衡量和确定在互相交叉、重叠或冲突的利益之间,哪个(哪些)是应当受到承认、尊重和保护的正当利益,应该表现为不受侵犯的权利,也需要有法律规则;为了公正地、令人信服地解决市场交易中的利益冲突和纠纷,更需要有法律程序。这种法律规则和程序直接的就是民商法,即所谓的“私法”和私法程序。由于人们十分关心调整经济利益冲突、衡量和确定经济利益正当与否的民商法和有关的法律程序本身是否公正合理,所以,行政法、仲裁和审判程序法等制约“裁判”的法律规则也大量地制订出来了,推动了政治和司法领域的法制化。

第五,市场经济打破了计划经济下的管理体制,使党和行政权力系统不再直接决定经济主体的经济行为,而把法律推到调整经济关系和经济行为的首位。在计划经济体制下,整个管理系统表现为一个庞大的金字塔式的党政权力结构。由于党政合一,党委一元化领导,企业是党和行政机构的延伸,所以党的政策可以借助于党和行政权力直接从中央推行到地方以至基层单位和个体。而在市场经济条件下,大量的经济关系和经济行为表现为经济主体之间横向的平等的契约关系,以及行使约定的权利和履行约定的义务的行为,党和行政权力不能也不应对经济关系和经济行为实施直接干预。党对经济生活的政策导向必须通过法律和法规表现出来,以法定权利和义务的形式发挥作用。这就促进经济生活的法制化。

第六,市场经济以其客观的发展规律必然冲破一切地域的限制,使国内市场与国际市场对接,把国内市场变成国际市场的一部分,即经济国际化。国际市场和国际经济是以自由贸易为基础的。在自由交易的国际市场上,不是哪个国家的政府可以说了算的,也不会允许超经济的行政权力的存在，调整交易行为的只能是公认的法律原则、规则或惯例。

第七，市场经济具有二重性。一方面，发展社会主义市场经济有利于解放和发展社会主义社会的生产力，增强社会主义国家的综合国力，提高人民的生活水平，也有利于增强人们的自立意识、竞争意识、效率意识、民主法制意识和开拓创新精神，使社会主义的优越性进一步发挥出来。但另一方面，市场自身也存在着一些弱点和消极方面，如可能扩大贫富差别，导致两极分化，也会使一些人利用市场机制的空档而见利忘义、唯利是图、搞假冒伪劣。为了充分发挥市场经济的积极作用，克服其弱点和消极因素，必须引入法律的调整机制。

适应社会主义市场经济运行的内在需要，法在市场经济体制建立过程中以及在市场经济活动中至少有着以下几个方面的作用。第一，保障作用。保障作用旨在通过为市场经济提供良好的外部法律环境，为市场经济体制的建立和市场经济的发展创造民主稳定的政治局面、安居乐业的社会秩序和切实有效的社会保障体系。这方面的作用犹如为市场经济“护航”。第二，引导作用。引导作用旨在通过规定社会主义市场经济的发展方向、价值目标、基本政策和利益关系，指引市场经济沿着正确、合法、高效和安全的路线破浪前进。此一作用犹如为市场经济“引航”。第三，服务作用。为了摆脱偶然性和任意性，减少交易风险和由此引起的交易费用，市场经济的各个领域、各个方面和各个环节都纳入到了法律调整结构之中，置于法律的保护和监督之下。市场经济已成为法制经济，因而，经济交往的过程无不同时也是法律交往的过程，加上法律越来越专门化、技术化、信息化和国际化，市场经济对法律服务的需求和依赖也越来越大。律师和公证等法律职业和法律服务体系的发展就是为了满足这方面的需要。可以说，在市场经济条件下，经济合同、技术转让、证券交易、房地产买卖、投资和纳税，几乎没有一种经济活动不需要法律服务。随着市场经济的发展和市场经济体制的形成以及与世界经济的一体化，经济主体对法律服务的需求空前增加。市场经济开创了广阔的法律天地，它需要具有才能的法律专家。法律界将为经济发展和社会进步提供更多的优质服务，法律服务的范围将从主要是诉讼代理扩大到法律顾问、法律评价和法律审定，并从国内扩大到国外。

总之，市场经济内在地需要法制，没有法制也就没有市场经济。这既是市场经济的必然逻辑，也是被市场经济的发展历史反复证明了的真理。因此，在建立社会主义市场经济的过程中，必须高度重视法制建设，做到改革开放与法制建设的统一，学会运用法律手段管理经济。

三、法与经济体制改革

（一）经济体制改革是历史的必然和社会主义现代化建设的历史需要

要发展经济，增加社会财富，满足人民群众日益增长的物质文化需要，关键是解放和发展社会生产力。对原有的经济体制实行改革是解放和发展生产力的必由之路。生产力与生产关系构成一个社会的生产方式。其中生产力决定生产关系，生产关系反作用于生产力。一定的生产力状况要求有与之相适应的生产关系。生产关系必须适合生产力的性质、水平和发展要求。当生产关系与生产力状况基本适应时，这种生产关系对生产力的发展起促进作用；当生产关系与生产力不相适应时，这种生产关系就会阻碍生产力的发展，因而迟早要改变。改变生产关系，解放生产力，有两种基本方式，一是革命，即运用革命的手段，打破严重束缚生产力的旧生产关系；二是改革，即在坚持基本制度的前提下破除僵化的、失去活力的体制或其某些部分。正如邓小平同志所深刻指出的：

"革命是解放生产力,改革也是解放生产力。推翻帝国主义、封建主义、官僚资本主义的反动统治,使中国人民的生产力获得解放,这是革命,所以革命是解放生产力。社会主义基本制度确立以后,还要从根本上改变束缚生产力发展的经济体制,建立起充满生机和活力的社会主义经济体制,促进生产力的发展,这是改革,所以改革也是解放生产力。"[12]中国共产党领导的新民主主义革命和社会主义革命属于前者,1978年以来党所领导的经济体制改革属于后者。革命或改革都是经过改变生产关系这个环节,使生产关系适应生产力的状况,以解放和发展生产力。

我国的生产关系以及与之相应的一整套经济体制,是解放初期在照搬苏联模式的基础上形成的。这种模式的深层矛盾在20世纪50年代还不很突出,但是,随着时间的推移,它严重阻碍生产力发展的矛盾日益明显地暴露出来。这种模式的主要弊端,是产权界定不清或产权虚置,生产资料不能从低效益的运用流向高效益;政企职责不分,条块分割,国家对企业统得过死;忽视商品生产、价值规律和市场的作用,分配上平均主义严重。这就造成企业缺乏应有的自主权,企业吃国家的"大锅饭",职工吃企业的"大锅饭"的局面,严重压抑了企业和职工的积极性、主动性和创造性,使本来应该生机盎然的社会主义经济在很大程度上失去了活力。所以,必须通过经济体制改革解放生产力。"过去,只讲在社会主义条件下发展生产力,没有讲还要通过改革解放生产力,不完全。应该把解放生产力和发展生产力两个讲全了。"[13]改革实践也充分证明,只有改革,从根本上改变束缚生产力发展的经济体制,建立起充满生机和活力的经济体制,才能解放和发展生产力。

经济体制改革是社会主义制度的自我完善和发展,而不是把我们的社会主义经济制度推倒重来;经济体制改革涉及经济体制的方方面面,而不只是个别环节、局部方面,更不同于过去那种保持原有体制框架不变、在原有体制框架内的对某些细枝末节的个别调整或修补；经济体制改革是触及经济体制深层矛盾和运行机制的变革，是解放和发展生产力的社会革命，而不是某种表面文章，它必然引起利益结构的变动以至社会震动，会出现一些风险，因而既要尽量稳妥，又要坚定不移地进行下去。基于我国经济体制改革的这些性质和特点，改革必须坚持社会主义方向，警惕资产阶级自由化的干扰和破坏。同时，又不能以过去头脑中关于什么是社会主义、什么是资本主义的一些不正确的理解和观念作为衡量改革是非的标准，以至于把改革说成是搞资本主义，把有利于发展生产力、发展社会主义事业的改革当作资本主义的东西批判。我国的经济体制改革是从1978年党的三中全会开始的。中间经过了若干阶段，每一个阶段都比前一阶段认识更加明确、决心更加坚定、思路更加清晰、成效更加显著。党的十四大把建立社会主义市场经济体制作为经济体制改革的总体目标，八届人大四次会议以法律的形式把“从计划经济体制向社会主义市场经济体制转变，经济增长方式从粗放型向集约型转变”作为2010年前的奋斗目标，标志着我国的经济体制改革进入新的时期和阶段。“两个转变”的实现将极大地解放和推动我国社会生产力的进步，推动社会主义现代化目标的实现。

为了发展生产力，在对内进行改革的同时，还必须对外实行开放。对外开放也是改革的一个重要内容。世界本来就是一个开放的世界，在当代，任何一个国家的发展都离不开世界。特别是像我国这样经济和文化比较落后的发展中社会主义国家，更有必要实行对外开放，充分吸收国外资金和先进技术，借鉴发达国家一切反映现代化规律的先进经营方式和管理经验，以加快建设和发展。在这个问题上，必须明确，独立自主不是闭关自守，自力更生不能盲目排外。历史经验证明，关起门来搞建设是不能成功的，中国的发展离不开世界。在坚持自力更生的同时，还需要对外开放。我们讲的对外开放是全方位的开放，即在空间和对象上对世界各地的国家开放,对所有类型的国家开放,不仅对美国、日本、西欧等发达的资本主义国家开放,还要对发展中国家、第三世界国家开放;在开放的内容上不仅经济技术上要开放,文化上和政治上也要开放。在开放的战略部署上,实行经济特区、沿海开放、沿江开放、内地开放等不同模式、不同层次、不同目标的开放格局。改革开放是中华民族的强国之路。我国宪法已经把改革和开放作为坚定不移的基本国策规定下来,使之成为全国人民最高活动准则。

(二)法在经济体制改革中的作用

法在经济体制改革和对外开放中发挥着重要的作用,主要表现为:第一,为改革开放创造稳定的政治环境。改革开放要求有一个稳定的政治环境和社会环境。政治稳定,才能社会稳定,人心稳定。十多年来我国的改革开放之所以能够取得举世瞩目的成就,一个基本条件就是我国社会持续保持着稳定的政治局面。但我们也要看到影响政治稳定的因素仍然存在,有待切实解决。

第二,加强社会主义民主政治建设,动员亿万人民群众参与改革开放。改革开放是一项具有历史意义的伟大事业,也是广大人民群众自己的事业,需要有亿万人民群众广泛而热情的参与。发扬社会主义民主,充分尊重人民群众的基本权利,是动员民众团结一致参与改革、支持改革的政治条件。

第三,创造安居乐业的社会秩序。安居才能乐业。良好的社会秩序是加快改革开放的前提条件。有良好的社会秩序,人民群众有安全感,这才有助于人们积极投身改革开放,集中精力从事经济建设。吸引外资,也要有良好的投资环境,我们不仅要使投资者感到有利可图,而且要使其感到安全可靠。为此,国家要为广大人民群众的人身和财产提供安全保障,使人们不至于为自己的人身和财产安全提心吊胆而把精力消耗在自卫上。要继续实行对社会治安的综合治理,贯彻和完善"严打"方针,依法严厉打击各种犯罪活动，特别是要重点打击对人民群众危害极大的流氓、盗窃、诈骗等犯罪集团和逃犯。还要严厉打击各种直接破坏改革开放的经济犯罪活动，例如偷税抗税、走私贩私、假冒商标、制贩伪劣商品、制造假币，等等。

第四，保障和改进改革开放的国内外环境。改革开放是基本国策，为了推进改革开放，国家首先要在坚持和平共处五项原则的基础上，制定一系列法律、法规、规章，坚持尊重和维护主权、平等互利和参照国际惯例三原则以及与这些原则相适应的规则和规定，为发展同各国的外交关系和经济文化交流，发展对外贸易、引进国外资金、技术和人才提供明确而肯定的法律依据。其次要为外商来华投资，办工厂，做生意，进行各种商务活动和科学文化交流，规定一系列保护措施；在登记注册、用人用地、税收及外汇管理等方面提供法定的优惠条件。再次在鼓励和吸引外商的同时，支持和保护国内企业到国外进行经济技术合作，承包工程，兴办工厂，开设金融机构，从事金融活动。

第五，建立多层次的社会保障体系。社会保障体系对于深化企业和事业单位改革，保持社会稳定，顺利建立社会主义市场体制具有重大意义。没有社会保障，企业内部的人事、劳动用工、工资分配制度改革就无法进行，国有大中型企业就不可能甩开包袱，轻装下海，与其他经济主体展开公平的竞争；没有社会保障体系，社会稳定的局面不可能形成和持续，改革开放的进程有可能被打断。社会保障体系包括社会保险、社会救济、社会福利、优抚安置和社会互助、个人储蓄积累保障等。在建立社会保险的同时，还可大力发展商业性保险。建立社会保障体系既是改革开放的需要，也是由市场经济规律和我国社会的社会主义性质决定的。

第六，与经济体制改革同步，制定和完善与社会主义市场经济体制相适应的法律体系，把改革纳入法制的轨道，用法律引导和规范改革，用法律确认和巩固改革的成果。

注 释

1 《马克思恩格斯选集》第4卷,人民出版社1972年版,第506页。
2 《马克思恩格斯选集》第4卷,人民出版社1972年版,第506页。
3 《马克思恩格斯选集》第3卷,人民出版社1972年版,第10页。
4 《马克思恩格斯全集》第2卷,人民出版社1972年版,第82—83页。
5 《列宁选集》第1卷,人民出版社1972年版,第108页。
6 《邓小平文选》第2卷,人民出版社1983年版,第168页。
7 《毛泽东选集》第3卷,第1079页。
8 江泽民:"加快改革开放和现代化建设步伐夺取有中国特色社会主义事业的更大胜利——在中国共产党第十四次全国代表大会上的报告",载《十四大以来重要文献选编》,人民出版社1996年版,第10页。
9 《邓小平文选》第3卷,人民出版社1993年版,第373页。
10 江泽民:"加快改革开放和现代化建设步伐夺取有中国特色社会主义事业的更大胜利——在中国共产党第十四次全国代表大会上的报告",载《十四大以来重要文献选编》,人民出版社1996年版,第10页。
11 《邓小平文选》第3卷,人民出版社1993年版,第373页。
12 《邓小平文选》第3卷,人民出版社1993年版,第370页。
13 《邓小平文选》第3卷,人民出版社1993年版,第370页。

市场经济与法制建设三论*

党的十四大强调指出:要实现建立社会主义市场经济体制的战略目标,必须高度重视法制建设。加强立法工作,特别是抓紧制订与完善保障改革开放,加强宏观经济管理、规范微观经济行为的法律和法规,这是建立社会主义市场经济体制的迫切要求。这表明党的经济体制改革理论有了新的深化,也预示着我国的经济体制改革和经济发展将走向法制的轨道。本文试以这一思想为指导,就市场经济与法制的内在联系、法制在市场经济体制中(特别是在市场经济体制建立过程中)的作用、建立与市场经济相适应的新的法律体系等三个问题略作论述。

一、市场经济必然是、必须是法制(法治)经济

对任何一种经济体制来说,规则都是不可缺少的要素。不过,市场经济与非市场经济(即自然经济和产品型计划经济)相比较,其更需要法律的调整和保障。从自然经济、产品型计划经济(简称"计划经济")到市场经济的变革,就是社会经济法制化的过程。

自然经济实质是伦理经济。在自然经济条件下,每个人、每个

* 本文发表于《中国法学》1993 年第 3 期。

经济组织(家庭、庄园、村社)做着差不多同样的事情。他们既是生产者又是消费者,劳动产品不离开他们的手,个人之间、各经济组织之间几乎不存在“有机的连带关系”——以劳动分工和专业化为基础的社会成员之间的依存关系。在以这种经济形态为基础的社会中,人们对经济关系以至各种社会关系的调整,主要依靠血亲、宗法伦理关系和道德规范,而对复杂的法律规则则需求甚少。

计划经济实质是权力(行政)经济。在计划经济体制下,政治和经济融为一体,经济是政治的附庸,生产者没有独立的所有权和经营权,生产者之间实际上不发生横向的主体关系,有的只是与上级和政府的纵向隶属关系。政府主要依据行政权力关系、行政命令、等级职位安排、红头文件或作为行政权力延伸的法规来配置资源,指挥生产;发生经济争议或纠纷,也主要靠行政机关以行政的方式仲裁、调解或决断,无需借助司法程序。这就使得以公正和平权为特质的法律在计划经济中的作用必然是微乎其微的。

市场经济则内在地需要法律,依赖经济法制化,没有法制也就没有市场经济。这是因为:

第一,市场经济是发达的商品经济。商品经济是与社会分工相联系的、为交换而进行生产的经济关系。为了使商品交换有序、安全、公正、高效地进行,必须有共同遵守的规则。这种规则在初级商品交换(例如在农牧产品的即时交易)中往往表现为习惯,即人们在交换实践中自发形成的惯例或常规,而在市场经济条件下必须表现为既定的、富有权威性的法律规则。在市场经济条件下,交换成为经济人的生产目的和职业,大量的交换是在陌生的当事人之间、在时间和空间都分离的情况下进行的,大宗交换又往往采用期货贸易的方式。这就需要有契约作为信用手段。契约是当事人据以进行财产权利让渡和产品、劳务交换的必要形式和程序。契约的原则、技术和标准是由专门的法律设定的,而契约的效力是由法律保障的。

第二,市场交易的前提是经济主体地位平等,意志自由。主体通过平等、自由的协商或讨价还价,共同决定他们之间的互利有偿、互相制约的关系。在这里,没有超经济的权力,也不容许超经济的权力的存在,指导或调节主体之间的关系的只能是平等的法律规则。换种说法,在市场经济体制下,每个主体都被抛进市场大海中,能够给人以指导、帮助和保护的,已不是超经济的行政权力或其他力量,而是既定的法律规则。

第三,市场经济是竞争性经济。它在客观上必然要求有维护自由公平竞争的必要规则,以规范各个经济主体的行为。否则,市场机制就会失灵或扭曲。正如人们常常比喻的,市场就是球场,竞争就是比赛;运动员比赛需要有规则,裁判员裁判亦需要有规则。没有规则,比赛就无从谈起。球场比赛尚且如此,比球场比赛复杂得多、激烈得多的市场竞争就更需要规则。

第四,市场经济的存在意味着对具体劳动的产品具有独立的经济利益的经济主体的出现和分化。这进而意味着经济利益的交叉和冲突是不可避免的。为了衡量和确定在互相交叉或重叠的利益之间,哪个(哪些)是应当受到承认、尊重和保护的正当利益并应该表现为不受侵犯的权利,需要有法律规则;为了公正而令人信服地解决市场交易中的冲突和纠纷,更需要有法律程序。这种法律规则和程序直接的就是民商法,即所谓的"私法"和私法程序;由于人们十分关心调整经济利益冲突、衡量和确定经济利益正当与否的民商法和有关的法律程序本身是否公正合理,所以行政法、仲裁、审判程序法等制约"裁判"的法律规则被大量地制订出来,从而推动了政治和司法领域的法制化。

第五,市场经济发展的客观规律必然使国内市场国际化,使国内市场成为国际市场的一部分。国际市场是以自由贸易为基础的。在自由交易的国际市场上,用以调整交易行为的只能是公认的法律原则、规则和习惯。

二、法制在市场经济体制中的作用

法制在市场经济中有以下三大方面的作用：

(一)保障作用

即通过为市场经济提供良好的外部法律环境，为市场经济体制的建立和市场经济的发展创造民主稳定的政治局面、安居乐业的社会秩序和切实有效的社会保障体系。其作用犹如为市场经济“护航”。

1. 创造民主、稳定的政治局面

建立社会主义市场经济体制是一项史无前例的伟大事业，需要有亿万人民群众的广泛而热情地参与。发扬社会主义民主，充分尊重和保护人民群众的基本权利，是动员民众团结一致参与改革、支持改革的政治条件。

建立市场经济体制更需要稳定的政治局面。十多年来我国的改革开放之所以能够取得举世瞩目的成就，一个基本的条件就是我国持续保持着稳定或比较稳定的政治局面。但也要清醒地看到影响政治稳定的因素仍然存在。例如，党和政府工作中还有不如人意的地方，尤其是党内不断加重的消极腐败现象，正在引起人民群众的强烈不满。这种不满情绪如遇不测事件，很可能突然爆发。改革引起原有利益结构变动，在整个社会普遍受益的同时，可能在不同程度、不同范围内影响某些人眼前的切身利益，造成这些人对改革政策不理解、不支持甚至严重抵触。分配不公使一部分公民心理失衡，削弱对改革的支持和参与。城市待业、失业或半失业率较高，农村剩余劳动力过多，已经引发并将继续引发一系列影响社会稳定的社会矛盾。这些矛盾和问题，如果处理不好或者不及时，有可能激化，导致结构性混乱以至全面危机。如果再加上国内外

反对改革的势力和敌对势力从中作梗，就可能引发动乱。对于这些不稳定的因素，不可麻痹大意，而必须采取各项有力措施，认真对待。其中法律以其特有的调控机制和强制机制，在处理各种社会矛盾、维护社会稳定上，有其不可替代的重要作用。

2. 创造安居乐业的社会秩序

安居才能乐业。良好的社会秩序是加快改革开放，建立社会主义市场经济的前提条件。在这方面法律发挥着多重作用：首先，为人身和财产提供安全保障，使社会成员不致于为自己的人身和财产安全提心吊胆而把精力消耗在自卫上。为此，要继续贯彻和完善"严打"方针，依法严厉打击各种犯罪活动，特别是要重点打击对人民群众危害极大的流氓、盗窃、诈骗等犯罪集团和逃犯。其次，用文明的诉讼程序和公力救济取代和制止野蛮的暴力复仇和私人救济，使各种争端以和平的方式得以解决。再次，要狠狠打击各种直接破坏市场经济秩序的经济犯罪活动，例如偷税抗税、走私贩私、假冒商标、制贩伪劣商品，等等。

3. 提供社会保障的法律基础

市场经济是在社会大环境中运行的经济，社会环境如何直接制约以至决定着市场经济体制及其运行。十多年的实践已经证明，有无有效的社会保障体系是检验改革开放大环境的重要指标，建立社会保障体系既是由我国的社会主义性质决定的，也是建立市场经济体制的需要。没有社会保障，企业内部的人事、劳动用工和工资分配制度等改革就无法进行，国有大中型企业就不可能甩开包袱，轻装下海，与其他经济主体展开公平的竞争；没有社会保障体系，社会稳定的局面不可能形成和持续，市场经济的进程有可能被打断。有鉴于此，把社会保障法律化、制度化，就是十分必要的。

(二)引导作用

引导作用旨在通过规定社会主义市场经济的发展方向、价值目标和基本政策，指引市场经济沿着正确、合法、高效、安全的路线破浪前进。此一作用犹如为市场经济"引航"。

1. 制度导向

任何形态的市场经济在市场机制对资源配置起基础作用这一根本特征上是无差别的。在这种意义上，市场经济无姓"资"姓"社"之分。但是，在社会主义初级阶段，我国的市场经济是以公有制占主导地位、各种经济成份长期并存、共同发展、平等竞争的所有制结构和经济体制为基础的。这是由我国现阶段的生产力和全国人民的普遍利益和长远利益所决定的。宪法将这一所有制结构和经济体制以根本大法的形式加以规定，将在制度上对我国的市场经济起着长期稳定的导向作用。根据宪法的制度导向，一方面我们要把国有大中型企业转换经营机制作为改革经济体制、建立市场经济的龙头——因为国有大中型企业是国民经济的主导力量，主要的物质基础所在，如果任其继续萎缩下去，必将导致以公有制为主导的所有制结构和经济体系的瓦解，其后果不堪设想；另一方面，我们要大力发展和切实保护个体、私营、外资、合资经济——因为这些非国有经济以其勃勃生机对旧经济体制起着巨大的催化作用，是建立市场经济、推动技术进步、发展社会生产力所必不可少的经济成份。

2. 利益导向

市场经济是一种典型的利益互动经济。在市场上，"天下熙熙，皆为利来；天下攘攘，皆为利往"。[1]利益，是人们企求满足的一种需求、愿望或期待。在社会心理学中，满足既被当作人们需要的实现，进一步又是新的需要的起点和契机。正是为着实现自己的利益，人们才参与市场竞争。利益有正当的与不正当的，法律以其特定的价值标准在各种物质利益和精神利益、个人利益和群体利益中区分正当的利益与不正当的利益，并把正当的利益确认和宣告为法定权利，激励人们在法律的范围内尽其所能地追求正当的、合法的利益，限制和制止人们谋求不正当的、非法的利益，以此引导和促进市场经济的发展，维护市场经济的秩序。

3. 政策导向

政策是党和国家为实现一定的战略目标和重大任务而做出的政治决定，一般来说是关于社会经济、政治、国防、文化等方面的方向性、综合性问题的。在市场经济体制建立的过程中，党和国家必将制订一系列政策，这些政策将作为法律原则（即政策性原则）规定在宪法和其他法律中，取得法律的效力和权威，以指引市场经济发展的方向，规范市场经济主体的行为，协调市场经济立法、执法和司法活动。如果说在计划经济体制下党和国家的政策主要以红头文件下达，法律的政策导向作用不明显；那么，在市场经济体制下，由于政策的法律化，政策导向将是法律的基本作用。把政策法律化、制度化，通过法律宣告和推行党和国家的政策有着十分重大的意义。首先，这有利于加强政策的合法性和权威性，减少政策实施中的阻力和干扰。其次，这有利于政策的稳定性和连续性，避免由于领导人的更替或注意力的改变而使政策中断或改变。而政策的稳定性和连续性是改革开放和建立市场经济体制的政治基础。让我们设想一下：如果有关财产权利的法律反复无常，企业家不知道今天得到法律承认和保护的有利于生产力发展的活动，明天是否还会受到法律保护——他会因为这样做而被打成“走资派”吗？不知道未来的法律将如何评价他现在依靠合法经济与诚实劳动所获得的财富——他会因为现在劳动致富而在未来的某一天突然被扣上“暴发户”、“新生资产阶级分子”的帽子而列入专政对象吗？他会因为现在从事股票交易而在将来被判处投机倒把罪吗？在这种对政策的稳定性和连续性缺乏信心的情况下，企业家们是绝对不会尽其所能地从事经营，不会呕心沥血地改进技术，降低消耗，增加产值，不会把利润变成积累用于扩大再生产，而宁愿挥霍掉。

（三）服务作用

为了摆脱偶然性和任意性，减少交易风险和由此引起的交易费用，市场经济的各个领域、各个方面、各个环节都纳入到了法律调整结构之中。市场经济已成为法制化经济。因而，经济交往的过程无不同时也是法律交往的过程。加上法律越来越复杂化、专门化、技术化和国际化，市场经济对法律服务的需求和依赖也越来越大。适应这种需要，律师、公证等法律职业和法律服务体系很快发展起来了。在西方国家，经济合同、技术转让、证券交易、房地产买卖、投资、纳税，几乎没有一项重要的经济活动不需要法律服务。没有律师或法律机关的审定和公证，市场交易文件无效，在发达国家已成为法律通则或习惯。在我国，随着市场经济的发展、市场经济体制的形成以及与世界经济的一体化，社会对法律服务的需求空前增加，法律界将为经济发展和社会进步提供更多的优质服务。

三、建立适应市场经济的新法律体系的构想

建立社会主义市场经济体制，不只是下放权力，理顺价格，也不只是减少指令性计划，扩大市场调节范围；而是从根本上解决我国经济体制和经济运行中的深层矛盾，解放和发展社会生产力，所以是整个经济体制的深刻变革。与此相应，原有的法律制度也要发生结构性变革，不仅要用某些新的法律概念、原则和规则取代旧的法律概念、原则和规则，而且要以市场经济为取向和参照，重构法律体系。这就要求我们必须更新法制观念，用符合市场经济本质要求和发展趋势的法律观和立法思维来指导立法工作和整个法制建设，切不可以计划经济体制下形成的旧脑筋、旧观念和旧的立法思维来指导立法。新制订的法律应当充分反映市场经济的客观规律和需要。

市场经济立法不只是制订和完善民法、商法、经济法,而是包括修改和完善宪法、刑法、程序法、行政法等法律在内的宏伟工程。八届人大第一次会议通过的宪法修正案,为市场经济法制提供了宪法基础。在这个基础上,我们要抓紧废止那些违背市场经济规律,妨碍市场经济体制建立的法律和法规,修改和完善其部分内容不符合市场经济要求的法律和法规,制订市场经济急需的法律和法规,在不太长的时间内建立起基本适应社会主义市场经济的新的法律体系。

在这个新的法律体系中,直接关系市场经济体制和经济运行的法律包括:

(一)关于市场主体的立法

市场经济体制的中心是市场主体。任何参与市场经济的个人和组织都应当是合格的市场主体,即具有自主性、自觉性、自为性、自律性和自我发展的主体。在市场主体中最主要的是企业,因而,关于市场主体的立法要着重解决企业的法律人格,理顺企业与政府的关系,使企业成为名副其实的独立法人和市场经济主体。作为独立法人和市场经济的主体,企业必须是:第一,利益主体。企业对自己的经营自负盈亏,即在对国家资产保值和增值的前提下自负盈亏,自我发展。第二,决策主体。企业应当自主经营,政府不应过多干预企业的经营,同时企业也不能依赖政府,靠政府打气输血,而要主动地在市场的广阔天地里自求生存和发展,在市场经济的大学校里培养竞争意识,学习自主经营的知识和管理经验。第三,责任主体。根据权利与义务一致的市场规律和法律原则,企业在享有权利的同时,必须依法履行义务。

当前,有关市场主体的立法还必须明确各种企业的平等的法律地位,给予企业相同的竞争条件。那种把经济主体按所有制性质、涉内涉外关系或者经济实力划分为不同类别和等级,实行不同的政策,赋予不同权利和义务——例如,采取不同的定价标准,不同的税率和利率,不同的融资政策等,以至不承认某些经济主体是法人的旧体制和旧规则,不符合市场竞争平等的原则,也不利于市场经济的发育,应当及早革除。为此,制订适用于各种法人实体的统一的公司法势在必行。

(二)关于市场行为的立法

法律上塑造出法人实体(市场主体)之后,接着而来的是对主体参与市场经济的行为实施法律调整,以建立和维护自由竞争、诚实交易、互利合作的市场秩序。市场行为立法旨在规范市场主体的微观经济行为。既然是规范微观经济行为,那就应当尽可能具体、明晰,便于遵守、执行和适用。当前,有关市场行为的立法要着眼于:

1. 维护公平竞争,反对不正当竞争

公平竞争是市场经济的本质所在,是市场赖以发挥作用的基础。因而,必须用法律维护公平竞争,反对和禁止不正当竞争。特别是在市场经济发育期,各种不正当竞争行为将大量存在,所以,必须强化法律手段,坚决打击。

2. 维护自由竞争,反对垄断

市场经济所要求的市场不仅是公平的,而且是自由竞争的。自由竞争与公平竞争同样重要。自由竞争才能发挥市场择优劣汰的机制,推动资源从低效益利用向高效益利用流动,实现资源的最优配置和最大价值。与自由竞争相对立的是限制竞争,即垄断。制订反垄断法的目的在于通过维护市场竞争机制或复制市场,确保整个社会的经济效益。

3. 反对地方保护主义和部门保护主义

地方保护主义和部门保护主义的实质是保护落后,排斥先进,它们严重妨害全国统一、开放的市场体系的形成,损害国家全局利

益和人民群众的根本利益,最终也损害本地区、本部门的长远利益。为此,要设计必要的法律程序,按照建立统一、开放的市场体系的原则和标准,严格审查各地区、各部门的法规、规章、政策的合法性,撤销地方保护主义和部门保护主义立法,严禁各级政府官员为维护本地区、本部门的不正当利益干扰法律的执行和适用;严禁政法机关在办案中偏袒本地区当事人,作出不公正裁判;严禁任何机关、组织或个人阻碍人民法院裁决的执行。同时,要加快政法体制和法律程序改革,从体制上防止和解决地方保护主义和部门保护主义。

4. 具体指引交易行为,维护正当交易秩序

形形色色的市场行为概括起来就是"交换"或"交易"——或者是商品交换、劳务交换,或者是信息交易、技术交易、证券交易、期货交易,以及与交易有关的要约、承诺、担保、抵押、保险、仲裁。这些千差万别的市场行为需要由具体的法律、法规加以规范、协调、保护、监督。

(三)关于市场要素的立法

市场经济是交换经济,人们进入市场是为了卖出或买进,因此,不言而喻,哪些物品或产品(即市场要素)是可以自由交换的,哪些是限制交换的,哪些是禁止交换的,就成为人们十分关心的问题。特别是我国即将恢复关贸总协定缔约国的地位,国内市场正在与国际市场大面积对接,中国市场要素问题也成为国际社会关心的问题。由于我国长期实行的是计划经济,很多物品和产品不得进入市场,到现在人们也不很清楚这些限制是否继续有效;由于地区封锁比较严重,外地产品不得进入本地区,本地区的能源、原材料、农副产品不得外运的现象仍然存在,致使很多物资只能在有限的范围内流通;多年前制订的一些法律、法规、规章以及数不清的土政策关于投机倒把、走私罪的某些规定虽已落后于改革开放

的实践,却没有及时废止。上述情况妨碍着统一、开放(对内对外开放)的市场的发育和成长,在向市场经济过渡的过程中必须首先解决此类问题。市场要素立法要着眼于打破对市场要素的不合理限制,对绝大多数物品和产品的市场交易在种类、数额、范围上不做任何限制,实行自由买卖;对于某些涉及国家和公共安全和国家根本利益而必须实行控制交易、专营或者禁止交易的产品、物品及其它有价物则需明确列举。

在现阶段,迫切需要就市场要素的商品化和市场化进行立法。市场经济体制下市场在资源配置上发挥基础性作用,以市场为导向,社会有限的资源由低效益利用的部门和企业向高效益利用的部门和企业流转。资源能够自由而合理流转的前提,是生产要素的商品化和市场化。当前该领域的情况相当混乱:一方面生产要素商品化和市场化的进程缓慢,严重制约资本市场、劳动市场、土地市场、金融市场、证券市场的形成和全方位体系的建构。另一方面利用生产要素商品化和市场化的机会大肆侵吞国家资本、土地、房产、外汇、技术成果的违法犯罪行为十分猖獗。制订市场要素法律刻不容缓。

(四)关于产权的立法

经济体制改革的终极目标是提高经济效益,增加社会财富,推进共同富裕。为达到这一目标,就要建立起最优化的资源配置机制。明确界定的产权关系就是这种机制的核心与基础。经济活动的主体只有获得了对资源的占有权、使用权和受益权,并有权排除他人对自己财产及其收益的分割、夺取,他才有信心、有动力、有条件投入资源,并尽其所能地经营。所以,任何一个国家的法律都是以财产权为核心的。法律在确认财产权的同时,还要创造财产权有效利用的机制,其中最主要的是为财产权的转移提供保障和便利。如果说财产权的法律确认和保障是有效利用资源的必备条件，那么，财产权的可转移性（即从一个主体向另一个主体转移）就是有效利用资源的充分条件。

现阶段产权立法要解决的问题主要在：

1. 根据市场经济的要求，界定“产权”的内涵

“产权”是个内容丰富的概念，不仅指占有权，而且包括使用权、收益权、排他权、处分权在内。产权也不限于生产资料和生产要素的所有权，而且包括债权、股权、知识产权等。产权是一个权利体系，而不是孤立的单项权利。计划经济体制下的产权概念，之所以导致产权虚置和资源浪费，一个重要原因在于片面强调生产资料的所有权，在所有权之中又片面强调占有，似乎占有生产资料，就有了一切，而忽略了产权的其他方面和其他形式。

2. 为国有资产提供法律保护

虽然我国宪法、刑法和其他法律有不少保护国有财产的规定，但侵吞国有财产的现象大量存在。最近几年，国有资产流失严重，在各种名义下被非法转移到个人手中，被个人窃为己有。必须针对当前的新情况，抓紧制订严密的法律、法规，以便既防范国有财产被非法转化为集体或个人，又使国有资产的交换和拍卖有法律依据。

3. 对非国有财产权实行平等的法律保护

不仅国有资产神圣不可侵犯，非国有资产同样神圣不可侵犯。随着非国有经济的发展，对非国有产权特别是私人产权能否给予有效的法律保护，已成为一个重大的经济、政治和社会问题。无论从非国有经济在国民经济结构中的现实地位，还是从它对建立社会主义市场经济的巨大作用，都应当通过立法，庄严地肯定它的合法性和合理性，并加以切实保护和合理引导。

4. 明确国有资产的所有权、代管权和国有资产的实现形式

“产权虚置”是旧经济体制的一大弊端。首先，它使国有资产

实际上处于无主状态,因而浪费和流失严重。没有一个部门或单位对这些财产负责。其次,它妨碍资源的合理配置和交易。所以,从资源合理配置的角度,必须明确国有资产的法定代理代管权具体归谁,即由哪个部门以国家名义对国有资产实行所有权,对国有资产的使用、出售、转让、清偿实行监督,并承担责任。在法律上结束国有资产无人负责的不正常现象。在此基础上,进一步通过资产评估,明确国有资产的价值(即把国有资产量化),实行两权分开,让国有企业真正进入市场。

(五)关于市场调控的立法

市场经济不是无政府经济。它既需要国家创造和维护外部环境,也需要政府的宏观调控。但市场经济体制下政府对经济的调控不同于计划经济体制下的行政控制。第一,它是以市场为轴心和取向的调控。第二,它是宏观调控。第三,它主要是间接调控。第四,它是通过法律的调控,即政府对经济的宏观调控是依照法定的职权和程序进行的,是一种行政法律行为,而不是超法律的行政行为。市场调控的立法主要涉及:

第一,明确国家宏观调控的目标、方针、基本方式、职权、职责,使政府该管的必须管起来,而且要管好,不该管的不得插手。为此,应抓紧制订一部国家宏观调控基本法,把政府对市场经济的调控法律化、制度化,使政府有效且有节制地发挥"统筹规划、掌握政策、信息引导、组织协调、提供服务和检查监督"职能。

第二,规定宏观调控的程序。为了防止政府宏观调控失误而给国家和人民造成巨大损失,防止建国后屡屡发生的"瞎指挥"、"瞎折腾"在新时期重演,必须重视和完善宏观调控的法律程序,把宏观调控建立在民主、科学、理性的基础上。

第三,设定宏观调控方式方法,把税收调控、信贷调控、预算调控、投资指南、计划指导、外贸协调、产业导向、环境保护等纳入法制的轨道，杜绝把这些宏观调控的手段变成个别机关或个别人以权谋私的法宝。

第四，明确在市场失效的情况下政府的经济职能。

注　释

1 《史记·货殖列传》。

宏观调控及其政策与法律的思考*

1993年6月以来，宏观调控又成为全国上下的热点问题。十多年来，几乎每隔几年都会出现这样一个热点。每当这时，照例都是中央发红头文件，全党、全国上下层层动员布置，各种舆论大张旗鼓地宣传宏观调控。为什么会出现这种周期性的非良性的循环呢？为什么宏观调控的指令往往是一阵子有效或者表面上有效呢？另外，宏观调控在执行过程中常常产生出较大的负面效应，有时候对国民经济还带来一定时期的波动以至事与愿违。为什么会出现这些情况呢？对这些问题的思考必然涉及宏观调控本身。为了有效地对经济和社会发展实行必要的宏观调控，必须对宏观调控本身的深层次问题进行认真的研究，作出科学的回答。

一、宏观调控必须尊重市场经济的客观规律

市场经济条件下的宏观调控不同于计划经济条件下的政策管制。它是以市场为轴心和导向的调控，它的调控对象是市场运行、整体市场行为和市场经济关系，调控的目的在于以市场为依托和核心组织经济生活，维护社会主义市场经济体制，促进市场经济健

---

* 本文发表于《中外法学》1994年第1期。

康文明地发展，并在此基础上实现国民经济发展的总体目标。这就决定了现阶段的宏观调控必须尊重和符合市场经济的客观规律，并善于利用市场经济的规律。具体说就是：

第一，必须尊重和符合公平竞争、自由竞争的市场规律，为市场主体创造一个安全、有序、宽松的经济环境和市场秩序。公平竞争是市场经济的本质所在，是市场赖以发挥作用的基础。宏观调控不应妨害公平竞争，相反应该通过规范、引导、制约经济主体的市场行为，纠正非市场行为，打击和扼制与市场规律相悖的各种不公平竞争行为来实现调控。市场经济不仅是公平竞争的经济，而且是自由竞争的经济。自由竞争才能发挥市场择优汰劣的机制，激励主体尽其所能地经营，实现资源的最优配置和最大价值。宏观调控要有利于自由竞争。为此，政府在实施宏观调控时，对各地区、各部门应当一视同仁，不应当实行有违公平竞争和自由竞争规律的调控政策。否则，必然会引起一些地区或部门出自公平感的抵制，从而增大宏观调控的阻力，并会削弱宏观调控的积极作用。

第二，要善于利用利润平均化的规律。在发达的资本主义国家，经济一般不会发生结构性失衡，这是因为健全的市场机制充分实现着价值规律，导致资本利润平均化，即无论把资本投放到哪个行业和工作领域，都可以得到平均的或接近的利润。在我国社会主义市场经济体制建立初期，市场不可能仅仅通过自身的调节机制而达到利润平均化的结果。之所以出现“彩电热”、“冰箱热”、“房地产热”等，就是因为把钱投放到这些方面可以一时获得暴利。而这样的做法必然引起国民经济出现结构性失衡或失调。为了避免经济的严重失调，优化产业结构，各级政府特别是中央政府要善于运用利润平均化的规律，对那些可能获取暴利的行业和领域实行较高税率，对那些利润较低的行业和领域实行较低税率，以此达到宏观调控的目的。

第三，要善于运用“经济人”规律调控市场行为。市场经济概括起来就是各种各样的交易,即市场行为总体。市场经济行为不同于计划经济体制下的经济行为。在计划经济体制下,人们的经济行为动机是简单完成任务,行为的普遍特征是服从或者应付。而在市场经济条件下,主体的行为动机是利益追求。营利性(趋利性)是市场行为的普遍特征。每一个主体(个人或法人)可以说是或者想象为一个"经济人"。作为独立的经济人,他对自己的行为总是有价值判断的,即都有一个"值不值"、"合算不合算"的判断,而且各个经济人在选择行为时,又总是选择他所认为价值较大的行为,即对自己更有利的行为。行为特征的转变要求相应地转换调整机制,即从"命令机制"转向"利益机制"。例如,政府不宜直接下令限制或取消什么行为(非违法行为),也不宜直接对特定主体下令,而要大量采用产业政策,借助投资、信贷、汇率、税收、物价、保险以及财政贴息等经济机制,引导或促使经济人为了自身的从而也是整个社会的经济利益而顺应政府的经济政策和经济导向来调整自己行为。

二、宏观调控要立足于长期的社会政策

宏观调控就其原初的或字面的意义而言是一种经济政策和经济举措,但就其深层的或综合的意义而言则是重大的社会政策。我们的很多领导同志,尤其是很多地方领导同志之所以轻视或者消极地对待宏观调控,一个根本的原因就是没有在社会政策的意义上来认识、执行和实施宏观调控,而往往局限于从经济意义,特别是地区性经济意义上来对待宏观调控。鉴此,必须从社会政策的角度广泛宣传宏观调控的综合意义。

从社会政策的角度,首先,要看到宏观调控既是经济的平衡机制,也是社会的平衡机制,即它不仅要在经济增长(速度)与经济发展(效益)之间建立起良性格局(经济增长不等于经济发展),而且

要在经济增长和发展与社会稳定、社会文明、社会全面进步、生态优化以至国际关系等等方面建立起一种平衡机制，使经济与政治、文化以至整个社会的发展同步。其次，要以政策的观念和政治态度来对待和实施党和国家的各项重大的宏观调控措施。相应地，也要以严明的政治纪律来处理对中央宏观调控的阳奉阴违、消极抵制或公开抗拒等无组织无纪律无法制的错误行为。最后，既是社会政策，就要有连续性、稳定性，避免由于领导人的更替或注意力的改变而改变。政策的连续性和稳定性不仅是建立社会秩序所必需，也是经济发展和社会进步的基础。试想，如果我们的宏观调控政策和措施频繁变动或朝令夕改，人们怎么能够进行长期的规划？由于政策不规则变动引起的翻来覆去的结构变化和关停并转怎能不造成巨大的损失？

三、宏观调控应法律化制度化

宏观调控应当在法律的范围内依法进行，并通过法律的权威予以保障和受到监督。宏观调控本应是政府的基本职能，是常规的政府意识和行为。但是，这些年来它实际上只是政府时有时无的职能，成了间歇性的政府意识和行为。对于宏观调控方面的失职、失误、失效及责任，更是缺乏应有的监督和追究。出现这种情况的一个根本原因，是我国缺少有关宏观调控的法律制度和法律程序。为了加强政府的宏观调控意识和责任，监督政府有效地实施宏观调控，提高宏观调控的效率，必须着手制定一部宏观调控基本法，把政府对市场经济的调控法律化和制度化，使政府有效且有节制地发挥“统筹规划、掌握政策、信息引导、组织协调、提供服务和检查监督”职能。这样一部基本法的主要内容应包括：

第一，明确国家宏观调控的目标、方针、基本方式、职权和职责，使政府该管的必须管起来，而且要管好，不该管的不必且不得插手。同时这个宏观基本法还应防止和制裁在宏观调控中行政权力与市场经济联姻,政府官员借助行政权力向短缺经济领域的渗透或者利用发放执照或许可证的机会以权谋私和以权经商。

第二,规定宏观调控的程序。为了防止政府宏观调控失误而给国家和人民造成巨大损失,防止建国后屡屡发生的"瞎指挥"和"瞎折腾"在新时期重演,必须重视和完善宏观调控的法律程序,把宏观调控建立在民主、科学、理性和法治的基础上。

第三,设定宏观调控方式方法。把税收调控、信贷调控、预算调控、投资指南、计划指导、外贸协调、产业导向和环境保护等纳入法制的轨道,杜绝把这些宏观调控手段变成个别机关或个别官员以权谋私的法宝。

第四,明确界定政府及其主要领导人在宏观调控方面的失职行为及其法律责任,不能放纵经济失控、失调方面的政府责任,以加强各级政府及其主要领导人对经济实行常规的调控。

第五,明确在市场失效的情况下政府的经济职能。市场不总是最有效的经济结构和机制。例如,在市场信号失真的情况下市场会把经济主体拖进盲目生产的死谷;在政治腐败和权钱交易的地方,市场机制被人为地改变或扭曲;在出现重大自然灾害或社会事变的情况下,市场会发生严重不规则动荡(大起大落)……出现这些情况就是经济学家所说的"市场失效"。面对市场失效造成的经济波动与危机,政府必须即刻采取应急措施。

WTO与中国法律发展*

1986年在中国经济体制改革朝着社会主义有计划商品经济方向昂首阔步的时候，中国政府适时提出了"恢复在关税与贸易总协定中的缔约国地位"的申请。世界贸易组织（WTO）成立后，从1995年11月起中国的"复关"谈判改为"入世"谈判。经过十五年漫长而曲折的谈判，我国于2001年12月10日正式成为世界贸易组织成员。还在中国加入WTO的谈判过程中，人们就分析和展望"入世"对于我们来说意味着什么。现在，当我国成为WTO成员的时候，我们更有必要进行这种理性分析和前景展望。

一

入世加快了中国经济的市场化。WTO建立于1995年，是随着"关贸总协定"（GATT）的正式签署而组建起来的"经济联合国"。加入WTO的一个先决条件就是成员国必须实行市场经济体制，[1]中国加入WTO正是社会主义市场经济生成和发展的必然结果和客观要求，而加入WTO之后则进一步促使中国经济的市场化。在WTO面前，很多人只是意识到产品、产业，商品、商业问题方面的影

* 本文发表于《法制与社会发展》2002年第1期。

响,只是看到对价格的冲击,其实根本性、长期性的影响是对我国经济体能、经济体制的影响。加入 WTO 必将进一步大大推动我国经济沿着市场化的方向改革,而这种改革又必将进一步解放和发展生产力,进一步实现资源的优化配置。

经济市场化首先表现为市场经济主体地位和待遇的平等化。这种平等化是 WTO 的"国民待遇原则"的要求,国民待遇原则(亦即非歧视原则)要求 WTO 的任何成员进口产品时在关税、国内税收、国内销售、运输、分配、使用等方面所享受的权利应不低于涉及国内同类产品的待遇;要求外资企业和内资企业处于平等状态,不允许对某些企业实行超国民待遇,如税收优惠等。加入 WTO 之后,一方面要给外资企业国民待遇,消除某些低国民待遇,另一方面要取消现行的对外资企业的超国民待遇,使内资企业与外资企业处于同一起跑线上公平竞争。这将有利于中国经济统一市场的形成,有利于彻底打破形形色色的地方保护主义、部门保护主义,彻底消除计划经济体制的影响和制约,最终有利于先进生产力。WTO 的平等原则也有利于消除我国东西部经济发展方面某些人为的差距。中国经济体制改革初期,为了吸引外资和国外先进技术,国家对东部地区、沿海地区实行了一系列优惠政策,特别是税收和引资方面的优惠政策。入世之后要根据市场规则加快清理和取消在东部和沿海地区实行多年的优惠政策,消除这些优惠政策对地区差别所产生的负面效应。

经济市场化其次表现为经济自由化。经济自由化首先体现为贸易自由化,包括货物贸易自由化、服务贸易自由化、投资贸易自由化、知识贸易自由化,同时也体现为生产自由化、消费自由化、经济体系自由化。自由是任何贸易的基础和前提,是市场经济的本质。贸易和经济自由内在地包含着经济领域的公平竞争。WTO 维护贸易自由,突出表现为禁止垄断,反对贸易壁垒,反对以补贴、倾销等方式限制自由而公平的竞争,尤其是反对政府对自由竞争的干预。

经济市场化复次表现为政府行为的市场化。WTO 规则的宗旨在于建立一个公开、公正和无扭曲竞争的贸易体制。这一宗旨首先是、并且主要是针对政府行为的，其核心功能是规范成员方的政府行为，排除政府对经济生活的非市场性干预，净化市场环境。中国入世之后，WTO 规则和市场经济的自身规律将促进政治与经济的进一步“分离”，促进政府彻底割断计划经济情结，更全面、更彻底地转变其职能，从经济领域的许多方面退却出来，政府一方面要从“凌驾于社会之上”回归到社会之中，另一方面把那些不该管、管不了、管不好的经济事务交回社会。经济与政治是两个不同的领域，通行的是不同的法律规则和法律程序。在 WTO 体制下的市场经济中，平等、互利、自由的交易规则和公开、公正、均衡的办事程序具有至高无上的权威，而不是高傲的行政权力。政府对经济的宏观调控和管理措施不得违背 WTO 规则，并且必须具有透明性、可预测性、可计算性；任何干预经济生活的政府行为如果违反 WTO 规则，无论它是具体行为，还是抽象行为，都将受到经济当事人及其所在国政府的控诉，从而受到 WTO 组织的追究和制裁。应该看到，经济入世首先要求政府“入世”，入世最大的挑战是对政府的挑战，是对政府权力的挑战，政府已不能任意规定关税税率，不能任意控制进出口配额或许可证；更是对政府法治观念和信用的挑战，我国政府在加入 WTO 谈判过程中承诺遵守世贸组织制定的世界通行的游戏规则，在享有世贸组织成员应当享有的权利的同时承担和履行世贸组织成员应当承担和履行的义务，但是对于一个习惯于计划经济制度的政府机构，对于某些把管理权力作为本部门、本地区、本单位以至本人谋取私利之资源的官员，对于缺乏法制观念和信用的某些非政府的“官方”行业，能不能遵守 WTO 的游戏规则，全世界都将拭目以待。

二

入世加快了中国经济的全球化。如果说在中国入世之前,有些人还认为经济全球化是一种理论假设,一些人还在观望、争论中国距离全球化还有多远,那么,中国加入 WTO 之后,就必须承认全球化对我们来说已经是不争的事实。目前世界贸易组织拥有 138 个成员,贸易量占世界贸易的 95% 以上,而贸易在国民经济增长中的贡献率是 20%—40%,这就是经济全球化的重要现象。

经济全球化的基本标志是国际统一大市场的形成和维护。在这个大市场内各个成员不仅必须实行统一的对外贸易政策,而且要求一切相同的市场行为均应遵守同样的法律规则。统一大市场具体表现为:第一,“世界工厂”纷纷出现,一种产品(如波音飞机、IBM 电脑、Audi 汽车等等)的生产往往分散在世界各地;跨国公司、地区经贸集团迅猛发展,建立在新型国际分工之上的全球经济纽带空前紧密。第二,在世界经济体系中关税障碍将大幅度消减,据统计目前世贸组织成员的平均关税水平为 6% 左右,最近几年还将大幅度下降,在计算机、电信设备、集成电路等高新技术领域有可能实现零关税,非关税壁垒(诸如进口配额和许可证)会受到全面限制以至最终取消。第三,WTO 成员将允许外国商人投资电信、银行、保险、证券、期货、商业零售批发、国内贸易、旅游、投资策划、律师、会计、广告、影视、教育等服务业,而这些服务业通常是不对外国开放的或者是严格限制开放的。第四,国际投资、涉外工程承包、涉外劳务合作不断扩大,商品、资本、技术、劳务、人员更自由地、更快捷地流动。第五,金融市场国际连接,资金、资本越来越跨越国界和疆界(2000 年全球跨国投资总计一万多亿美元)自由流动,以至达到全球一体、牵一发而动全身的程度,亚洲金融危机对世界经济的影响、美国 9·11 事件后出现的金融波动和经济低迷对日本、欧洲发达国家和全球经济的消极影响从另一个方面说明了经济的全球化。

随着经济的全球化，有关经济的法律规范和原则也进入了一个统一化的时代。如果说在对外开放初期，我们关注的是法律规范的冲突及其解决的途径和方法，那么，在经济全球化时代和入世以后，我们所应当关注、应该做到的则是认同和创造共通的、共同的概念、规则和技术，从前提上消除法律规范的冲突，按照一个游戏规则活动。

加入 WTO 表明中国经济融入了世界经济体系，表明我们搭上了经济全球化的航船。WTO 是一艘以核能为动力的超级巨轮，搭上这艘巨轮就只能乘风破浪、一往无前。正如观察家们所分析的那样："WTO 对中国人所意味的已不再是原来的'开放'，20 年来开放潜力已近乎到头，今后的关键是'走出去'，是对世界的融入。有人认为 WTO 之路是一条中国社会体制改革的'不归路'，因为中国的发展时进时退，有些倒退相当明目张胆；而在对世界的物质流、信息流与能量流'三流开放'的'耗散结构'中，良性的机制机能建立才是有进无退。"[2]"同开放市场相比，这些与国际接轨的市场经济'游戏规则'，对中国未来发展将产生更为深远和更具革命性的影响。"[3]

三

入世将加快中国经济的"绿色化"进程。从 GATT 到 WTO，世界贸易总体上向着绿色贸易和绿色经济的方向发展。绿色贸易和绿色经济是以可持续发展观为指向的。可持续发展观是针对工业化造成的人与自然关系的严重失衡以及当代人与后代人的利益张力而形成的新发展观。可持续发展系指既满足当代人需要又不削弱子孙后代人满足其需要之能力的发展。工业化革命以来，人们不可持续的生产方式和生活方式造成自然资源的日渐短缺和生态环境的急剧恶化,有限的自然资源和恶劣的生存环境难以继续支撑过度增长的人口。只有积极寻求经济与人口、资源、环境的良性循环,重建人与自然之间的和谐关系,才能使人类摆脱困境,健康生存,生生不息。WTO 从建立初期就注意到贸易与环境保护的协调,《关于建立世界贸易组织的马拉喀什协议》将自由贸易与环境保护作为重要指导原则写入前言。该序言指出,贸易的目的应当包括提高人类的生活水平和根据可持续发展的目标最佳地利用世界资源两个方面。以后世贸组织越来越重视抑制贸易中不利于环境的消极方面,并试图以贸易规则来促进环境保护。在《服务贸易总协定》等基本文件中都包含有环保条款,《与贸易有关的知识产权协定》(TRIPs)明确规定对有害于环境的"发明"可以拒绝授予专利权,以防止有害于环境的发明、生物学方法的商业应用。世贸组织还建立了贸易与环境委员会,协调贸易与环境的关系。1998 年 WTO 关于海虾—海龟诉讼案的裁决表明 WTO 在实践上也介入了环境与贸易争端,世贸组织官员在阐述该案件的意义时认为:在 WTO 体制下,各国政府完全有权利、也有义务保护人类、动植物生命和健康,采取措施来保护可能用竭的自然资源。更为显著的是,环境保护和贸易与环境的关系将被作为 WTO 新一轮多边贸易谈判的焦点问题,人们称新一轮谈判为"绿色回合"。调整贸易与环境的关系成为 WTO 体系的重要内容。有关环境保护的目的、内容、措施在国际贸易体系中所占的位置越来越重要,环境保护已经成为世贸组织的新任务和新方向。所以,人们把 WTO 之下的国际贸易和经济称之为"绿色贸易"、"绿色经济"。

在世贸组织体制中,绿色贸易和绿色经济政策主要体现为:第一,商品(如食品、纺织品、机电产品等)自身必须符合国际统一的或国际公认的环保标准,那些含有农药或污染物残余物以及重金属含量过高的农产品,不可降解的塑料包装品,含有氟利昂的制冷设备,放射超标的家用电器,某些对人类健康、人类安全和生物多样性有潜在影响的转基因高科技产品,将逐步被排除在自由贸易之外。当然贸易中的环保标准不能是双重标准。第二,生产制造产品的过程、方法、场地也必须符合环保标准,如果生产制造过程危及湿地、污染海洋、破坏臭氧层、加剧荒漠化、危害濒危物种、削减生物多样性、破坏生态平衡,WTO 成员可以拒绝进口这类产品,或者征收环境税。第三,禁止以有害于人类健康和生态环境的方式从事贸易活动和投资活动。

由于 WTO 将实施日益严格而复杂的环境标准、环境检疫和环境管制,由于全球范围内绿色消费意识和消费方式的普及,各国政府和企业必须首先在外贸领域继而在整个贸易和经济领域限制、禁止对环境有消极影响的产品及其制造,即使这样做不是出于保护和改善环境的目的。随着产品的环境质量日益成为影响其市场竞争力的因素以及产品的环境成本日益加大,环境科学、环境技术转让、环境保护产业迅速发展起来,环保产业开始成为新的经济生长点,环境经济蒸蒸日上。贸易和经济绿色化就是循着这一逻辑形成和快速发展起来。

与贸易和经济的绿色化相适应,我们一方面要遵守国际社会制定的与贸易、经济交织在一起的环境保护规则,另一方面要根据世界贸易和经济绿色化的趋势加快完善环境保护法律体系,强化环境法律实施和监督机制,以全面适应环保时代国际贸易的新要求。过去,我们总是强调我们是发展中国家,以此为由要求降低产品的环保标准,现在不行了。现在我们面临着消费者的压力和挑战。真正对我们企业构成挑战的不是外国企业,不是外国政府,而是普普通通的亿万消费者。一方面,外国的消费者不接受我们的不符合环保标准的产品,我们的产品由此出不去,出去了还得被打回来。另一方面,我国消费者对符合环保标准的外国产品会倍加青睐。当消费者出于健康和生命安全原因而选择商品的时候,价格将降为次要因素。我国企业和我国政府主管部门应该更多地从市场、从绿色消费趋势的角度主动提高环保标准。发展中国家也总是对发达国家出于环境因素而实施的贸易限制给予批评和指责,称之为“环境壁垒”。其实,如果转换一下视角和思维方法,从环境权作为人类基本权利的角度,从经济和社会可持续发展和子孙后代命运的角度,从我们都是一个关注自己健康和安全的消费者的角度,观察和思考“环境壁垒”问题,在世界贸易中增大环境保护因素是理性的、进步的、情有可原的。

四

入世将加快经济的知识化程度。20 世纪最后 20 年,发达国家陆续进入知识经济时代,知识要素在经济增长和财富增加方面的贡献率达到 50% 以上。我国知识经济在世纪之交已初见端倪。知识经济是继原始经济、农业经济、工业经济之后出现的经济形态,即以人类知识精华和最新科学技术为基础,以知识和信息的生产、分配与使用为主导内容的经济形态。在知识经济时代,知识资本、知识资源、知识产权、知识产业、知识创新、知识交易是最基本的概念,是经济运动的表征。知识经济时代的法律制度在价值理念、调整机制、体系结构、运行模式等方面都将呈现出不同于其他经济形态的新面貌。加入 WTO 之后,国内市场与国际市场一体化,为了提高产品的竞争力,我们必须提高产品的科技含量和知识含量;为了减少交易费用,为了能够应对国际经济的风云突变而减少风险或者能够快速地化险为夷,我们必须广泛采用高新技术,使经济运行、经济交往特别是金融活动电子化、数字化、网络化;WTO 把多边贸易与知识产权保护相连,加强和提高了保护知识产权的力度,同时限制或取消了在知识产权许多方面的不公平、反竞争行为,在世界范围内激励和保护知识创新。这些均将加快中国经济知识化的进程。

适应经济知识化的时代趋势，我们将建立和完善知识权利体系。知识权利体系包括三个方面：第一方面是保障性权利，首先是要从宪法、行政法、民法、刑法等法律上切实保护公民接受教育、获取知识、了解情报、提高智力的权利，确认和保护思想自由、创作自由、创新自由、表达和传播自由，没有思想自由，没有创作自由、创新的自由，没有表达和传播自由，那就不可能有发明创造，尤其是不可能有普遍的发明创造，欧洲中世纪的历史、中国几千年的封建历史都证明了这一点。第二方面是利导性权利，即通常所说的知识产权，知识产权指的是人们因其智力活动、智力创造的成果而依法享有的利益。知识产权的价值在于为智慧的火焰加注利益的燃料（林肯语），所以知识产权是一种利导性权利。为推动知识经济的发展，我们要加快知识的产权化，切实保护知识产权。加入 WTO 之后，我们要扩大对知识产权的保护，保护的范围和程度应与 TRIPs 规定的范围和程度一致，TRIPs 规定的知识产权保护范围包括：版权与邻接权（相关权利），商标权，地理标志权，工业设计，专利，集成电路布图设计，未公开信息。同时也要与 TRIPs 的保护方式一致，强化对知识产权保护的力度，知识产权这种智慧火焰的助燃剂必将激励和利导知识生产和技术创新，促进我国知识经济发展，进而改变经济运作和经济生活的法律规则。第三方面是知识财产权，知识财产是以知识形态或文化形态存在的财富，诸如名胜古迹、文物、传统工艺、祖传秘方、Know - how，它是人类保存、延续、承传知识的机制，知识财产也是极其重要的知识资源。总之，我们要切实完善法律，使知识的创造、转化、传播、使用、传承在较少交易费用的基础上进行，更好地实现知识的价值。加入 WTO 之后，对知识权利的保护将空前加强。可以预测，在我国有一天对知识权利的保护也会加强到这样一种程度：如果一个领导人在自己的讲话中引用了别人的名言名篇而未加以说明，他就可能吃官司；一个大学教授在自己的课堂上引用了享有著作权的作品而不加以注明和说明，如果有人揭发他，他会羞辱得自动辞职或者被校方撤职。

五

入世加快了、加强了公共事务的国际化和全球化，推动了中国融入国际社会主流的进程。本文所说的"公共事务"是指经济事务之外的其他事务，即非经济领域的事务。诸如，人权保护、环境保护、惩治经济犯罪、打击制毒贩毒、控制偷渡、打击恐怖行为、维和行动、军控与裁军、职业教育和高等教育等公共事务越来越具有涉外性、跨国性、国际性、全球性。公共事务的国际化和全球化将日益呈现出这样一些特征：第一，从前属于是一国内部的公共事务现在成为国际公共事务的一部分，或者说国际公共事务日益辐射和渗透到一国内部，国际公共事务与国内公共事务大面积交叉和重叠，因此在一个主权国家内部的许多公共事务不能在这个国家单独得到解决。第二，在公共事务领域，如果出现严重灭绝种族、破坏生态环境、放纵犯罪、庇护恐怖分子等等国际公认的"人权危机"、"环境危机"、"安全危机"（对世界安全与和平构成严重危害），国际社会可以根据联合国宪章和其它法律进行检查，可以实施人道主义干预，可以实施法律制裁、政治制裁、经济制裁。1984年8月19日，联合国安理会以决议的方式宣告前南非种族隔离政权所制定的宪法无效，就是一种人道主义的干预。当然，任何检查、干预、制裁应当是有限度的，并需要进行证成，即能够证明它是国际社会的"义务"甚或是国际社会的"权利"。

随着公共事务的国际化和全球化，为了处理交叉和重叠的公共事务，国家之间越来越需要双边合作、多边合作、国际社会整体合作，并为此制定越来越多的国际法律以促进且指导这种合作，解决国家之间和国际社会的纠纷和争端,法律在国际关系和国际事务中发挥日益重要、日益广泛的作用。由此,出现公共性法律的国际互动和接轨,促进公共事务法律的国际化和全球化。应当看到,在经济入世过程中由于经济入世与某些非经济问题的内在连带关系,促使我国加入了一系列国际公约(包括两个人权公约)。如果说法学界过去不承认公共事务领域的法律接触、接轨、接壤,那么,现在我们就不得不承认并接受这种事实。我们的诉讼原则、审判程序,处理歧视、刑讯逼供、酷刑的法律态度和法律规则,我们解决争端的机制,都不能不充分考虑一系列涉及人权的法律规则和原则。如果说经济入世对政府的权力和信用是一种挑战,那么,在公共事务和公共法律领域更是对政府的挑战。一个国家要立足于国际社会,要保持和创造良好的存在和发展空间和环境,它的政府必须遵守承诺,必须与国际法律规则保持一致。

公共事务的国际化和全球化以及处理公共事务的法律的国际化和全球化,把我们真正带入国际社会主流。仅仅在经济上入世,而不在公共领域入世,仅仅承认和接受私法的国际化和全球化,而否认或拒绝公法的某些领域的国际化和全球化,我们难以融入国际主流社会。中国在经济入世是中国全面融入国际社会的重要步骤,它对中国社会的影响将是全面的、深远的。人们有理由相信也期待着入世之后的中国有更深入的改革,更快速的发展,更全面的进步。

六

入世加快了法律的技术化和信息化。调整经济关系,特别是调整金融、证券、期货、电子商务、知识产权的法律将越来越呈现出"高技术"特征,WTO规则就是典型的具有高技术特征的规则体系。WTO规则是包括世界贸易组织的各项协定和协议在内的庞大体系,其中包括1个主文件和4个附件,主文件是《建立世界贸易组织协定》,它是世贸法律体系的核心组成部分。附件有4个:其中附件1包括3个文件,即1A货物贸易多边协定(其中又包含13个具体协议),1B服务贸易总协定(其中有包括5个具体协议),1C与贸易有关的知识产权协议;附件2即关于争端解决规则与程序的谅解;附件3即贸易政策评审机制;附件4即复边协议(其中包括民用航空器协议,政府采购协议,国际奶制品协议,国际牛肉协议)。主文件和前三个附件对WTO所有成员均有约束力,附件4仅对少数参加国有效。这些法律文件的技术含量很高,主要表现为:第一,有相当多的文件是由法律专家和科学家、工程师以及有关专业领域的专家共同制定的,包含着许多自然科学、社会科学、工程技术领域的专业问题;第二,法言法语十分丰富,其中相当多的法言法语凝结着深刻的法律理念、法律思想、法律技术;第三,各个协定、协议之间互相键连,互为参照,互为补充,甚至互为前提,其概念、规则、原则等法律要素及其结合十分严谨;第四,协定、协议的制定、执行、适用程序复杂,与成员国内部法律的制定、执行和适用交织在一起;第五,有关知识产权、补贴与反补贴、反倾销、税收、产品环境标准、动植物检疫标准、金融等方面的规则呈现出日益复杂的态势;第六,国际电子商务将得到蓬勃发展。由此提升了中国法律的技术性。诸如电子合同的要件与效力、电子签名、电子商务认证、电子物权登记、网上交易与支付、网上知识产权、电子商务管辖权、电子数据证据、在线诉讼,这些均使我国相关法律日益呈现出高技术特征。

入世的过程是一个经济信息化的过程,也是法律信息化的过程。法律的信息化表现为:第一,法律越来越具有信息特征。法律规范作为理性、公平、正义、进步的理念,作为指引、评价、矫正人们行为的标准,从来就是一种具有信息特征的符号,WTO准则的符号性质和功能更为明显。第二,法律的透明度。法律透明是WTO的基本要求。法律的透明度原则要求各成员方必须注意法律信息的公开化,及时公布其涉及对外贸易的法律、法规、规则和政策。第三,法律日益成为重要的信息资源。建立完备的法律信息资源库,开发和利用全球性法律信息资源,以快捷而准确的方式搜索、检索法律规则、行业自律规则以及判决、仲裁的案例,对于经济的安全和发展显得空前重要。第四,以言行事的法律行为将成为主导的法律行为。从法学认识和法律调整的角度,可以把丰富的行动分为两大类。一类是以自身的物质力量直接作用于外界事物、人和社会关系,从而引起法律关系产生、变更或消灭的行动,如毁物、伤人、放火、支付货物等。另一类是通过传达信息而对他人施加影响,从而引起法律关系产生、变更或消灭的行动,如口头或书面的承诺,通过电话、电传、传真、电子信箱做出的认购请求,发表声明,签署文件等。前者可称为物质行动或"以动行事"的行动,后者可称为信息行动或"以言行事"的行动。随着信息时代的到来,信息行动的数量和重要性都在增加。第五,在法律权利体系中信息权利的种类和数量将显著扩大。信息权利包括两大类:一类是知情权,公民和法人拥有知情权意味着法律、政务必须透明和公开,特别是那些涉及公民和法人切身利害的行政决定必须即时公开;另一类是不公开信息的权利,诸如保持商业秘密的权利,保持私人信息的权利,任何个人、团体、政府机构未经个人同意不得采集、获取和利用属于个人隐私范畴的信息。

七

入世加快了法律的职业化和法律共同体化。法律职业化是法律技术化和信息化的必然趋势,因为法律的技术化和信息化使得法律不再是任何人都能顺手捻来、得心应手的工具,法律是需要经过系统训练方能掌握的,法律是需要深厚理论基础才能领悟的,法律的解释、论证、推理是需要具备法治理念和法治经验的,法律服务只能由法律专业技术人员（“法律工程师”、“律师”）才能有效提供，至于法律的制定、执行、适用则更需要具备很高的法学理论素质和法律实践经验，需要对中国国情有比较全面的了解和比较深刻的理解。

随着法律职业化，法律共同体终将在中国大陆形成。法律共同体是由法律人组成的群体，其中包括律师、法官、检察官、法学学者等。在生产队长、车间主任、转业军人甚至汽车司机、搬运工都可以当法官、当检察官、当律师，在学文学的、学历史的、学哲学的甚至学数理化的人不经法学训练就可以到法院、检察院、律师所从事审判、检察、代理工作的年代，实际上只有“法律工作者”，没有法律人；而所谓的“法律工作者”又没有共同的语言、共同的话语，更没有共同的法律推理和法律论证方法，也就不可能形成法律共同体。法律共同体是首先是一个法律的即围绕着法律活动的职业群体，这个群体中的人们都受过系统的法律职业教育，他们有着以权利和义务作为中心概念的参照系，以及以这一参照系为定向的推理方法；他们无论是负责起诉的、审判的，还是为当事人作代理、做顾问、做辩护，他们的职业目的都是为了权利的明示、清晰、维护、和补救；他们认真对待权利，也认真对待义务，他们认真对待自己的当事人，也认真对待法律，在其立法、执法、司法的过程中，在其进行法律服务中，在其进行法学教育和法学研究中，其共同的职业意识在于维护法律的权威，维护社会正义和自由，推动法律事业的完善；他们有成文的和不成文的行业准则，并以行业准则严格约束自己的言行，并使共同体成为全社会廉洁自律的楷模。有了这样一个法律共同体，依法治国、建设社会主义法治国家目标才有望实现。

八

入世将推进中国法制的现代化。经济入世给我们带来极大的机会，同时也向我们提出了巨大的挑战。在所有的挑战中，对法制的挑战是最为尖锐、深刻和全面的。应当承认,在应对经济入世方面,我们的准备严重不足,而在诸多不足之中,法制方面的准备尤为不足。其中,面对 WTO 对我国法制的全方位挑战,我们必须深化法制改革。

改革开放以来,中国法制经历了三次标志比较明显的变革。第一次变革发生于 20 世纪 80 年代初,以 1982 年《宪法》为标志。针对“文化大革命”导致的法制荡然无存、民主化为虚有、人权普遍受到践踏、社会混乱不堪、广大群众民不聊生的局面,1982 年《宪法》诞生。这部宪法以恢复秩序、保障人权、民主法律化、制度化为核心,可以说是社会主义中国宪政的起步。第二次变革发生于 20 世纪 90 年代,以建立社会主义市场经济法律体系为标志。从 80 年代中期开始,中国经济体制朝着商品经济、市场经济的方向改革。1992 年在邓小平南方重要谈话的推动下,中共十四大提出建立社会主义市场经济体制的战略方针。为适应市场经济的需要,在观念更新、理论变革的推动下,我国比较快地抛弃了体现计划经济的法律和政策,修改了与市场经济不适应的宪法条款,以权利本位、人文主义、契约自由、宏观调控、国际法律接轨等法律精神为内核,加快了市场经济立法特别是民商法的立法。目前正在发生的是第三次法制变革。这次变革是适应中国加入 WTO 的需要、并在 WTO 的推动下发生的。这次法律变革的目标是根据 WTO 规则完善中国市场经济法律制度,使中国法律与 WTO 规则相通、接轨,从法律体系、法律组织、法律运作上为中外经济主体的经济活动营造出更加公平、更有效率、更加安全的法治环境。

这次法制变革的基本方面包括:

(一)实现法律的市场化

1992 年以来,我国的市场经济立法取得了显著的成就,但是由于受到邓小平同志所批评的那种姓“资”姓“社”思想的束缚,由于害怕法律移植会导致法律"西化",也由于片面理解"中国特色",致使我国的某些经济法律或者是不伦不类,一方面要体现市场经济的客观规律,另一方面与计划经济藕断丝连,依然与国际市场经济法律脱节;或者是羞羞答答,不敢理直气壮地肯定市场经济的法律原则,例如不敢在法律上公开宣布我们实际上已经做到的对一切合法财产(包括私有的、集体的、国家的、中国人的、外国人在中国的财产)给予同等的法律保护。加入WTO之后,我国经济与世界经济彻底接轨,由此我们必须遵守大家共同签署的法律文件,这将进一步推动我国经济法律的市场化。

(二)实现法律的透明化

法律是指引人们的行为规范,因而透明化是对法律的基本要求。然而,我国的一些行政规章、内部决定、实施细则、行政解释、司法解释、一些地方性法规和规章,却处于灰色状态,甚至放在黑箱中,人们不知道有这些未公开的法律信息,也不知道在哪里能够查找这些法律信息,知道在哪里查找这些法律信息也未必能够得到或及时得到。加入WTO之后这种情况将明显改变。WTO规则中有三项制度有助于推进我国法律的透明化。一是通知制度——各成员应向WTO的有关机构通知其法律规范及行政决定的制定情况(有二百多项规定涉及法律通知),为此,我们需要建立向有关国际组织的通知制度。二是公布法律规范和行政决定的制度,要求所有成员应及时公布有关法律和行政决定。三是咨询制度——依照WTO的规定,其所有成员必须设立咨询点,以便应其他成员的要求,提供有关法律及其他文件资料,负责解答其他成员提出的法律和政策问题。这些规定,对于促进我国法律的透明度,从而提高公民、法人和外国商人、外国政府对中国法律的信度,具有十分重要的积极作用。

(三)实现法律的一元化和法典化

法制统一是法治国家的基本标准,但是,由于授权立法范围过大、缺少授权立法的程序规定、缺乏授权立法的备案和审查制度;由于缺乏立法的标准和示范,加上部门保护主义和地方保护主义,许多部门立法、地方立法程序混乱、技术粗糙、导致某些领域(如税收领域)的法规、规章杂乱无章,互相重叠,互相冲突,造成法规、规章内容频繁变动,朝令夕改。这不仅给外商的生产、经营带来许多不便和干扰,而且也使国内企业无所适从。为了克服立法中存在的问题,应当完善立法法,加强统一立法,对现行的法律、法规、规章、内部规定、司法解释等进行全面清理,使我国的法律与WTO规则取得一致;要消除法律的双轨制,消除法律体系内部的分散化倾向,推进法律的一元化;要通过对法律、法规、规章的清理、评价、整合、提升、编纂,推进法律规范的法典化。我国目前正在进行的物权法、民法典、行政程序法、统一税法的起草或调研,就是法典化运动的组成部分。如果说十年前我们还不具备搞市场经济法律的"成套设备",那么,现在这种条件已经相当充分。

(四)建立和健全司法审查制度

为了防止和及时制止行政权力的滥用,维护成员方的合法权利,保证WTO规则能够公正、公开、公平适用,WTO的多数协定、协议要求各成员在其境内建立司法审查制度和程序,当受影响的当事人发出请求的时候,对影响自由、公正贸易的行政决定做出迅速审查,并在请求被证明合理的情况下给予适当的补救。司法审查的范围不仅包括具体行政行为、某些终局行政裁决行为,而且包括抽象行政行为,例如行政法规、部门规章、具有普遍约束力的决定等。我们要适应WTO的这些要求,理顺立法、执法、司法三者的关系,深化司法改革,改革和完善诉讼制度,推动中国法制的现代化和政治的民主化。

九

入世推动中国法律的全球化。法律全球化是经济全球化和公共事务全球化的必然结果，是当今世界法律发展的主要趋势。法律全球化是近代以来法律国际化的进一步发展，在历史上法律的跨国发展（国际化）是法律发展和法治文明的重要方面和基本标志，源于经济、政治、军事、文化的冲突、交流与合作，世界上先后出现过一个国家与另一个国家之间的双边规则，若干国家之间的多边规则，为许多国家共同制定和遵守的世界性规则，出现过国家之间的法律选择（choice of law）和彼此适用。第二次世界大战后法律国际化现象日益明显，特别是随着冷战时代的结束，法律发展更呈现出全球化的趋势。《公民权利和政治权利公约》、《经济、社会、文化权利国际公约》、《消除一切形式种族歧视国际公约》、《联合国海洋法公约》、《关税与贸易总协定》等等法律文件的出现就是法律全球化的重要里程碑。

法律全球化趋势主要表现为：

（一）法律的“非国家化”（denationalization）

法律并非都是由主权国家制定的，越来越多的法律将由各种各样的经济联合体、知识产权组织、环境保护组织、新闻媒介联合体等“非国家”的机构制定。例如，《国际贸易术语解释通则》就是由国际商会编订的。

（二）法律的“标本化”或“标准化”

法律的标本化或标准化起源于某些联邦制国家。在联邦制国家，各个成员国自行制定法律。但是，出于经济、公共安全、高新技术的转让等原因,由全国性法学研究机构或法律协调机构制定某些“统一的”、“标准的”的法典,作为各成员国制定同类法典的范例。例如美国法学会和美国统一州法全国委员会起草的《统一商法典》。起初,这一法典对各州并无约束力,也没有得到所有州的普遍认可。90 年代以后,由于电子商务的广泛发展,交易便利、交易安全、交易费用日渐突出,各州逐渐地采用了《统一商法典》,实现了商法的“全国化”。在经济全球化和法律全球化时代,这样的立法经验被推广到国际社会。由联合国、国际组织、经济联合体制定一些法律范本,提供给各个国家作为立法的标本或参照。例如,联合国国际贸易法委员会就在其《国际贷记划拨示范法》中采纳了美国《统一商法典》的大部分概念和规则,向全世界推荐。经济合作与发展组织(OECD)1977 年制定的《关于对所得和财产避免双重征税协定范本》,联合国 1979 年制定的《关于发达国家与发展中国家避免双重税收协定范本》,联合国 1996 年推出的《电子商务示范法》,都正在被世界上多数国家所采纳,作为制定国际税法、电子商务法的范本。再如,《北美环境合作协议》有可能成为区域范围内多边环境合作法的标本,在未来多边范围推广。法律标本化正在成为法律移植的新形式。

(三)法律的“趋同化”

“所谓法律趋同化,是指调整相同类型社会关系的法律制度和法律规范趋向一致,既包括不同国家的国内法的趋向一致,也包括国内法与国际法的趋向一致。世界范围内的法律趋同首先表现在民商法领域。”[4]在商务、金融、知识产权等领域,法律的趋同速度之快、程度之高,超出了人们的预料和想象。《联合国国际货物销售合同公约》是法律趋同的一个典型。

(四)法律的“一体化”或法律的“世界化”

“所谓法律一体化,是指全球范围内法律规范的相互联结。各国之间的法律规范是互不隶属的，国际法与国内法也被一些人看作是两个不同的法律体系。然而在现实生活中，我们已经清楚看到这些法律规范正在联为一体，国际法与国内法之间的界限正在变得模糊不清，而这种联结的实现就在于国际法高于国内法的信念已得到普遍的确认。”[5]法律的一体化还意味着某些“全球性法律”、“世界性法”的出现。《国际货物买卖统一法公约》、《国际货物买卖合同成立统一法公约》、《联合国海上货物运输公约》都属于“全球性法律”、“世界性法”的范畴。

当然，必须承认：第一，法律全球化在目前仍是一个进程，一个过程，一种趋势；第二，法律全球化并不是所有法律的全球化，那些不具有涉外性、国际性的法律不可能、也根本没有必要“化”为“全球性”或“世界性”法律；第三，法律全球化并不意味着国家主权概念的过时或消失，而只是意味着主权概念的进步和丰富，各国之间的法律仍将呈现多样性、多元化；第四，各个国家均应当警惕和制止少数或个别国家借助法律全球化的名义而推行政治霸权主义和法律帝国主义。

在法律全球化时代，我们首先面临的是国内法与国际法的关系。在过去一个相当长的时期，由于我们在理论上固守传统的“国家本位”、“主权至上”，所以在国内法与国际法的关系上不加区别地认定国内法高于国际法。后来，为了适应对外开放的需要和国际交流与合作的要求，借鉴世界上一些国家的立法经验，我国《民法通则》规定：“中华人民共和国缔结或者参加的国际条约同中华人民共和国的民事法律有不同规定的，适用国际条约，但中华人民共和国声明保留的条款除外。中华人民共和国法律和中华人民共和国缔结或者参加的国际条约没有规定的，可以适用国际惯例。”（第 8 章，第 142 条）《民事诉讼法》也规定：“中华人民共和国缔结或者参加的国际条约同本法有不同规定的，适用该国际条约的规定，但中华人民共和国声明保留的条款除外。”（第 24 章，第 238

条)这些规定实际上宣布在涉外民事关系的法律适用上国际法高于国内法。我国《行政诉讼法》规定:"中华人民共和国缔结或者参加的国际条约同本法有不同规定的,适用该国际条约的规定。中华人民共和国声明保留的条款除外。"(第 10 章,第 72 条)这一规定表明我国在行政法领域同样实行国际法高于国内法的原则。有的人认为这是中国立法的失误,并且主张取消这些条款。究竟是失误还是明智? 这分明是明智之立法。我们已处在全球化的时代,国内法与国际法的联系从来没有像今天这样密切。"条约必须遵守"是一条公认的基本原则,一个国家缔结或者参加某项国际条约,就意味着承诺在享受条约赋予的权利的同时必须履行条约规定的义务。立法机关处理国内法与国际法的关系一般有两种方式:一是通过制定新法律或者修改已有法律把国际法转化为国内法的一部分,二是在有关的法律中明确规定当国内法与已经缔结或者参加的国际条约、已经认可的国际惯例出现冲突时,国内法服从国际法(即依照国际条约和国际惯例行事)。这是法治文明的体现。在我国加入世界贸易组织、而法律准备却严重不足的现实情况下,我们必须适用 WTO 规则,而且在我国法律规则与 WTO 规则冲突时应当优先适用 WTO 规则。这是 WTO 的基本要求,更是国际法治社会的基本原则,我国作为开放的、文明的、步入法治社会的大国应当树立守法自律的形象和尊严。

十

入世加快了法学教育的全球化。法学教育既是法律发展的重要方面,又是法律发展的基础。在某种意义上说,法律的发展取决于法学教育发展的程度。适应经济和法律的全球化趋势,我们的法学教育必须改革,以提高法律人才应对全球化的适应能力和应变能力。

第一，法学教育必须树立国际意识和全球意识，以具有国际性和国际竞争能力的法学教育来应对经济的全球化和法律的相应变革。法学教育工作者要了解世界、研究世界、吸收人类文明的一切积极成果，包括世界各国先进的法学教育思想、教学观念和教学方法，加强法学教育的国际交流与合作。唯有这样才能培养出具有全球化时代法律意识的、有应变能力和适应能力的高素质学生。

第二，在课程体系和教学内容上，从观念到法律，从知识到思维，都应当体现全球化。在 WTO 框架内，教育（包括法学教育）作为服务性行业是必须对外开放的。过去，我们总是回避教育国际化、全球化，现在却根本无法回避。在教育全球化大趋势面前采取鸵鸟政策，吃亏的是我们自己。在当前，要把 WTO 规则作为所有法科学生的必修课，并组织编写理论与实践相结合的、系统且实用的教材。必须清楚地认识到，WTO 规则不是单纯的国际经济法，也不是单纯的国际法，而是全球性市场的统一性、综合性法律规则，它涉及国际法的许多方面，也涉及国内法的方方面面；它不仅关涉实体问题，也关涉程序问题，WTO 规则的实行无疑地将把大量新型的、新奇的、疑难的案件带入国内和国际诉讼领域。我们要把发达国家和国际组织处理 WTO 案件的经验和方法讲授给学生，讲授给法官、律师和其他部门的法律工作者。

第三，加强经济类知识、计算机技能和英语教学。随着我国加入 WTO 和融入法律全球化潮流，中国的法律服务市场与国际法律服务市场连在一起了，成为国际法律服务市场的一部分，法律服务领域的竞争日趋激烈。聪明过人的外国律师行已经瞄准这个市场，并将以充分的准备前来瓜分这个市场，中国律师行业面临严峻挑战。面对 WTO，我国律师除了法律观念、法律知识、法律思维、法律方法、法律技能（包括运用计算机处理法律事务的技能在内）整体上极不适应外，还有三个极不适应。其一是有关涉外贸易、金融、保险、证券、电子商务等方面的知识和经验不适应，而这恰恰是入世之后法律服务的主要领域;其二运用计算机处理法律事务的技能不适应,未来的法律服务将越来越网络化,当事人与律师之间更多地是通过网络联系,律师将主要通过网络提供法律信息和咨询服务;其三是外语(主要是英语)交流能力不适应。外语作为工具,英语作为全球语言,在经济全球化和法律全球化时代愈加重要。律师如果不能熟练地运用外语处理法律文书,用外语直接与自己的客户交流,而仍然借助于“翻译”,那就不仅抢占不到 WTO 带来的法律服务市场,甚至不可避免地被挤出原有的法律服务市场,那些高级的、报酬可观的法律服务将被外国律师行垄断。

第四,要加强素质教育。就法学教育来说,素质教育包括三个方面。一是法律素质的教育,经济入世、法律的全球化导向变革,促使我们的法律理念和法律思维也要“入世”和变革。要从过去偏重法律知识传授转向着重现代法律观、法律精神、法律思维方法、法律解释、法律推理、法律论证等法律技术的训练。二是文化素质的熏陶,加强经济学、管理学、社会学、政治学、环境学等跨学科的知识和理论教育,把更多的法科学生培养成为具有良好人文素质、知识结构合理的专家型、复合型人才。三是法律职业伦理的教育,提高法律人的道德素养和公共责任心,使法律人在受教育阶段就牢固树立权利和义务观念、民主和法治观念、公正和效率观念、理性与宽容精神、刚正与廉洁品格,并在今后的立法、执法、司法和其他法律工作中践行这些观念和精神。

注　释

1　世界贸易组织的基本原则包括贸易无歧视、贸易更自由、贸易更透明、公平竞争、鼓励发展与经济改革等,这些都是市场经济的核心原则,也是加入世贸组织的前提条件。

2　黄一丁:“中俄经贸何年跳出‘滞后’格局”,载《中华儿女》(海外版)2001 年第 12

期,第 16 页。

3 王红玉、顾钱江:“2002,中国进入‘变法年’”,载《新华社每日电讯》2002 年 1 月 5 日。

4 车丕照:“法律全球化——是现实? 还是幻想?”,载《国际经济法论丛》(第 4 卷),法律出版社 2001 年版,第 32 页。

5 车丕照:“法律全球化——是现实? 还是幻想?”,载《国际经济法论丛》(第 4 卷),法律出版社 2001 年版,第 32—33 页。

精神文明与法制的哲学思考*

精神文明是有中国特色的社会主义的重要组成部分。所以,改革开放以来,党和国家反复强调要在建设物质文明的同时,必须围绕着经济建设这个中心,大力加强社会主义精神文明建设。要坚持两手抓,两手都要硬;强调在建设物质文明和精神文明的过程中必须不断深化经济体制和政治体制改革。党的十四大以来,更是把建设社会主义精神文明作为建设有中国特色的社会主义的重要组成部分。

一、精神文明与法制的一般关系

精神文明是整个社会文明的组成部分。文明是相对于蒙昧和野蛮而言的,标志着人类开化和进步的程度,是人类认识和改造自然、社会和自身的成果。人类文明大体上包括物质文明、精神文明和制度文明。物质文明是人类改造客观自然世界的成果,表现为人类物质生产的进步和物质生活的改善。人类在改造客观自然世

---

* 本文的部分内容曾经以"精神文明建设需要并依赖法制"为题发表在《法制与社会发展》1997 年第 2 期,也曾以同名收录于刘海年主编《依法治国与精神文明建设》(中国法制出版社 1997 年版)一书中。

界的过程中也改造着自身的主观世界,使社会的精神生产和精神生活得到了发展和提高,这方面的成果就是精神文明。它表现为教育、科技、文化知识的发达和人们的思想、道德水平以及社会风气的提高和改善。制度文明是人类改造社会的成果,表现为新的社会关系和经济制度(或体制)、政治制度(或体制)的生成、建构和发展。制度文明最集中地表现为法制文明。高度的物质文明、精神文明和制度文明都是社会主义的基本特征。不仅如此,社会主义物质文明、精神文明和制度文明还是互为表征、互为条件和相辅相成的。所以,伟大的无产阶级革命家、当代中国杰出的马克思主义法学家董必武同志深刻地指出:"说到文明,法制要算一项。"[1]江泽民同志最近在接见中国法学会第四次会员大会的代表时也明确指出:依法治国,是社会文明和社会进步的重要标志,也是国家长治久安的重要保证。[2]

法制是人类进入文明时代的产物,是精神文明发展到一定水平之后才出现的,并随着精神文明的发展而进步。一个社会的法制是那个社会精神文明的体现和写照,古代法律中常见的债务奴役、同态复仇、神明裁判、刑讯逼供等,就是古代奴隶制社会和封建社会精神文明较低的状况的反映。而契约自由、罪行法定、权利推定等则是现代社会精神文明的重要标志。

在历史上,精神文明与法制昌明是同步的,法制体现精神文明,又以特有的方式支持和保障精神文明。在社会主义条件下,精神文明建设同样需要法制。这是因为:

(一)法制是时代精神的体现,是一种伟大的精神力量

法制以原则、规则、概念等法律要素,以正当利益不受侵犯、契约(合同)自由、正当防卫、罪行法定、举证责任等法律制度,以公共权力的补救代替私人暴力复仇、权利推定等法律程序,表现当时代的民族精神和文明成果。时代精神写进法律并在社会生活中得以

落实之时，就是文明之花大放光彩之时。

（二）良好的精神文明只有在良好的法制环境中才能生成和发展

第一，安全和秩序是进行社会主义精神文明建设的最基本的条件，没有正常的、安定的社会治安秩序，人民群众不能安居乐业，精神文明建设就无从谈起；第二，法律禁止制作、复制、出租、销售、传播内容反动、淫秽的有害书刊和音像制品以及有害青少年身心健康和毒化社会风气的色情、凶杀恐怖游戏软件；禁止卖淫、嫖娼以及介绍或者容留卖淫、嫖娼；禁止非法种植毒品原植物；禁止吸毒、贩毒、制毒；禁止赌博或为赌博创造条件。这些措施是抵制封建主义、资本主义和其他腐朽精神垃圾、净化社会风气的制度环境。法律严厉打击和有效制裁横行乡里、鱼肉百姓、坑蒙拐骗、欺行霸市、强取豪夺等害群之马和带有黑社会性质的势力，是建立文明的社会风气的有力武器。法律制裁遗老弃婴、侮辱妇女、伤害儿童，对社会弱者实施特殊法律保护，是建立社会文明的不可缺少的手段。如果没有这些法律的措施去扶正祛邪、惩恶扬善，社会公德和社会风气的恶化就不可避免，精神文明就会衰败。

（三）精神文明领域的许多问题需要依靠法制来解决

精神文明领域存在着许多问题不是用说服教育这种精神手段所能解决的。例如，对封建迷信活动和黄赌毒等社会丑恶现象，对以次充好、假冒伪劣、欺诈消费者等社会公害，对讲排场，比阔气，挥霍公款等腐败问题，不从制度入手，不采取严密的法律举措，是不行的。

（四）物质文明建设与精神文明建设的关系需要法制的协调

物质文明与精神文明在本质上和发展趋势上都是统一的。一方面，物质文明是基础，社会生产力发展了，人民的物质生活好起来，精神面貌会有很大的变化；国家富裕了，用于精神文明建设的投入加大了，就会把人们引向健康的精神生活方式。另一方面，精神文明对物质文明起着促进和保障作用，包括智力支持、精神推动、思想保证和舆论引导。但是，在现实生活中，物质文明与精神文明不见得总是一致的，更不可能是同步的，甚至出现一手硬、一手软的扭曲情况。如何实现物质文明与精神文明、物质文明建设与精神文明建设的统一，如何协调二者之间经常出现的矛盾，法制是带有根本性质的手段。法制通过权利与义务这种特有的调整机制，正确地处理发展与稳定、自由与秩序、竞争与协作、自主与监督、效率与公平、先富与共富、经济效益与社会效益、个人利益与社会利益、群体利益与国家利益等关系，在物质文明与精神文明之间、物质文明建设与精神文明建设之间建立理性的平衡，实现二者协调共进。新加坡是国际著名的精神文明国家。新加坡之所以能够取得举世瞩目的精神文明成就，教化固然是重要的因素，然有关精神生活和社会风尚方面严密的立法和严格的执法更是关键的因素。

精神文明建设包括的内容很多，主要有思想建设、道德建设、文化建设、科技发展等。在这些建设中，法制运用着不同的调整机制，以不同方式和程度起着促进和保障作用。故分别论述之。

二、思想建设与法制

思想建设大体上包括理论建设、理想建设和公民人文精神的培养。

（一）理论建设

理论建设是社会主义精神文明建设的灵魂。这是因为社会主义精神文明是现代化建设的重要目标和重要保证,而其中最重要的保证是正确的思想理论保证。正如《中共中央关于加强社会主义精神文明建设若干重要问题的决议》所指出:“十一届三中全会以来的18年,我们国家经历了举世瞩目的历史大转折和事业大发展。这是我们党领导全国各族人民扭转‘文化大革命’十年内乱造成的严重局势,从困难中重新奋起,为中国社会主义发展开辟新道路的伟大进程;又是我们经受住八十年代末、九十年代初国内国际风波的严峻考验,把我国改革开放社会主义现代化建设推进到新阶段的伟大进程。这种历史性的成就,同解放思想、实事求是、以实践为检验真理唯一标准的思想路线的重新确立,同对什么是社会主义、怎样建设社会主义的重新认识是分不开的;同为国家富强、人民幸福而开拓进取的群众创造精神的振起,同不信邪、不怕压、维护国家主权、冲破西方制裁的民族自立精神的发扬也是分不开的。归根到底,是同邓小平建设有中国特色社会主义理论和党在社会主义初级阶段的基本路线的形成和发展分不开的。没有党的指导思想这种历史性飞跃,没有全民族精神状态这种深刻变化,没有敢闯敢试的劲头和及时总结经验的智慧,就走不出好路,就干不出新的事业。”

理论建设与理想建设、道德建设和人文精神培育比较,是龙头和核心。这是因为:第一,一个民族、一个国家之所以成为民族、国家,不仅是人的集合,更是思想的聚合。统一思想的形成和凝聚作用对于民族、国家、社会的存在和发展是必不可少的因素。一个民族和国家如果失去了统一的指导思想,就等于没有主心骨,就难免出现一盘散沙甚至四分五裂的局面。第二,理想建设需要以科学的世界观为指导,而没有科学的理论,就不会有科学的世界观,就分不清什么是社会主义,什么是资本主义,不懂得为什么社会主义和共产主义必然战胜资本主义,就不可能牢固树立为建设有中国特色的社会主义的远大理想和坚定信念。第三,道德建设必须建立在正确的价值观、人生观之上。没有以为人民服务为核心、把个人利益与集体利益和社会利益统一起来的价值观和人生观,就不会真正分清善与恶、是与非、美与丑,以至把封建主义道德和资本主义道德当作社会主义道德,道德建设就会迷失方向。第四,社会主义人文精神是在继承人类优秀文明成果的基础上形成的,又必须是与当代中国伟大的社会主义现代化实践相适应的,因而,人文精神的培养必须划清社会主义人文精神与封建的人文精神和资本主义的人文精神的界限,必须区别于与计划经济相适应、为计划经济服务的人文精神。这一分清和区别没有科学理论的指导是不可能的。

鉴于上述科学理论的重要性,必须把理论建设放在思想建设的中心,放在精神文明建设的中心。理论建设最根本是用马克思列宁主义、毛泽东思想,特别是邓小平建设有中国特色社会主义理论教育和武装全国人民。邓小平建设有中国特色社会主义理论是马克思列宁主义基本原理与中国实际和时代特征相结合的产物,是毛泽东思想的继承和发展,是当代中国的马克思主义,是我们党和国家在新时期各项工作的根本指针和中华民族振兴的强大精神支柱,是全国人民的主心骨。邓小平建设有中国特色社会主义理论和马克思列宁主义、毛泽东思想一脉相承,是统一的科学体系。马克思列宁主义、毛泽东思想和邓小平建设有中国特色社会主义理论是在革命和建设中形成和不断发展起来的,是经过实践和历史进程反复检验的科学真理,它依靠自身的理论力量和指导革命和建设的实践赢得了人民群众的信仰和实践。但是,在西方资产阶级意识形态在国际上占优势、马克思主义受到来自各方面的压力和挑战的严峻形势面前,把马克思列宁主义、毛泽东思想和邓小平建设有中国特色社会主义理论的指导地位在宪法和法律上加以明确肯定、使之受到法律的维护,是完全必要的。恩格斯曾经指出,国家是第一个支配人的意识形态力量。在社会主义社会,国家支配人们的意识形态的手段多种多样,法律则是最重要最有效的手段之一。借助于法律的肯定和保护,马克思列宁主义、毛泽东思想和邓小平建设有中国特色社会主义理论的合法地位是任何人都不敢轻易否定和放弃的。

(二)理想建设

共同理想是强大的凝聚力。在当代中国,我国人民的共同理想是建设有中国特色的社会主义,把我国建设成为富强、民主、文明的社会主义现代化国家。实现这一共同理想爱国主义是基础。爱国主义历来是中国人民团结奋斗的一面旗帜。在当代中国,爱国主义同社会主义有机地统一于建设有中国特色社会主义的伟大实践,是鼓舞全国人民实现民族振兴的强大动力。所以,中央六中全会把爱国主义教育放在十分突出的地位,要求深入持久地开展爱国主义教育,帮助人们认清只有社会主义才能救中国,只有社会主义才能发展中国的真理,在全社会发扬自尊、自信、自强的民族精神,以贡献全部力量建设和保卫社会主义祖国为最大光荣,以损害国家利益、国家尊严为最大耻辱。在我们这样一个地域辽阔、人口众多、多民族统一的大国,只有高举爱国主义的旗帜,各族人民建设有中国特色社会主义的共同理想和共同信念才能坚定不移,我们才能有效地抵制和挫败敌对势力"分化"中华民族的阴谋,维护民族团结和祖国统一。爱国主义既是一种崇高的思想,又是一种伟大的实践。我们既要充分利用大众传媒、书刊影视、艺术表演和课堂教学,运用重要纪念日、重大历史事件和重大社会活动,运用升国旗、唱国歌等仪式,大力弘扬爱国主义精神,更要以极大的热情投身于社会主义现代化事业,为振兴中华而奉献一切精力和智慧。中华民族的共同理想在宪法序言中作了明确的宣布,获得了法律的承认和维护,是坚定的、不可动摇的。

(三)人文精神的培育

思想建设说到底要落实到人,通过公民的素质体现出来。所以,党的十四届六中全会的决议指出,社会主义精神文明建设的根本目标是适应改革开放和社会主义现代化建设的需要,培养有理想有道德有文化有纪律的社会主义公民,提高全民族的思想道德素质和科学文化素质。就思想建设来说,公民的这些素质表现为社会主义人文精神。以高尚的精神塑造人,就是用社会主义的人文精神塑造新一代公民。“文化精神是任何社会都不可或缺的重要组成部分。通过对社会成员心理和观念世界的整合与引领,文化精神对整个社会发挥着一种维系和范导的作用。”[3]社会主义的人文精神有着同样的性质和功能。社会主义人文精神既不同于中国历史上以儒家思想为核心的封建人文精神,又区别于以个人主义价值观为核心的西方资本主义的人文精神。社会主义人文精神是以马克思列宁主义、毛泽东思想和邓小平建设有中国特色社会主义理论为指导的,是与社会主义市场经济和民主政治联系在一起的,是继承发扬优良传统而又充分体现时代精神、立足本国而又面向世界的人文精神。社会主义人文精神包容极为丰富的内容,诸如自立意识、竞争意识、创新精神、敬业精神、效率意识、民主法制意识、权利义务观念、平等意识、契约观念、自律意识、同情心、正义感,等等。

用这样一种人文精神培育公民,就能引导人们正确处理竞争与协作、自主与监督、效率与公平、先富与后富、经济效益与社会效益、权利与义务、利益与负担、自律与他律等关系,形成把国家利益和人民利益放在首位而又充分尊重公民个人合法利益的社会主义义利观,形成健康有序的经济和社会生活规范,克服在社会转型过程中出现的道德失范、拜金主义、享乐主义、个人主义、无政府主义、金钱至上、重物轻人等不良社会现象。

社会主义人文精神的培养需要法律的支持。首先,社会主义人文精神是以人为本位作为根本原则的。以人为本位在观念上要尊重人、爱护人,把人作为目的,在制度上要确立人在法律上的主体地位和人的合法权利。其次,社会主义人文精神的重要方面是人的法律素质。法律素质是人的素质的基本要素。法律素质包括对法律的了解程度(特别是对与公民个人的工作、生产和生活紧密关联的法律知识的了解程度),对法律的态度(是信仰、支持、遵守,还是冷漠、违犯),权利义务意识(能否正确地行使权利、维护自己的权利,忠实地履行义务,毫不推卸地承担由于自己违法而引起的法律责任),对违法行为的立场(能否敢于同违法现象作斗争,会不会通过合法的程序解决法律纠纷)等等,这些法律素质的养成有赖于法律实践。复次,我国以社会主义市场经济、民主政治、精神文明为内容的法律体系充分体现了现代人文精神,通过法律的规定和法律的运行,社会主义人文精神将得到进一步的弘扬。如果没有法律的支撑,现代人文精神就不可能逐步成为民族精神。这是历史所反复证明了的。

三、道德建设与法制

道德和法制有着十分密切的关系。在社会主义社会,社会主义法和道德是社会主义社会调整人与人、人与社会关系的两种最重要的行为规范体系。

道德是用善恶荣辱等观念,评价个人、群体的思想和行为,依靠社会舆论的贬褒、个人内在的信念以及良心上的自我责备来约束人的思想和行为,协调和处理人与人、人与社会之间关系的行为规范。道德有着十分广泛的内容。它不只包括日常的公共生活准则,如讲文明,讲礼貌,讲卫生,尊老爱幼,勤俭节约,而且首先包括政治道德,如爱祖国,爱人民,爱社会主义;不仅包括为人民服务、对社会负责、遵纪守法、维护公共秩序这样一般的公共道德,而且也包括诸如医疗道德、司法道德、商业道德等各种特殊的职业道德以及家庭生活中的道德等。

道德与法律既有联系,又有区别。它们联系首先表现为纵的联系。所谓纵的联系,是指它们和其他社会现象间的共同关系。道德和法都是由社会物质生活条件所决定,都是为经济基础服务的。同时,它们又都受到一定阶级的政治和社会意识形态的直接影响,并为实现一定阶级的政治和社会意识形态服务。由此,统治阶级的道德和法纵的联系决定着它们的社会阶级本质和服务方向必然是共同的,因而它们的基本原则和主要内容必然是一致的。道德和法也存在着横的联系。所谓横的联系,是指它们之间的相互影响和相互作用。横的联系有三种情况:一是互相渗透。法贯穿着道德精神,它的许许多多的规范是根据道德原则或规范制定的。而道德的许多内容又是从法律中汲取的。二是互相制约。道德通过对法的某些规定的公正性和公正程度的评价,促使法的改、废、立,使其符合人民群众的利益,保持社会主义、共产主义伦理方向。法则通过立法和司法,促使某些道德规范的完善和道德的发展,制约某些道德行为不得越出法律许可的范围。如人人都应见义勇为,但不得义愤杀人;公民在遭受不法侵害时,可以防卫,但不应超过一定限度。三是互相保障。既然法和道德的阶级本质和服务方向是一致的,那么,凡是法所禁止和制裁的行为,也是(或应该是)社会主义道德所禁止和谴责的行为,凡是法所要求和鼓励的行为,也是(或应该是)道德所要培养和赞扬的行为。从实质上讲,凡是违反法的行为,同时也是或可能是违反道德的行为;凡是违反道德的行为,也是(或可能是)违反法律要求的行为,尽管不一定必须直接追究违反者的法律责任。所以,人们说,社会主义法是道德的权力支柱,道德是社会主义法的精神支柱。

法和道德虽有密切联系,且有着共同的基本原则,但它们毕竟是上层建筑的不同部分,是性质不同的两种规范体系,各有自己的特征。它们的区别可以概括为以下几点:

第一,表现形式不同。法是以"国家意志"形式出现的,表现在政权机关所制定的宪法、法律、法令、法规、决议、条例、指示等规范性文件中。它们的制定、公布、修改、废除，都由一定的国家机关按照一定的程序进行。道德是以“社会意志”形式出现的，作为“社会意志”，它有多种多样的表现形式，如社会舆论、各种职业道德规范、社会公约、共产党的政策、国家的法律、政党群团社协的章程。当然，其主要的表现形式是社会舆论。

作为单个规范，法律规范和道德规范的表现形式也是不同的。法律规范和道德规范在逻辑上都有假定（指明该规范适用的范围和条件），行为模式（指明行为的界限和模式）、后果（指明合乎或违反该规范的后果或潜在后果）三个部分。否则，就不成其为规范。但法律规范这三部分通常总是明示的。它们或者用条文表现出来，或者明显地可以从条文推断出来。法律规范在用条文详细规定个人的行为界限和模式时，同时也明确指出这种行为的条件和后果。道德规范的指示部分可能是明确或比较明确的，但其假定部分和后果部分通常总是暗示的。社会上制定了许多道德规范，还未曾见有关于违反道德的特定后果的规定。一个人违反了某一道德规范，究竟应受到什么制裁，是不可能、也不需要用条文规定下来的，除非这一道德规范同时也是法律规范或组织纪律。对违反道德的行为的制裁办法，是由社会根据违反者的职业、年龄、政治面貌、性别等个人身份而自由选择的。因此，法律规范较之道德规范更加明确、精确。

第二，与表现形式的不同相适应，违反两者的后果也不同。违反道德者通常受到社会舆论的轻蔑、批评、谴责，如果他是某一组织的成员，还可能同时受到所属组织（党组织、工青妇群团组织）的处分。在这里，社会中的每一个成员，每一个有关的组织，都可以把违反道德的责任直接同违反者联系起来，直接实施道德制裁，而不需要经由什么特定的程序。这表明，道德调节方法具有灵活性。这是道德的优点。但这一优点正好隐含着它的缺点和短处，即制裁的不确定性、不统一性,以及某些情况下制裁的不适当性。

第三,调节人们行为的方式不同。法是通过为人们确定在社会生活中的权利和义务,在公民与公民、公民与国家间建立权利义务关系(即法律关系)来调节人们之间的关系。而道德则主要是通过为人们指出在社会生活中的义务,在人们中间建立起以义务为纽带的道德关系而调整人们之间的关系。在法律侧重通过对正当利益的平等保护来调整社会关系的意义上,法律是以权利为本位的,而道德则是以义务为本位的。

第四,制约的对象不同。法和道德制约的对象(客体)都是人们的有意识的行为。这是一般的说法。但须知,人的行为有外在部分和内在部分。外在部分指人的动作、手段及其效果,通常称为行为或效果。内在部分指人的行为的动机、目的,通常称作动机。马克思主义认为,人的外部行为和内在动机不能孤立存在。人的行为的真正价值就在于外在行为和内在动机的统一。但是,法的首要任务是要建立一种外在秩序,因而它所对待的首先是而且主要是外部行为,即要求人们按照一定的界限和模式从事一定内容的活动。一般说来,只要行为合乎法律要求,法律不必过问该行为是出于自觉,或是出于惧怕,是出自习惯或是盲目服从。虽然从实质上讲,法律也提倡人们不停留在形式的遵守和服从上,但它决不追究那些形式上合乎法律要求,内心并没有接受它的人什么法律责任。道德则不同。它同时要求人们的外部行为和内在动机都符合道德准则。它给人们提出并要求解决的不仅是举止行动,还包括动机和世界观问题,而且更注重后者。它一方面要求人们按照善的标准作为与不作为,另一方面要求人们必须具有善良的意志和自觉的意识。如果作为主体仅仅是外部行为符合道德,而没有善良的意志(如为了升官发财而做好事)和自觉意识(如在社会舆论的压力下勉强赡养自己的双亲),道德评价并不认为这是高尚的、值得提倡的行为。相反,对于某些从外部看是过错,但动机良好的行为,道德却为之辩护甚至作出肯定的评价。

第五,规范体系的结构不同。法律和道德都是由无数规范组成的庞大体系。但是,法律规范体系和道德规范体系的结构不同。法律规范体系,从横向看,是由民法、经济法、政治法、行政法、劳动法、婚姻法、刑法、诉讼法、其他特种法等等并列的法律部门组成的;从纵向看,是由效力不同的母法层次、子法层次、孙子法层次等多级规范层次堆砌起来的;从纵横交叉看,是由各种法律制度(政治法律制度、经济法律制度、审判法律制度等)有机地联结在一起的。除此之外,法律规范体系内部还有主要规范与次要规范、义务性规范与授权性规范之分。而道德规范体系则是由个别的道德规范直接组成的。它没有类似法律制度的道德制度,所以,即使将来各种职业道德规范制定出来了,形成了各种"道德部门",也不可能建立起可以同法律规范体系相比的系统、严密、统一的道德规范体系。法律规范体系和道德规范体系的不同,意味着法律有巨大的组织功能,而道德在这方面只能当配角。

总括社会主义法和道德的区别,可以看出:法律出自国家,具有肯定性、普遍性、完整性、国家强制性等特点,所以,不仅能够调整个人行为,把单个人的行为纳入一定秩序范围,而且首先具有调整阶级关系,使无产阶级统治秩序合法化、固定化的功能;法不仅能够调整社会成员的普通社会关系,如财产关系、婚姻关系,而且能够担负巨大的政治组织工作和经济组织工作任务,是实现国家职能,完成人民民主专政历史任务的最重要的、经常的、不可缺少的手段。法较之道德必然起着主导作用。在存在着阶级斗争,道德价值体系对立,需要国家和法的社会历史阶段,法不能不居于主导地位。因此,必须大力开展立法工作,完备社会主义法律,加强执法和司法,广泛进行法制宣传教育。在这个意义上,党中央提出"依法治国,建设社会主义法制国家"的方针,是有政治远见的,是符合马克思主义基本原理的。任何否认法的主导作用的"德主法辅论”、“法德轮换论”都是错误的。但法和道德的区别也真实地说明，法律不是万能的，保障法律实施的强制手段也不是万能的。社会主义法有其固有的局限和短处，需要由道德辅佐或补充。

党的十四届六中全会决议指出：“社会主义道德风尚的形成、巩固和发展，要靠教育，也要靠法制。”我们要高度重视道德建设对法制的依赖和法制在道德建设中的作用。

法制手段之所以能够有效地促进道德风尚的建设，首先在于，社会主义法制是实现国家政治职能（打击敌人、惩罚犯罪；保护人民、调节人民内部矛盾，建立安定团结、生动活泼的政治局面）、经济职能（保卫社会主义经济基础，组织经济和科学文化事业的发展，为人民群众提供越来越丰富的物质生活资料和精神生活资料）以及其他社会职能的有力武器和重要手段。在实现国家职能的同时，也就为不断地形成和发展道德提供了客观政治基础、物质基础、思想文化基础。这些基础正是建设道德风尚的决定性因素。

其次在于，社会主义法制是批判剥削阶级旧道德，传播社会主义、共产主义新道德，用新道德改造旧社会、改造人的强大的思想武器和物质力量。在社会主义社会，约束和支配人们思想和行为的道德，除了社会主义道德外，还有封建道德、资产阶级道德和其他非无产阶级道德。各种类型的道德掌握社会成员的程度如何，决定着社会道德风尚，即社会总的道德面貌的好坏。社会道德风尚的好坏同社会主义法制又有密切的关系。很显然，当国家把社会主义道德原则和准则奉为法律的时候，就等于否定和批判了剥削阶级道德的合法性和合理性，就等于把社会主义作为国家和全社会的道德正式确认下来，使之居于统治地位。由于法律具有明确性、肯定性、普遍性等特点，全社会成员都能够通过法律清楚地知道国家提倡和保护什么，反对和禁止什么，从而受到社会主义、共产主义思想道德教育。由于法律具有不管人们内心是否赞同，都必须服从，否则就会受到国家的物质力量强制的特点，它能使少数不自觉接受道德的人在国家的监督下逐步养成守法的习惯。而养成守法的习惯,就是初步养成了遵守道德的习惯。同时,国家和社会依法对于符合国家和人民利益,履行法律义务(也是道德义务)特别有成就的法律行为(也是道德行为)的奖励,会激发更多人模仿、实践这些行为,从而使道德精神和道德行为在群众中生根、开花、结果。国家机关依法对违法犯罪行为的制裁,是对违法分子采取的其他方法代替不了的教育手段,会使很多犯罪分子在认罪服法的同时,深刻反省,洗心革面;使周围的道德不稳定分子受到教育和震慑,悬崖勒马,弃旧图新;也会使所有的人警惕剥削阶级思想道德的腐蚀,从而起着限制不道德现象的产生与持续的作用。

再次在于,法律把道德原则和准则具体化,把遵守某些道德规范确认为公民的法律义务,国家才能够对公民的道德行为实行真正的和直接的监督,并为公民提供同严重违背共产主义道德的行为和坏人坏事进行斗争的法律武器,提高公民同不道德的、违法的现象进行斗争的勇气和积极性。正如著名法学家陶希晋同志正确地指出的:许多不道德行为,作为一种社会风气问题,一般都是通过教育来解决,但是法律里面有一点根据更好。

运用法律手段建设社会道德风尚,在市场经济条件下更加突出和重要。市场经济条件下,人与人之间的关系、经济主体与经济主体之间的关系往往表现为利益关系,市场经济是以效益为首要价值的经济体制。这使原有的义利观发生了根本变化,从而使思想政治工作和道德教育不能产生计划经济体制下所能产生的有效的结果。在这种情况下,用法律的硬性规定引导、约束公民按照与社会主义市场经济相适应的善恶是非标准行动,无疑比那些只是指出应当如何作为或不作为的道德格言和道德规劝重要得多,有效得多。我国战国时期著名法家代表人物管仲曾指出"仁义礼乐者,皆出于法。"[4]唐代曾任过刑部尚书的著名的政治活动家、诗人白居易的一段论述中肯地说明了这个道理。他说:"圣王之致理也,以刑纠人恶,故人知劝惧,……人之性情者,君之土田也。其荒也,则 之以刑;其辟也,则莳之以礼;其柱也,则获之以道。故刑行而后礼立,礼立而后道生。始则失道而后礼,中则失道而后行,终则修刑以复礼,修礼以复道。故曰:刑者,礼之门。”[5]

四、文化建设与法制

文化建设是精神文明建设的重要内容。六中全会决议指出:“发展文学艺术、新闻出版、哲学社会科学等文化事业,满足人民群众日益增长的精神文化需求,对于提高民族素质,促进经济和社会全面进步,具有重要作用。”

文化建设包括的内容相当广泛,主要有文学艺术、人文社会科学、新闻出版、群众性文化活动、文化市场的管理等。

文学艺术包括文学、戏剧、电影、电视、音乐、舞蹈、美术、摄影、书法、曲艺、杂技和民间文艺等。文化建设就有形性和广泛性来说,首推文学艺术。在精神文明领域,文学艺术是一条重要的战线,承担着以优秀作品鼓舞人,培养“四有”新人、激励人民团结奋进的庄严职责。为此,文学艺术要坚持为人民服务,为社会主义服务的方向;要贯彻百花齐放、百家争鸣的方针,弘扬主旋律,提倡多样化;要坚决反对淡漠“二为”方向、远离群众实践的倾向,反对迎合低级趣味、一切向钱看的倾向和鄙视革命文艺传统、推崇腐朽文艺思潮的倾向。

坚持为人民服务,为社会主义服务,是由社会主义文学艺术的阶级性和党性所决定的。它不仅是广大人民群众对文学艺术的根本要求,也是文学艺术发展和繁荣的基本保证。在社会主义现代化建设的整个过程中,必须始终坚持这一根本原则。实践证明,只有坚持“二为”方向,才会自觉地深入生活、深入群众,向生活学习,向群众学习,把握社会发展的客观进程,理解人民群众的利益所在，认识人民群众的历史创造性和精神生活的进步。在人民的历史创造中进行艺术的创造，在人民的进步中造就艺术的进步，给人民以信心和向上的力量，才能实现以优秀的作品鼓舞人的任务，使人民群众不断提高的精神需求得到满足。

在坚持“二为”方向的同时，还应当贯彻“双百”方针。百花齐放、百家争鸣是符合文艺规律、促进文艺繁荣的方针。江泽民同志在第六次全国文代会、第五次全国作代会上深刻地指出：“文艺是一个需要极大地发挥个人创造性的领域。实行‘双百’方针，要求充分发挥艺术民主和学术民主，鼓励文艺工作者进行不倦的探索和创造。无论是提高艺术表现力，还是判断艺术的优劣高下和学术上的是非，都不能靠行政命令，而要靠艰苦的艺术实践，靠平等的争鸣。要在努力探求客观规律和维护人民群众利益的基础上进行同志式的讨论，支持学术上、艺术上不同形式、不同风格的自由发展和竞赛，使不同学术观点、不同艺术观点之间，能够相互了解、相互切磋、取长补短、共同进步。”[6]文学艺术的发展还要有积极的文艺评论。文艺评论是文艺发展的重要推动力，在探索文艺规律和促进文艺繁荣、推荐优秀作品、批评错误的文艺倾向方面，以及在帮助人们区分真、善、美和假、恶、丑方面有着不可缺少的作用。总之，正确地实行“双百”方针，就能有效地加强理论于创作的引导力度，使弘扬主旋律与提倡多样化完满地统一起来，推进文艺的发展和繁荣。主旋律代表时代精神，表达人类美好的思想情感。

无论是坚持社会主义文学艺术性质和方向，还是繁荣和发展社会主义文学艺术，除了党的领导和政策指导外，还需要法律的指引和保证。我国宪法和有关文化的法律、法规对文艺发展的方向和文艺繁荣的方针作了明确的规定，是保证文学艺术健康发展和繁荣的法律保证。

人文社会科学即哲学社会科学，与精神文明有着密切的联系。首先，以文学、历史学、哲学、心理学、教育学、经济学、法学、政治学、行政学、社会学等为主要内容的人文社会科学是精神文明的标志和组成部分,它们是随着精神文明的发展而出现的,它们的成熟程度又标志着一个社会精神文明和社会发展的程度。其次,就精神文明的内容来说,主要包括科学技术和思想道德文化等,科学技术是自然科学的研究成果,思想、道德、文化则是人文社会科学的研究对象及研究成果。在社会主义条件下,人文社会科学是社会主义文化事业的重要组成部分,负有特殊的历史使命。人文社会科学的重要地位和使命是由其"以科学的理论武装人"这一核心功能所决定的。为了发挥"以科学的理论武装人"的作用,人文社会科学必须有一个大的发展。为此,一方面,人文社会科学必须坚持以马克思列宁主义毛泽东思想和邓小平建设有中国特色社会主义理论为指导,坚持理论联系实际,为党和政府决策服务,为两个文明建设服务。要把改革开放和现代化建设的重大理论和实践问题作为主攻方向,积极探索有中国特色社会主义经济、政治、文化的发展规律。要重视基础理论研究,加强重点学科建设。对当代世界的新变化和各种思潮,要注意研究,科学分析,正确认识。认真做好规划工作,对重大课题要组织力量攻关,多出有价值的研究成果。另一方面,要坚持百家争鸣的方针,倡导学术自由,促进思想解放,形成更加民主、平等、活跃的学术环境。百家争鸣的方针不仅是我们党和国家指导和繁荣文学艺术的方针,也是保障人文社会科学发展和繁荣的根本方针。贯彻双百方针,意味着提倡科学严谨的学风,鼓励不同学术观点的相互切磋,提倡批评与自我批评以及心平气和的对话,以助长学术进步,推动在马克思主义指导下的具有不同认知兴趣、学术思想、研究方法、理论风格的学派的形成和发展;意味着要注意严格区分学术问题和政治问题,对思想认识问题要积极引导,引导要有针对性,有说服力,摆事实,讲道理,严禁打棍子、扣帽子、抓辫子。当然,贯彻双百方针不是放任错误观点和错误理论蔓延,对事关政治方向、事关重大原则的问题,要旗帜鲜明，分清是非，保证人文社会科学研究沿着正确的方向发展。这两个方面，都需要在法律上加以明确规定。我国宪法已经明确规定："中华人民共和国公民有进行科学研究、文学艺术创作和其他文化活动的自由，国家对于从事教育、科学、技术、文学、艺术和其他文化事业的公民的有益于人民的创造性工作，给予鼓励和帮助。"宪法还明确规定了"双百"方针。这些法律规定为人文社会科学的健康发展和持续繁荣提供了有力的制度保障。

新闻或者说大众传媒包括报纸、通讯社、广播、电视、电台等，是社会主义文化事业和党的宣传思想工作的重要组成部分。它们每天向社会提供大量的报道、言论以及其他的信息，同人民大众的思想、工作和生活联系密切，与改革、发展、稳定有着直接的关系。因此，新闻必须坚持实事求是，坚持团结稳定、正面宣传为主，牢牢把握正确的舆论导向，以正确的舆论引导人。舆论导向正确与否，其影响和后果非同一般，舆论导向正确，是党和人民之福；舆论导向错误，是党和人民之祸。所谓正确的舆论，就是有利于推进改革开放、建立社会主义市场经济体制、发展社会生产力的舆论，有利于加强社会主义精神文明建设和民主法制建设的舆论，有利于鼓舞和激励人们为国家富强、人民幸福、社会进步而艰苦创业、开拓创新的舆论，有利于人们分清是非、坚持真善美、抵制假恶丑的舆论，有利于国家统一、民族团结、人民心情舒畅、社会政治稳定的舆论。在坚持正确的舆论导向的同时，新闻媒体还要开展舆论监督，批评和揭露消极腐败现象，反映群众呼声，帮助党委和政府改进工作，密切党和政府同人民群众的联系。如何实现、怎样保证新闻宣传的正确舆论导向，必须有法律的指引和约束；而如何实施舆论监督，如何发挥舆论监督的作用，保证正确的舆论监督不受领导机关或领导者个人的肆意干预，更需要法律的规定。最近几年，有偿新闻成为一大公害。在有偿新闻背后的利益驱动下，有些报刊、电视、电台，甚至有些通讯机构，不顾实事求是这一新闻工作者的基本职业道德,发表假新闻,刊登假广告,发表劣文章,造成了十分恶劣的影响和后果。对此,更需要有法律的约束和制裁。实践呼唤新闻法早日出台。

出版事业是社会主义文化事业的又一重要组成部分。目前我国有五百六十多家出版社,三百多家音像出版单位,出版图书总量近一百亿册,这么多出版物加上近三百亿册报纸杂志,对全社会的精神生活产生着巨大的影响,几乎支配了人民群众的文化生活。所以,出版物的思想内容、道德格调和美学品位,对精神文明状况和精神文明的倾向有着全局性、渗透性的作用。所以,党的十四届六中全会决议要求出版工作在坚持马克思列宁主义、毛泽东思想和邓小平建设有中国特色社会主义理论指导的前提下,着力提高出版物质量,多出好作品,不出坏作品;要实施"精品战略",出版一大批思想性艺术性统一、具有强烈吸引力感染力、深受群众欢迎的优秀作品(包括传统文化精品和有价值的学术著作),用精品占领文化阵地;要积极扶持少数民族出版事业,不断满足全国各族人民多层次、多方面的需求。鉴于出版在社会主义精神文明建设中的作用,出版工作要把社会效益放在首位、力求经济效益和社会效益的统一,要坚决制止见利忘义、违法乱纪的行为,诸如卖书号、盗版等。要一手抓繁荣,一手抓管理。繁荣需要法律的保障,管理更需要通过法律进行。出版界发生的大量怪现象,例如,有害社会风尚、散布封建迷信、损害青少年身心健康的色情、淫秽、迷信出版物屡禁不止,不利于民族团结和信教群众和睦的坏作品时有出笼,丑化革命领袖和英雄人物、为封建帝王、卖国军阀、无耻文人歌功颂德的作品有增无减,反对四项基本原则、反对改革开放的反动作品也在学术和艺术的名义下出版发行,凡此种种问题都不是通过一般的宣传教育所能禁止住的,而必须通过建立出版法律体系和完善管理机制才能做到。

文化市场是社会主义精神文明建设的重要阵地。文化产品的交换和消费是通过文化市场实现的,文化市场既是文化产品的销售站,也是文化产品的监督岗,它担负着促进文化繁荣和监察文化活动的双重功能。然而,目前文化市场明显地存在着“一手软、一手硬”的问题。这些问题的解决,主要依靠法制。要通过制定和完善有关文化市场管理的法律和法规,健全管理体制和制度,积极培育和完善文化市场,大力扶持健康的文化产品,倡导适合广大群众消费水平的有益文化娱乐活动,更好地活跃和丰富文化生活。要加大执法力度,要维护合法经营,保护知识产权,打击走私、盗版侵权活动,清除各类淫秽、反动、非法音像制品和电子出版物,要管好文化产品的引进,将有害无益的文化产品拒之门外。要通过细化有关文化市场的法律规定,对黄色出版物作出可以操作的法律定义和界定,为有力打击和扫除黄色出版物提供明确的法律依据。

五、科技发展与法制

科学是人类关于自然、社会和思维的知识体系,是人类生产和斗争实践经验的总结、概括和升华。科学包括自然科学和社会科学两大部分。此处所说的科学主要指自然科学。技术是与生产活动直接发生联系的各种工艺操作方法和技能。就科学技术是第一生产力来说,科学技术属于物质文明的范畴;就科学技术作为知识形态和科学精神的载体来说,科学技术属于精神文明的范畴。这里,我们是从精神文明的属性来论述科学技术与法制的关系。

科学技术在社会主义现代化建设中起着独特的重要作用。党的十一届三中全会否定以阶级斗争为纲的错误路线之后,党和国家的中心工作转向了以经济建设为中心的轨道。与此同时,党和政府确立了经济建设必须依靠科学技术的战略方针。经济建设之所以必须依靠科学技术,乃是因为科学技术是第一生产力。纵观人类文明的发展史,科学技术的每一项重大突破,都会引起生产力的深刻变革和人类社会的巨大进步。20世纪以来，特别是第二次世界大战以后，由于以电子信息、生物技术和新材料为支柱的一系列高新技术日新月异，科技成果转化为现实生产力和实际经济效益的时间大大缩短，科学技术在经济增长中所占的比重迅速提高，逐渐对国民经济的发展起主导作用。据国家有关部门提供的资料，到80年代，一些发达国家经济增长的约四分之三是靠科学技术的进步实现的，而依靠自然资源和大量劳动力投入促进经济发展的作用将日益缩小。一个国家的产品中科技含量的高低，会在很大程度上决定着这个国家在国际贸易中的竞争力和世界经济中的地位。国家之间的竞争实质是经济实力的较量，而经济实力的较量说到底是科学技术尤其是高新科技的竞争。在同样的经济体制下，哪个国家能够掌握先进的科学技术，并善于把科学技术转化为现实的生产力，哪个国家就能够实现经济的较快增长，其产品就能够赢得国际市场。在世界经济体制的比较中，一种经济体制是否充满生机和活力，重要的标准就是看它能否激发企业吸收科技成果的积极性，能否促进科技成果转化为现实生产力。为了促进科学技术发展，更好地发挥科学技术作为第一生产力的作用，党和国家提出了“经济建设必须依靠科学技术，科学技术工作必须面向经济建设”的方针，并制定了一系列推动科技体制改革、促进科技经济一体化的政策和措施。

科学技术的发展必然要求法制的推动和保证。这是因为：

第一，现代科学技术活动和科学技术的发展不再像中世纪以前仅仅是发明家个人的事情或科学家私人的爱好，许多重大的科学技术攻关需要众多个人和组织的积极参与和合作，需要不同部门、不同单位在严密分工基础上的通力协作，需要大量的资金投入和物资投入。科学技术的这一发展规律客观上要求有效的组织和协调，并加大科学技术活动中的社会关系，因而需要国家以法律的形式明确科学技术发展在国家经济和社会发展中的战略地位，科技发展规划和计划,科技管理体制,科技奖励制度,科技活动主体之间的权利和义务等。科学技术的价值关键在于运用,在于转化为现实的生产力,而科学技术成果的合理使用和推广,需要建立科技成果的交换推广制度、技术合同与技术市场的管理制度等。为了适应科学技术发展的需要,我国宪法把实现科学技术现代化同工业、农业、国防现代化一起作为社会主义现代化的战略目标,并且规定"国家发展自然科学和社会科学事业,普及科学和技术知识,奖励科学研究成果和技术发明创造",制定了一系列有关组织科学技术发展、科教兴国、规范技术合同、加强科技活动管理的法律和法规。其中,1993 年 7 月 2 日八届人大二次会议通过的《中华人民共和国科学技术进步法》是科技领域的基本法。

第二,为适应建立社会主义市场经济体制和符合科技自身发展规律,必须对我国的科学技术体制进行改革。科技体制改革的目的是建立科技与经济密切结合的新型体制,促进科技进步,攀登科技高峰,以实现经济、科技和社会的综合协调发展。科技体制改革的主要内容包括加大科技投入,逐渐形成结构优化、布局合理、精干高效的研究开发体系,推动开发研究、高新技术及其产业和基础性研究的发展,促进科技成果向现实生产力的转化;改变部门分割的状况,推动科技系统的结构调整和人才的合理分流;实行"稳住一头,放开一片"的方针,加强基础性研究,开展高新技术研究,放开技术开发和科技服务机构的研究开发经营活动。积极发展各种所有制形式和经营方式的科技企业;应用研究和开发研究机构以及科技咨询和信息服务机构要面向市场,逐步实行企业化经营,增强自我发展和市场竞争能力。

中央提出,当前和今后一个时期,促进科技经济一体化的重大措施包括:一是选择国民经济中重大和关键技术领域,统一协调组织科研力量进行科技攻关。二是建立自主开发与技术引进相互促进的新机制,搞好技术引进和技术创新。办好高新技术产业开发区，促进高新技术成果商品化和产业化。三是鼓励科研机构、高等院校和企业合作进行技术开发，支持技术研究开发机构与大型企业或企业集团联合创办新产品、新工艺的研究开发机构，加快用高新技术改造传统产业的步伐。四是发展促进技术转让的中介机构、中间试验和工业试验，建立地区和行业的技术创新组织和技术推广网络。五是国防军工科研单位要继续贯彻军民结合的方针，进一步深化改革，转换机制，在保障国防建设的前提下，加强军民两用技术研究开发，积极推进军工技术向民用领域的转移。

科技体制的改革一方面需要法律的指引和推动，另一方面需要法律将科技体制改革的成果法律化、制度化。科技经济一体化更是需要一系列法律去协调。

第三，随着科学技术的发展，大量的技术规范需要转化为法律规范。技术规范调整的是人与自然的关系。它们规定人们如何使用自然力、生产工具，以有效地利用生产工具，开发自然资源。有相当一部分科学技术在运用于生产领域时，具有潜在的有害结果，例如核设施运行、激光、农药、剧毒化工、易燃易爆化工产品的生产、储存、运输等，都具有很大的危险性。美国三里岛核电站泄露事故和苏联切尔诺贝利核电站的爆炸事故严重地危害了人们的身体健康和生命，给人类敲响了警钟。为了防止和及时消除科学技术运用中出现的危害，不仅必须有严密的技术规范，而且为了保证这些技术规范的实施，必须把它们上升为法律规范，以国家的强制力作为后盾要求人们遵守和执行。在现代国家，科学技术应用方面大量的技术规范，如机械制造、生产操作、交通安全、环境保护、卫生保健等的技术规范大量地法律化，既保障了科学技术在生产和生活中的运用，也有效地维护了人民群众的生命安全和全社会的利益。

第四，科学技术活动是需要极大付出的脑力劳动，为了激发科技工作者的积极性，使他们尽其所能地从事科学研究、技术发明和创造，推动科学技术进步，必须确认知识的精神和物质价值，保护知识产权，建立和完善利益机制，即把脑力劳动及其成果与脑力劳动者的利益挂钩，而利益必须通过法律的确认、肯定和保护。一百多年前律师出身的美国总统林肯深刻地指出，专利法等知识产权法的功能是“给智慧的火焰加上利益的燃料”。在他的这一思想指导下，美国在世界上较早地制定了各种旨在确认和保护知识产权的法律。当今世界各国也都详实不同地制定了专利法、商标法、著作权法（版权法）以及其他关于发现、发明、技术改进和合理化建议的法律，鼓励科技发明创造，激发和保护人们从事发明创造和技术改进的积极性，同时制止那些在科技领域不劳而获、侵犯他人科学技术成果的不道德行为和犯罪行为。这也有效地促进了科学道德。法律不仅在物质利益方面促进科学技术进步，而且通过其他奖励手段（如授予相应的职称、荣誉称号等）来鼓励和激发科技工作者的积极性。

第五，世界分为自在世界和人化世界。利益关系存在于人化世界。现代科学技术的发展大大扩大了人类活动的空间，扩大了人化世界的范围。人类所到之处，利益问题必然出现。例如，随着气象科学、地理学、海洋学的发展，造船技术和捕鱼技术、无线电导航能力的提高，人类能够进入深海区域捕鱼，引起了关于海洋资源的利益争议，由此出现对深海捕鱼进行法律调整的必要。再如，自苏联 1957 年把第一颗人造地球卫星发射到太空，美国 1969 年宇宙飞船试航成功，引起有关宇宙空间占有以及与此相关的其他一系列利益问题，诸如航空安全，探索和利用外层空间方面的利益，于是需要制定航空法、太空法等来调整利益关系，建立宇宙领域的法律秩序。

第六，科学技术引起一系列社会问题和伦理问题，需要法律予以解决。科学技术的发展改变了人与自然的关系，人类中心主义更由于科学技术的进步而达到极端，由此出现运用法律来调整人与自然的关系的必要，保护自然，保护野生动植物，维护生态平衡，合理开采矿产资源，已成为各国立法的基本内容。

由于生物遗传工程和生物技术的开发应用和现代医学技术的发展，人体之间器官、血液、骨髓的移植越来越普遍，动物与人之间的器官移植也开始出现，这在伦理上和法律上必然引起许多问题。这些问题急需法律进行适当处理，以保障现代医学的健康发展。随着基因移植、基因合成等实验的进展以及新的生育技术的运用，试管婴儿、代孕等越来越多，因而出现了人类传统生育过程从未遇到过的新生儿血亲关系的确认问题以及与此相连的扶养、赡养、继承等法律问题。

第七，科学技术的功能异化需要法律去抑制。科学技术的本质功能是造福于人类，但实际上科学技术的功能是双重的：一方面，科学技术的持续发展提高了人类改造自然和社会的能力，推动生产力的增长和财富的增加；另一方面，科学技术可能被非道德、非理性地运用，从而对人类造成巨大的危害和损失。例如，一些人凭借自己开发自然的能力对大自然实行掠夺性索取，造成资源趋向枯竭，生态失去平衡，人类作为自然有机体的生存质量在下降。生物、化学武器和核武器的研制和使用，太空军事化，工业化和人口膨胀等给人类所造成的危害及潜在危害更是触目惊心。高新科学技术被用来从事犯罪活动是科学技术功能异化的最突出表现。据统计，80 年代以来，在西方发达国家，利用计算机、复印机、智能机器人等高新科技成果犯罪所造成的财产损失已大大超过普通犯罪给社会所造成的财产损失。因而，必须加强立法和执法，禁止科学技术的非道德使用，对科学技术成果要兴利除弊。

六、教育改革和发展与法制

科学技术的进步，科技作为第一生产力之作用的发挥，整个现代化的实现，最终取决于国民科技素质的提高，取决于人才的培养。因此，必须高度关心和重视教育改革和教育发展，要把发展教育放在优先发展的战略地位来抓。

教育的改革和发展内在地需要法制：

第一，教育的健康发展需要有法律的指引、保障和规范。教育与其他事业一样有其自身的客观规律，尊重和遵循这些规律，依照客观规律办事，教育就能健康发展，为社会主义现代化建设和中华民族的振兴培养出一批又一批合格人才。然而，历史的经验表明，要做到尊重和遵循教育的客观规律，并不是一件容易的事情。问题出在许多方面，其中最明显的是缺乏符合教育规律的法律的约束，致使长官意志代替客观规律，瞎指挥冲击科学管理，使我国的教育事业屡屡遭受不应有的惨重损失。在社会主义发展的新时期，要保持教育健康发展，必须吸取历史的教训，实现教育从人治到法治的过渡。

第二，改革开放以来，特别是最近几年，党中央和中央政府十分重视教育事业，把教育摆在优先发展的战略地位。1985 年 5 月，中共中央发布了《中共中央关于教育体制改革的决定》，1993 年 2 月，党中央、国务院印发了《中国教育改革和发展纲要》，1994 年 6 月，党中央和国务院召开了教育工作会议。这些措施为我国教育体制改革和发展指明了方向，为教育发展提供了强大动力，保障和促进了教育发展。但是，由于多方面的原因，在一些地方和部门的实际工作中教育优先发展的战略位置并未落实，导致近年来教育投入普遍不足，教育投入中公用经费比例下降，办学条件仍然较差，这些问题制约着教育事业的进一步发展。因此，为了确保教育优先发展的战略地位，落实党和国家优先发展教育的战略决策，推动教育事业健康发展，必须用法律来保证教育事业的必要投入和优先发展。

第三，教育主体的多元化要求对各类教育主体的权利、义务和责任做出明确规定。在改革开放的时代背景下，在社会主义市场经济的推动下，教育的办学模式开始多样化。目前除政府作为主体代表国家主办学校之外，一些企业、事业单位和社团也申办学校，海外华侨华人、国际友人、国外友好团体出资联合办学，由此出现了以国家办学为主、社会办学为辅，公办、民办、合资办学并存的格局。教育出现了主体多元化的趋势。在为中国社会主义现代化培养人才这一总的目标之下，不同办学模式的性质有所不同，其外部和内部的管理体制、经费来源和使用方法亦有很大差别，不同的主体可能存在不同的利益主张和利益关系，在不同学校中教师、学生的待遇也不相同。对于这些区别和差别，需要有不同的法律规范以不同的权利、义务、责任规定予以调整。否则，既不利于公立学校的稳定和发展，也不利于民办学校和合办学校的生存和发展。特别是在社会主义初级阶段，由于经济发展水平的制约，政府不可能划拨很多经费兴办学校以满足所有青少年接受教育特别是高等教育的期望，甚至不能提供足够的经费支撑现有学校的正常运转。在这种情况下，利用企事业单位以及个人的资金补充教育经费不足，引进外资改善办学条件，可以说是利国利民，势在必行。这将使教育的格局发生重大变化。为适应这种变化所产生的法律问题，必须加快立法。

总之，制定教育法，完善教育法体系，对于实现“以法治教”是十分必要的。正是基于这些原因和理由，全国人大于 1995 年 3 月通过了《教育法》，加上原有的《学位条例》、《义务教育法》、《教师法》和新近制定的一些行政法规，我国的教育法律体系已经初步形成。它将对我国的教育事业起到积极的推动、引导和保障作用。由于在过去相当长的时期，教育立法处于空白状态，法制概念还没有形成，人们所知道的只有教育方针，致使有些领导人甚至教育行政部门也把教育法律当作“软法”，或根本不视为法律，更谈不上严格执行和遵守。如果说有法不依、执法不严是我国社会的一大顽症和积弊,那么在教育法律的执行和遵守上情况更为严重。因而,在制定教育法律、法规和规章的同时,必须高度重视这些法律、法规和规章的实行。为此,要建立教育法实施的保障机制。首先,各级党委和政府必须重视教育法的实施。其次,教育主管部门作为保障教育法实施的专门机构,要切实履行职责,严格执法。复次,要加强人大对教育法实施的法律监督,同时发挥政协、社会团体、新闻媒体的社会监督。此外,还要发挥司法机关通过制裁严重违反教育法的行为来保障教育法实现的作用。

注 释

1 董必武:《论社会主义民主和法制》,人民出版社 1979 年版,154 页。

2 参见《人民日报》1996 年 1 月 22 日,第 1 版。

3 张曙光:"批判与建设:人文精神的哲学反思",载《天津社会科学》1996 年第 6 期,第 10 页。

4 《管子·任法》。

5 《白居易集》,卷 64,《刑、礼、道迭为用》。

6 《文汇报》1996 年 12 月 17 日。

论法与社会意识*

社会意识是一个基本的哲学范畴，也是一个重要的社会学范畴。法作为一种特殊的社会意识形态力量，既是社会意识的组成部分，又与其他社会意识形式相互依赖、交互作用。所以，在法律社会学中，法与社会意识的关系是个重要论题。西方某些法律社会学专家甚至认为，社会意识特别是其中的意识形态问题，是理解法的根源、意义和功能，重建马克思主义法学的关键。[1]

一、社会意识及其功能和结构

（一）社会意识的概念

“社会意识”是与“社会存在”相对的哲学和社会学范畴。社会存在指社会物质生活及其过程的总和，即人类社会赖以存在和发展的那些物质条件和活动。它包括与人类生存相关的地理环境、人口和物质资料的生产方式。其中生产方式是最重要的。社会意识是社会存在的反映，即社会物质生活，社会发展，人与人在社会活动中的关系及其过程在人们观念中的反映。

* 本文选自王子琳主编《法律社会学》（吉林大学出版社 1991 年版），是张文显撰写的第八章。

辩证唯物主义认为,存在是第一性的,意识是第二性的,存在决定意识,意识是存在的反映。在社会现象领域,就是社会存在决定社会意识,社会意识反映社会存在并为社会存在所决定。在人类社会历史发展的长河中,人们的社会物质生活条件怎样,人们的社会意识也就怎样。当然,社会意识不只是反映社会存在,它也能动地作用于社会存在。

(二)社会意识的功能

社会意识对社会存在的反作用就是社会意识的功能。社会意识之所以有反作用于社会存在的功能,乃是因为:第一,社会意识来源于社会存在,反映社会关系首先是生产关系的状况,矛盾及其发展趋势。这种反映是调节人们的行为路线的重要机制。第二,社会生活本质上是实践的,而人的社会实践都是有意识、有目的的,即都是在一定的社会意识的指导下进行的。

社会意识对社会存在的反作用依社会意识是先进的、革命的或是落后的、反动的而有着根本性差别。进步的、革命的意识始终是一面旗帜,把社会进步力量聚集和动员到自己周围,推动着社会前进;而落后的、反动的意识形态则维护或试图复辟旧的、已经过时的社会关系和社会制度,对社会的发展起着阻碍的作用。例如,在社会主义初级阶段,与发达的商品经济相连的平等观念、效率观念和竞争意识能够动员人民参与经济体制改革和政治体制改革,从而解放生产力,推动社会向前发展,而以自然经济和产品经济为基础形成的僵化观念则阻碍着社会生产力的发展和社会进步。

(三)社会意识的结构

社会意识是由各种要素、层次构成的复杂整体。我们可以从以下几个方面分析社会意识的结构:

首先,根据社会意识反映社会现实的深度(水平),社会意识可以分为日常意识和理论意识两个层次。日常意识是人们在日常实践活动中自发产生和发展的,当然由于教育工作的结果,它也可能是有意识地产生和发展的。日常意识包括:第一,经验和经验知识;第二,人们在社会生活中产生的观念、思维、感觉、情绪、意图和动机。理论意识是人们对现实的系统的、严密的和比较深刻的反映。它包括:一是作为反映自然界和社会生活的一定的概念、假说、原理、理论和定律所组成的科学知识;二是通过阶级利益的棱镜而反映社会存在的意识形态。日常意识和理论意识是辩证统一的:一方面,理论意识是对社会存在的认识的理性阶段,是用理论语言系统化和表达的东西,它比日常意识深刻而完整;另一方面,理论意识又是以日常意识为基础的,没有日常意识,理论意识就不可能产生。

其次,根据社会意识的主体(社会意识的表达者),社会意识的结构可以分为社会整体意识、社会集体意识和社会个体意识,社会整体意识是一定时代的社会全体成员的普遍意识。每个时代的人们都有或多或少普遍的或共同的意识,这是因为他们有着共同的历史背景,处于同样的或差不多同样的经济发展阶段。社会集体意识是一定阶级、阶层、民族、生产集团或其他社会集团在相同的社会实践基础上形成的共同意识。集体意识具有明显的差别性。在阶级社会中,各阶级的集体意识是互相对立的。个体意识是指个人在社会化过程中以及在生产和劳动过程中所形成的意识。个人的社会地位、社会环境、社会经历以及精神环境(阶级意识、民族意识、社区文化、时代精神等)直接影响着个人意识的形成。个人的特殊利益和要求,个人所生活的小环境(家庭、工作单位等)的意识形态也深刻地作用于个人意识的形成过程。因此,个人意识是"一般的、特殊的和个别的意识在个人意识中的特殊融合"。[2]个体意识中的"一般"反映历史时代和社会经济形态所特有的社会存在的各个方面。个体意识中的"特殊"则是个体所属的一切阶级、民族、社会集团、职业等的反映。在特殊中反映出具体个人所属的社会共同体的其他一切成员所具有的共同意识。个体意识中的“个别”则是与本人的个性相联系的，区别于社会其他成员的一切东西。

再次，根据社会意识的构成要素的客观性和稳定性程度，社会意识结构可分为科学和意识形态。科学是关于自然、社会、思维等客观规律的认识成果的总和。意识形态是阶级社会中一定阶级的政治、法律、道德、宗教、文学、艺术、教育等社会观点的总和。科学力求给予人们以客观的、合乎现实的知识，不直接为特定的经济制度和政治制度服务，故它反对价值偏好。而意识形态则论证和维护特定的阶级利益，是渗透着统治阶级既得利益或者被统治阶级热望的任何思想的形式。科学力图使自己的定律、范畴和原则具有逻辑上的完整性和一致性，具有稳定的形式。意识形态则没有类似的倾向，它常常缺乏逻辑上的完整性和一致性，且缺乏稳定的形式。

最后，根据意识的反映对象和表现形式，社会意识可以分为哲学、经济意识、政治意识、法律意识、道德、宗教、文学、艺术等。除了哲学是人们对整个世界的根本看法的理论体系外，其他意识形式分别是人们对社会存在、社会关系和过程的某个侧面的观点。其中政治意识和法律意识（或政治法律意识）是社会经济基础最集中的表现，因此它们也是最直接，最集中地反映经济基础的社会意识形式。它们作为一定社会阶级结构的最直接的思想表现，往往处于诸种社会意识的核心地位，并成为社会存在制约社会意识诸种形式的中间传导者和执行者。

二、法是一种社会意识形态

在社会存在和社会意识的划分中，法属于社会意识的范畴。

在社会意识中，法又属于意识形态的范畴。

(一)法是社会存在的反映

任何法都是直接地或间接地以社会为基础的，都是当时当地的统治阶级对社会存在的反映，对经济关系的要求的记载。古罗马发达的民法(私法)是当时比较发展的商品经济和比较复杂的财产关系的反映。中国古代社会和西欧中世纪的“特权法”、“等级法”是封建社会等级结构在法律上的表现。近代资产阶级国家宪法所确定的一系列民主原则和法制原则是资本主义商品经济普遍化的体现。社会主义国家关于人民主权的法律规定，对公有制的承认和法律保护则反映了基本生产资料属于全体劳动人民所有或劳动群众集体所有，劳动者是社会的支配力量这样一种社会现实。在当今苏联和西欧各国，法律不但不禁止多生多育，反而鼓励多生多育，是因为那些国家的生育率偏低或过低，劳动力供不应求。而我国法律规定计划生育，提倡和鼓励少生优育，则是我国人口严重过剩，生活资料供不应求这种社会现实的反映。

既然法是社会存在的反映，要想把握法的本质，就不能就法论法。正如马克思主义创始人所说，法的关系正像国家的形式一样，既不能从它们本身来理解，也不能从所谓人类精神的一般发展来理解，而只能从法与社会物质生活条件的关系中来理解。

(二)法是规范化和制度化的社会意识

法不是一般的社会意识，法是规范化和制度化的社会意识，从而也是客观化和权威化的社会意识。

所谓“规范化”和“制度化”，是指统治阶级在社会活动和社会生活中所形成的法律要求(其内容可能是有关经济的、政治的、道德的、宗教的或教育的要求)，经过国家立法机关或司法机关而成为一种经济生活、政治生活、精神生活和日常生活中必须受到尊重和遵守的行为规范。而且这些规范是系统化的。从横向看，法是由宪法、刑法、民法、经济法、行政法，组织法、劳动法、婚姻法、诉讼法、环境保护法、军事法、教科文卫法等法的部门组成的完整体系。从纵向看，法是由效力不同的法的规范层次，即由宪法规范层次、法律规范层次、行政法规层次、自治法规和地方法规层次依次安排的严密而统一的体系；立体地看，法是由各种法律制度（如政治法律制度，经济法律制度、文化法律制度、诉讼法律制度等）有机地交叉联结在一起的。而那些没有规范化和制度化的社会意识则没有如此严密和系统的特点。

所谓“客观化”和“权威化”，是指法是国家意志的体现。统治阶级的主观意志（意识）经过国家的立法活动而成为客观的意志（意识）。这一过程也是统治阶级意志得到权威化的过程。统治阶级的主观意志（意识）一旦经过国家的立法活动成为客观意志，也就成为“社会的正式意志”（因为国家是“社会的正式代表”），成为由执法机关、司法机关、警察、监狱等法律设施作为其依托的权威意志，在国家权力所及的范围内，任何个人和团体都必须服从它，任何违抗它的行为，都是对国家权威的蔑视，国家不会对之采取放任态度。

（三）法是传播社会意识形态的工具

意识形态具有影响、支配人的思想和行为的巨大功能。如果统治阶级能在传播它的意识形态方面获得成功，那么，每个人关于正确与错误、理性与非理性、善良与邪恶以至美与丑的观念，就会被统治阶级的意识形态同化或部分同化。统治阶级传播其意识形态的方法很多。在诸多方法中，法律方法无疑是最主要的、最有效的方法。

法是统治阶级意志的客观化。它首先作为符号而存在。通过法律符号，人们知道统治阶级关于社会经济、政治，文化的根本看法,知道国家支持什么,反对什么,允许什么,禁止什么,以及统治阶级的、国家的价值定向和目标选择。

法其次作为支配人的意识形态的力量而存在。恩格斯曾经说过:国家是"第一个支配人的意识形态力量"。[3]意大利共产党创始人和主要领导人,马克思主义理论家葛兰西也说过国家是一架"意识形态机器"。法就是国家支配人的意识形态的主要力量。正是借助法,统治阶级的意识形态才有了必须得到遵守的效力,从而每日每时影响着人们的基本活动。

法还作为一种强制秩序而存在,法是以国家强制力为后盾的秩序。生活在法律秩序中的人们会经常感受到法的力量:或者受到法律的支持和保护,或者受到法律的禁止和压迫。特别是生活在法律化或日趋法律化的现代社会,人们的思想和行动皆受到法律的调节,人们的越轨行为时刻受到国家机关的校正。在这种调节和校正的过程中,统治阶级的意识形态渗透到了人们的精神世界,塑造了社会成员的世界观和价值观。

历来的统治阶级及其思想家都十分重视法在传播意识形态,培养与统治阶级意识形态相吻合的世界观和价值观等方面的作用。早在我国春秋战国时期,齐国著名政治家和法学家管仲就提出过两个著名的命题:一是:"仓廪实,则知礼节,衣食足,则知荣辱";[4]二是:"仁义礼乐者,皆出于法"。[5]前一个命题指出了社会意识对物质生活条件的依赖因素,有唯物论的成分。后一个命题指出了法律对社会意识的巨大作用,有辩证法的成分。两个命题都很有见地。秦代统治者主张"以法为教",新出土的秦简中的《语书》写道:"圣王作为法度,以矫端民心,去其邪避(僻),除其恶俗。""凡法律令者,以教道(导)民,去其淫避(僻),除其恶俗,而使之于为善殹(也)。"[6]唐代统治者更明确地指出,法律的任务不仅是"禁暴惩奸",而且要"弘风阐化"。[7]他们所制定的法律既是镇压劳动人民、维护地主阶级在经济上和政治上的统治地位的武器,又是向社会灌输封建意识形态的教本。

资产阶级也善于利用它的法律制度传播它的意识形态。资产阶级国家的宪法、法律和判例渗透着资产阶级的财产观点、道德观点、政治观点、权利和义务观点等社会观点,其中核心的观念有:私有财产神圣不可侵犯、自由、平等、博爱、法治等。资产阶级还以天平、宝剑和蒙眼布的法庭标志宣传资产阶级的法律观点。

社会主义国家也把法作为传播意识形态的重要工具。不过,它所传播的是以马克思主义为指导的工人阶级的意识形态。其中居核心地位的是这样一些观念:第一,主体观念:公民是以政治权利的主体和国家的主人的资格加入社会政治关系的,而不是依附于个人、受人摆布的政治客体。第二,平等观念:所有公民在法律上都是平等的。除非经过人民的同意并依据法定的正当程序;任何人都没有向别人发号施令的权利,也不应该享有法外特权。第三,权利观念:在法定界限内,主动追求和行使自己的权利,勇敢地捍卫自己的权利,是完全正当的;但不可以无视社会所能提供的物质条件以及社会的承受能力而盲目主张权利和滥用权利。第四,责任观念:一方面要承担起法定义务和道德义务,尽自己的能力为国家和社会作出贡献;另一方面要对自己的自由选择负责,不推卸和逃避由于自己的过错而应承担的法律责任和道德责任。第五,法治观念:尊重和遵守经由合法程序产生的、旨在维护和发展社会秩序、社会正义、个人自由和社会财富的法律规范和法律秩序。第六,公共财产和个人合法财产不可侵犯的观念:依靠自己的劳动获取生活资料,在任何情况下都不可不正当地侵占他人的、集体的和国家的财产。第七,各民族一律平等的观念:民族不分大小,都有同等的法律地位、经济权利、政治权利、社会权利。第八,人道主义观念:对人要真诚、爱护、尊重,要有宽容态度。第九,社会公共道德观念:尊重和遵守社会公德,爱祖国、爱人民、爱劳动、爱科学、爱社会主义,公正、廉洁、实事求是。第十,效率观念:要有竞争精神,以最少的投入取得最大的产出，等等。

三、法律意识及其作用

（一）法律意识的概念和结构

法律意识是人们关于法律的感觉、要求、期待、评价、认识等精神要素的总和，也就是关于什么是法、什么是法律权利和义务、为什么需要法、需要什么样的法、法的约束力从何而来、什么是正当的法、怎样的社会关系应该由法加以调整、法应该怎样制定出来等的心理反应、观念和理论。

法律意识是社会意识的一种，因而凡社会意识所具有的共性，它皆有之。

首先，法律意识是社会存在的反映。法律意识起源于原始社会末期。那时，生产力有了新的发展，出现了社会分工、商品交换和私有财产。在此基础上产生了"所有权"的观念和"定分止争"的要求以及"什么是应当受到保护的要求"的观念。这就是最初的法律意识。最初的法律意识与道德，宗教等观念是彼此融合在一起的，很难严格区分开来，并且都是直接写人们的物质活动、物质交往，现实生活的语言交织在一起的。随着经济、政治和其他社会生活对法律要求的增长，立法发展成为比较复杂的整体，法律逐渐渗透到社会生活的基本方面，法律意识不断丰富起来，并且成为一种特殊的意识体系。由于法律意识从中形成和发展的社会物质生活条件不同，它有明显的时代性和阶级性。在封闭的自然经济和落后的生产力基础之上形成的法律意识以"君权神授"、"法自君出"、"义务为本"、"避罪远罚"为特征；而在商品经济基础之上，正形成的法律意识则以"主权在民"、"法自契约"、"权利为本"、"依法护权"为特征。

其次，法律意识具有相对的独立性。它的相对独立性表现为：

第一,法律意识不是消极地反映社会存在和法律实践,而是积极地作用于社会存在和法律实践。进步的法律意识一旦形成,就会成为一种精神力量,对社会发展起推动作用。而保守的、僵化的法律意识则阻碍社会发展。第二,法律意识不总是与物质生产方式完全合拍的。它可能在一定程度上落后于社会生产方式(滞后性),也可能在一定程度上超越于社会存在(超前性)。正如马克思所说:"虽然一定所有制关系所特有的法的观念是从这种关系中产生出来的,但另一方面同这种关系又不完全符合,而且也不可能完全符合。"[8]第三,法律意识的发展虽然是以经济发展为基础的,但是,它又同其他社会意识形式,特别是与政治意识、道德、宗教、哲学互相影响、互相作用。在相似的经济发展水平上,由于政治文化、道德传统、宗教文化、哲学思想等的不同,各个民族的法律意识会有很大差别。第四,法律意识在其发展过程中有其历史的继承性。这种继承性往往超越时代和社会经济基础的界限。

最后,法律意识有法律心理、法律观念和法律理论之分,个体法律意识、集体法律意识和社会法律意识之分。

法律心理、法律观念和法律理论是按照法律意识反映社会存在和法律实践的深刻程度与系统程度而进行的结构分析。法律心理是人们在日常的社会活动、法律生活中自发形成的心理状态,表现为人们对现行法律现象的心理特点、直接感受、体验、情绪、认同或敌视。这是一种低水平的法律意识,具有经验性、直观性、自发性、潜在性、保守性的特征,一经形成就成为人们的内在习性和内在驱力,产生"动力定型"的效应。法律观念是人们在广泛接触法律实践和反思实践的过程中所形成的思想,表现为人们对法律现象的比较自觉的和有意识的但尚不系统的思考。法律理论,或者说法律思想体系,是法学家在法律实践中或在科学研究过程中,以一定的法律观念为基础,并对它加以自觉的提炼升华,使之系统化、理论化的东西。法律理论是法律意识的最高层次,对法律心理、法律观念起着指导作用。

个体法律意识、集体法律意识和社会法律意识之分是根据法律意识的主体而作的结构分析。个体法律意识指个人在生产、交换等社会实践中所形成的法律要求(权利主张和义务感)以及个人在法律生活中形成的对现行法的认知、反思和评价。个人法律意识的内容取决于个人的心理特征、个人借以存在的那种环境对他的法律影响和个人的学习。集体法律意识是一定阶级、阶层、民族、利益集团等群体在社会实践和法律生活中所形成的法律要求、心理、观念、理论等,具有明确的阶级性、民族性、集团性和多样性的特征。社会法律意识指一个社会全体成员或绝大多数成员普遍具有的法律心理和法律文化。社会法律意识是历史上的法律文化的沉积、占支配地位的法律意识的传播和个人法律意识错综复合的产物。这三个层次的法律意识是相互依赖和相互作用的。一方面,社会和集体法律意识是个人法律意识形成的重要环境因素;另一方面,个人和集体法律意识对社会法律意识的内容和发展作用甚大,个人和集体对社会法律意识或顺从或抵制,或批判或创新,因而这样或那样地影响着社会法律意识的内容及其发展的状况。

(二)法律意识的作用

一个社会的法律意识有统治的即占支配地位的法律意识和非统治的即非占支配地位的法律意识之分。统治的法律意识与法律制度总体上是互相适应的,它是法的形成和实现的不可缺少的条件。非统治的法律意识总体上与现行法律制度是互相对立的,它阻碍着有利于统治阶级的法的形成和实现。在社会主义社会,占支配地位的法律意识是以马克思主义为指导的社会主义法律意识。它在法的形成、改革和实现等过程中起着多方面的积极作用:

首先,社会主义法律意识是社会主义立法的直接根据。历史唯物主义的基本原理指出:“法的关系正像国家的形式一样……根源于物质的生活关系。”[9]它从终极意义上指出了立法的根本动因是经济关系的客观需要。但是,这种客观需要不会直接成为法律,它需要首先转化为权利要求和法律要求,然后经过国家活动上升为法律。正如恩格斯所说:“为了要取得法律的确认,经济事实在每一个别场合都应当采取法律动机的形式。”[10]在这个意义上,法律意识是立法的直接根据或直接动因。

法律意识的立法根据作用还表现为法律意识对现行法律规范的“校正”作用。社会主义立法的经验说明,当现行法律规范落后于社会生活和社会法律意识时,社会主义法律意识会敏锐地诊断出这些矛盾,并预告出这些矛盾的紧张程度,发出校正——修改或废止的信号,并在社会舆论中反映出来。社会主义法律意识不限于发出一般的校正信号,它还提出向什么方向校正和如何变更这些规范的具体建议。社会主义法律意识的这种校正作用,促进着社会主义立法的不断完善。

其次,社会主义法律意识是社会主义立法的重要补白。法律是社会生活的相对稳定的形式,而社会生活本身却是易动的。这常常引起法律空白产生。同时,社会中的利益主张和权利要求是各种各样的,危害社会和个人利益的行为形形色色,立法机关不可能精确地预测到将来可能发生的一切事情,创造出事先预料到一切可能的权利主张、利益冲突、诉讼,并预先加以解决的一套天衣无缝的法典。因此会出现这样的情况:某些行为,根据无产阶级和广大人民利益的要求,应当受到法律保护或制裁,但却没有明确的法律规定,也就是说必然会出现新奇案件。当新奇案件出现时,司法机关不能以法无明文规定而拒绝受理。他们应当援用基本类同(最相类似)的法律规范和共产党的政策进行审理和裁决。当没有基本类同(最相类似)的法律规范和共产党的政策可资援用时,应当根据社会主义法律意识做出裁决。正是在这种意义上,法律社会学把法律意识认作“观念中的法”,把统治阶级的法律意识看作法律现实的组成部分。

在肯定社会主义法律意识对立法的补白作用的同时,应当意识到这种补白作用可能产生这样一些副作用:第一,某些案件的审理结果偏离社会主义立法精神,有些司法人员没有树立社会主义法律意识。在他们的思想深处,封建的,资产阶级的或者其他非无产阶级的法律意识根深蒂固,他们往往误把封建的、资产阶级的或其他非无产阶级的法律意识当作社会主义法律意识,并以此作为办案的标准。结果,在他们那里,社会主义法律意识对立法的补白实际上成为非社会主义法律意识对立法的补白。他们的裁决支持和保护了错误的东西,压抑或打击了正确的权利主张和正当要求。更有个别司法人员故意把封建的或资产阶级的法律意识或个人的偏见冒充为社会主义法律意识来适用,使司法成为邪恶势力的保护伞,损害了社会主义法在当事人和人民群众心目中崇高的形象和威望。第二,某些案件的裁决有损于社会主义法制的统一性。统一性是社会主义法制的基本原则。以社会主义法律意识补充法律之不足时,也要坚持这个原则。但是,由于我们的司法人员中有相当一部分人没有受过系统的、专门的法律教育,社会主义法律意识水平参差不齐,从而造成:事实非常相似的案件,有的法院认为应当受理,有的认为不应当受理;有的法官可能支持原告,有的可能支持被告;有的法院可能判决被告有罪,有的可能判决被告无罪。发表于《民主与法制》的两篇关于遗嘱问题的文章就反映了这种对立的情况。该刊1981年第8期的文章说:“我认为即使遗嘱人是基于封建思想而用遗嘱剥夺了他的自立的女儿的继承权也是合法的,因为用遗嘱来处分遗产,是遗嘱人行使其所有权,是合法的,依法是应该保护的。”该刊同年第11期的另一篇文章则认为:“显然有失公平的遗嘱,人民法院可以宣布其一部或全部无效,遗嘱继承与法定继承一样,必须实行男女平等和权利义务相一致等原则,违背这些原则的遗嘱是不公平的,对于显然有失公平的遗嘱可一部或全部不予承认。……所以,认为基于封建思想而剥夺了女儿继承权的遗嘱也是合法的,这种观点显然不妥。”如果这两位作者是法院的审判员、庭长或院长的话,他们的判决之完全对立,情形就可想而知了。

为了充分发挥社会主义法律意识对立法的补白作用,同时又减少或避免出现副作用,应当在不断总结经验的基础上,完善社会主义立法;应当抓紧司法干部的职业培训,提高他们的政治素质和社会主义法律意识,但是,重要的是要把社会主义法律意识对立法的补白作用法律化、制度化。所谓法律化,是要在宪法或其他法律文件中,明确地把社会主义法律意识对立法的补白作用规定下来,使之合法化。这样做有下列好处:第一,使我们的法律制度有一定灵活性,不至于在坏人钻法律不完备的空子时,司法机关的手脚却被法律条文束缚着而无能为力。第二,使司法机关对新奇案件做出的裁决有法律依据,提高裁决的权威性,避免在判决的执行过程中遇到阻力或使司法机关陷于被动。近几年不少民事裁决执行之所以困难,原因之一就是这些裁决是根据社会主义法律意识做出的,但却没有法律授权司法机关这样做。有的当事人以裁决没有法律根据而否认它的效力,拒绝执行。第三,使司法机关按照社会主义法律意识审理新奇案件的活动限制在一定范围内。国家在社会主义法律意识对立法的补白作用合法化的同时,规定在什么情况下,遇到什么类型的新奇案件,人民法院必须受理或可以受理,就使社会主义法律意识对立法的补白作用成为有限制的补白作用。

所谓制度化,就是建立比较完备的程序,以保证社会主义法律意识对立法的补白作用的正确性和统一性。这些程序应当包括:第一,当新奇案件出现时,应当由法院院长根据法律的原则决定是否应当受理。如果应当受理并决定受理,该案就应当交由一个或几个公正无私,有较高法律意识、与本案无直接利害关系的审判员审理。第二,案件终结时,办案人应当而且必须能够证明,他(他们)的裁决符合社会主义法律意识,同社会主义法律原则是一致的。第三,最后要报上级备案,重大案件需报上级法院核准。通过这些程序,一方面可以充分发挥集体智慧;另一方面把办案人置于院长和上级法院的监督之下,可以保证案件审理的正确性,从而维护社会主义法制的原则性和统一性。

再次,社会主义法律意识是正确适用法律规范的重要保证。法律规范的适用,即所谓司法,是指国家机关依照法定的职权和程序,把法律规范应用到具体生活中的活动。正确适用法律规范有一个重要前提:进行正确的司法推理。社会主义法律意识在司法推理中起着十分重要的作用。

司法推理就是根据法的精神正确理解和解释法律规范,从各种有效力的法律资料中找出对案件做出裁决的根据。社会主义法是占人口绝大多数的工人阶级和其他劳动人民的利益的集中表现,它不需要掩盖自己的目的。社会主义立法旨在使社会生活服从于秩序和正义,使公民有法可依,有章可循,司法机关断案有据,不出规格。因而,社会主义立法力求做到语言简明易懂,逻辑严谨一致。但是,无论如何也做不到使司法机关可以毫不费力地照本宣科或者像查对数表那样获得解决案件的办法,因为法律是普遍的,应当根据法律来确定的案件是具体的。立法机关在制定法律规范时,必须抛开个别法律事实(法律事件和法律行为)的特殊性,而只规定同类现象的普遍性。司法机关适用法律规范时,则是把普遍性的规定应用到具体的个别的法律事实——它们是千差万别的。“要把单一的现象归结为普遍的现象就需要判断”,[11]亦即需要推理。司法推理的过程首先需要运用分析推理的方法,即演绎推理、归纳推理和类比推理等方法。演绎推理的特点是,法院有可以适用的现成的法律规则(大前提),通过调查而确定的、可以纳入该规则的案件事实(小前提),由此法院可以做出判决(结论)。归纳推理是在没有现成的、可以对号入座的法律规则的情况下,法院经常运用的推理方法。其特点是,法院从一系列法规或判决(经验)中归纳出可以适用于目前案件的原则,然后运用演绎法做出判决。类比推理是在已经查清的事实不能完全归于现有法律规则所及的范围,但与某一法律规则的规定有相似之处的情况下,法院所使用的方法。演绎推理、归纳推理和类比推理都是形式逻辑的方法。使用这些方法需要以下列条件为前提:第一,法律规则明白无误;第二,法律体系内在一致;第三,逻辑上法律体系完备无缺。但是,法律实践告诉人们,这些条件有时是不具备的。法院经常会遇到没有现成法律规则或可以归纳出来的法律规则的新奇案件,也会遇到因两个法规或几个法规互相矛盾而难以处理的棘手案件。在新奇案件和棘手案件面前,分析推理既不能帮助法官填补法律的空白,也不能帮助法官在互相矛盾的法律规则之间做出选择。法官必须使用另一种推理方法,即辩证推理的方法。

辩证推理的方法不是从固定的范畴出发而进行的推理。它是一种对各种价值、利益、政策进行综合、平衡和选择的方法。在处理新奇案件时,法官要从法的作用、目的和价值考虑出发,根据社会主义法律意识创立一个适当的标准填补法的空隙。在处理棘手案件时,法官要对各种价值和利益进行权衡,然后采用与优越价值相符的法律规则。

此外,如果法律,法规的语言含糊不清(难以解释或可做多种解释),如果法律、法规含有“正义”、“正当”、“公平”、“合理”、“过错”等词语,也只有借助社会主义法律意识,才能明确法律规定的真正含义,正确地适用法律规范。

最后,社会主义法律意识是法律规定成为法律现实的中介或桥梁。当法以法律、法规的形式出现时,只是“书本法”或“纸上法”。这种本本上的法能否变为现实的法,直接取决于公民对法律规范的认知、评价和选择,即取决于公民是否正确地理解法律规定的内容,是否对法定权利和义务持肯定评价。如果公民能够正确地理解法的内容,并对法定权利和义务持肯定性评价,就能做出与现行法的要求相一致的行为,法律规范就能够转化为法律关系,即转化为生活现实。

以马克思主义为指导的社会主义法律意识是公民遵守和执行法律的思想基础。首先,社会主义法律意识通过对法定权利和义务的性质和作用的评价,激发公民对法的认同度,教育和培养公民依法行使权利、履行义务的自觉性。其次,通过具体地评价法定义务,引导公民正确地认识和处理义务与个人愿望的矛盾、各种义务间的矛盾,促使公民忠实履行法定义务。最后,社会主义法律意识通过为权利行使设定界限来引导和监督公民正确地行使权利。社会主义法律规定公民享有广泛的权利。每个权利本质上都是有界限的。但是,在法律上,权利的界限不总是明确的,法律有时没有明文规定权利的界限。例如,宪法规定了言论自由权,但这一权利在什么情况下行使,以什么方式行使,行使到什么程度,宪法和其他法律都没有明确而具体的规定。有时,即使法律上规定了某些权利的界限,也只是一般化的规定。在大多数情况下权利行使的界限是由社会主义法律意识设定的。社会主义法律意识在这样几个方面为权利行使设定界限:第一,不得以损害他人或社会的目的而使用权利;第二,制止以不适当的方式行使权利;第三,抑制滥用权利或超越法定权利界限行事;第四,要求公民识大体,顾大局,在公民权利实现的程度和范围受到客观条件限制的情况下,不应向社会和国家提出不合理的要求,特别是不应采取极端行为(如罢工、学潮、聚众闹事等)。

既然社会主义法律意识在法律的实现中起着重大的作用,那么,培养社会主义法律意识,提高公民的法律素质,就是十分重要的事情。党的十一届三中全会以来,党和国家在加强立法、执法、司法和法制监督工作的同时,非常重视公民社会主义法律意识的培养和提高,重视法制宣传教育,重视法学教育和法学研究。第六届全国人民代表大会常务委员会第十三次会议专门通过了国务院《关于加强法制宣传教育,在公民中普及法律常识的决议》,并提出用五年时间基本普及法律常识。中共中央《关于社会主义精神文明建设指导方针的决议》也指出:“要在全体人民中坚持不懈地普及法律常识,增强社会主义公民意识。”经过这几年的法制宣传教育,我国公民的社会主义法律意识有所提高。但是,从整体上看,我国公民的法律意识和法律素质还比较低,与社会主义法制建设和体制改革对法律意识水平的要求相差甚远。为了比较快地提高我国公民的社会主义法律意识,法制宣传教育的重心应从普及法律常识转向培养权利和义务观念、主体观念、平等观念、参与观念、法治观念、增强公民的法律要求和守法护法的责任心这方面来。

注 释

1 参见施皮策:“法律社会学中的马克思主义”,载《现代外国哲学社会科学文摘》1985 年第 11 期,第 24 页。

2 [苏]莫罗佐夫等:《历史唯物主义概论》,湖北人民出版社 1987 年版,第 243 页。

3 《马克思恩格斯选集》第 4 卷,人民出版社 1972 年版,第 24 页。

4 《管子·牧民》。

5 《管子·任法》。

6 《睡虎地秦墓竹简》,文物出版社 1978 年版,第 15 页。

7 《旧唐书·刑法志》。

8 《马克思恩格斯全集》第 30 卷,人民出版社 1975 年版,第 608 页。

9 《马克思恩格斯选集》第 2 卷,人民出版社 1972 年版,第 82 页。

10 《马克思恩格斯选集》第 2 卷,人民出版社 1972 年版,第 393 页。

11 《马克思恩格斯全集》第 1 卷,人民出版社 1956 年版,第 76 页。

法文化研究:法学的一块新垦区*

在社会科学的其他领域,"文化热"似乎已经过去,而在法学领域,文化热却在悄然出现。法文化正在成为法学家的一块新垦区。在这块土地上,用心深耕细作,准会有所收获。本文拟就法文化热出现的社会实践背景、法文化研究的理论和社会意义以及法文化研究的主要方向和课题,略作论述,以期与法学界同仁交流。

一、法文化热出现的背景

法学领域文化热的出现有其深广的社会背景和多重因素。

(一)法制观念滞后于法制建设促使法学家把视野扩大到法现象的文化方面

1978 年以来改革开放和现代化建设的伟大实践既需要法制,也推动了法制建设。经过十年的工作,我国修改了宪法,制定了刑法、民法通则、经济合同法、刑事诉讼法、民事诉讼法、行政诉讼法

---

* 本文最初发表于《当代法学》1991 年第 3 期,原名为《法文化:法学的一块新垦区》,经过修改后载中国儒学与法律文化研究会编《儒学与法律文化》(复旦大学出版社 1992 年版)。

等一批基本法律,制定了大量行政法规、地方性法规,初步建立起以宪法为基础和轴心的社会主义法律体系,并健全了各级各类法律机构和组织。然而,法律的实施和实行情况并不理想,法律尚未切实进入“角色”,发挥其应有的作用,实现其应有的价值。权大于法、律外有法(土政策)、有法不依、执法不严、结案迟误的现象仍然不同程度地存在;以法谋私、徇情枉法的事件时有发生,以言代法、以言废法的习惯还没有得到彻底纠正;许多公民尚不真正懂得权利义务为何物以及怎样依法正确行使权利和履行义务。究其原因,除了政治体制和法律制度方面的弊端外,主要是因为作为法律运作主体的公民和官员的文化——心理结构中仍程度不同地存在着落后的、陈腐的法律观念、价值标准和思维——行为方式。这不能不促使法学家冷静地审视我国的法律生活现实,思考困扰法律实施和实行的观念、价值、心理因素,从而把法学的视野从法现象的制度、组织方面扩大和深入到其精神方面,并主动承担起法文化启蒙的历史使命。

(二)国际法律交流显露或引起的法文化冲突迫使我们探寻法文化调适的途径

实行改革开放以来,我国的商品经济蓬勃发展,参与国际贸易和国际经济市场的范围和程度不断扩大。与此同时,我国的国际政治地位进一步提高,与其他国家的文化交流和政治事务的合作愈益频繁。相应地我国参与国际法律秩序的范围也空前扩大。在广泛的国际法律交往中不可避免地显露或引起我国法文化与外来法文化之间的冲突,我们突然发现自己面对着外来法文化的巨大张力和压力。我国的法文化怎样通过自我调节、自我更新、自我选择去适应国际法律环境和时代精神,同时又保持和弘扬中华法文化中那些优秀的、仍有活力的民族精神,这自然就成为我国法学家的一个现实课题。

(三)公民法律社会化教育需要开展法文化的专门研究

法律社会化,即人在法律方面的社会化,是使法律规则、原则和概念从国家的外在宣布转化为个人的内在行为动机,从客观的行为标准转化为主观的行为模式,使立法精神和价值导向获得公众的认同的过程。法是由国家制定或认可的,指引和评价人类行为的标准,这些标准要成为人们行为的动机和指向,就必须渗透到所有社会成员的意识深层,首先使人们知晓自己的权利和义务,其次使人们理解、认同和尊重法律,再次要唤起人们对法律的信心、需要与合理期望。显然要完成这种社会化教育过程,没有对法文化的把握是不可能的。回顾和反思1985年以来我国进行的普法教育,总的来说,取得的成绩是明显的。但也必须看到,在普法教育中有相当多的地方和单位只进行具体法律、法规知识的宣讲,却未注意社会主义法观念的教育和培养,致使在这些地方和单位,人们虽然知道一些具体的法律、法规条文,但却没有形成对法律的情感、需要和期望,因而心态仍然是在法律面前安分守己、避罪免罚,以至对法律冷漠,而不是主动地去学习法律、运用法律,通过法律确认和实现自己的权利,履行自己必为又应为的义务。这种情况也促使法学家们开展法文化的研究,以探寻对公民进行法社会化教育的最优战略和途径。

(四)国外法学界关于法文化的研究引起我国法学家对法文化的兴趣

从20世纪60年代开始,法文化逐渐成为国外法学界的一个专门性课题,尤其是美国、前苏联、日本和德国的法学界在法文化研究中做出了许多有益的探索,取得了传统法哲学始终没有获得的理论、方法论成果以及实证调研资料。这些研究及其成果不仅消除了法学的诸多盲点,而且为传统法文化的现代化,为当代各国法文化的交融与调适提供了理论和参照。这对于生活在法文化正发生历史性变迁的中国法学家来说，无疑是令人鼓舞的信息。

（五）我国的一般文化研究直接引发了法文化热

自80年代初，在改革开放大潮的推动下，适应社会主义商品经济和民主政治发展的新观念不断出现，给我国社会生活的各个方面都带来了生机，推动了我国的改革开放。然而，它们却受到根深蒂固的僵化观念和消极的社会心理的抵抗。如果不破除僵化的腐朽的观念，不医治消极的社会心理，不清除传统文化中的惰性因素，新观念不可能得到广泛传播并植根在社会的土壤里开花结果，改革开放大业无法深入进行下去。正是在这样的社会历史条件下，中国大陆发生了继“五四”之后又一次举世瞩目的文化热。各种类型的文化问题座谈会、研讨会先后召开，文化专栏、文化论丛、文化丛书相继出现，专门文化研究机构也陆续组建。一般文化研究为法文化研究开辟了道路，提供了思想、知识和方法，刺激了法文化研究的兴趣。当然，法文化研究作为一般文化研究的纵深，也将丰富一般文化研究或文化学的内容。

二、法文化研究的意义

当前开展的法文化研究有着重要的理论意义和深远的社会实践意义。

（一）“法文化”范畴能够更全面、更传神地涵括法现象，进而有助于更深入地认知和把握法现象

法现象是一种复杂的社会现象，既包括法律规范、法律关系、法律行为、法律运行、法律设施等外在的要素，也包括主体对法律的态度、情感、认知、评价、意愿、需要、期待、思想、理论等内在因

素;它既是制度化的现实,又是凝结了的历史;既是一个内部有机联系的整体,也是一个包含有外部关系,即与环境发生关系的网络。对这一复杂现象用什么范畴去概括才能达于最佳认知功能?“法文化”无疑是最适当和实用的范畴。首先,“法文化”能够比较准确地反映法现象的本质和特性,说明法是一种文化现象,是社会生活实践的产物和人性(包括人的阶级性和社会性在内)的实现及对象化,也是一种进化过程。其次,“法文化”能够比较全面地涵括法现象的内容和要素。对法现象,通常我们用“法”、“法规范”、“法关系”、“法意识”、“法行为”、“法秩序”等范畴组合来概括,这些范畴单独使用时仅仅概括了法现象的一个侧面或层次,唯有“法文化”才是综合性概括。法文化不仅涵括性强,而且可感知性也比较明显。最后,“法文化”在涵括法现象整体时,还能突出其核心或最深层次。法文化的释义之一是“法律中的文化”——法文化是法现象中的精神部分,即历史进程中积累下来并不断创新的群体性价值体系、心理态势和行为模式(不是行为本身)。这使“法文化”具有传神的认知功能。由于“法文化”范畴有上述明显优越的认知功能,所以开展对法文化研究能够加深对法现象的认识。

(二)法文化研究能够加强法学各学科之间以至法学与其他学科之间的对话、交叉、互补与合作

文化研究和文化发展是当代中国人文社会科学乃至自然科学的“共同关怀”。在此情势下,开展法文化研究,使之成为文化研究的一部分,有利于学科之间的信息和思想交流与合作,有利于科学的发展。法文化研究无论从历时性、共时性,还是从空间性上看,其跨度都是相当大的,而且它既要求宏观把握,又要求微观解析,既要求理论抽象,又要求实证调查。因此在法学内部,它横跨法理学、法史学、法社会学乃至其他部门法学。法文化研究需要调动、

综合运用各科知识,需要联合各个学科的学者,开展交叉的、立体的、系统的、互补性的研究工作。这就有助于克服多年来法学内部愈趋细微繁琐的分科以及由此形成的学术上的“自然经济”或“小生产”习惯。法文化也是法学与哲学、社会学、文化学、人类学、民族学、历史学等学科的多边问题。要科学地说明法文化现象,法学家必须借用其他学科的某些认识和分析工具,吸收其他学科的认识成果,例如,借用和吸收文化学中的“文化”、“亚文化”、“文化基因”、“文化模式”、“文化积沉”、“文化冲突”、“文化选择”、“文化适应”、“文化整合”等分析工具和认识成果,借用和吸收社会心理学中的“社会动机”、“社会认知”、“社会态度”、“自我意识”、“社会化”等范畴和理论。当然,在法文化研究中,法学也能够以自己的认识成果丰富其他学科,推动各个学科的共同发展。

(三)法文化研究能够强化法学的参与意识,进而推动我国传统法文化的现代化、外来法文化的中国化以及先进法文化的社会化、大众化、实践化

法文化研究是我国社会主义法制建设和文化发展的组成部分,不是少数几个文化人在书斋里的文献考究、心理探源或自我反省,更不是什么玩弄语言文字的概念游戏,而是对社会主义民主法制建设和文化发展的参与。如果要用一个术语对法文化研究的首要特征作一概括,那就是“参与性”。在诸多法学理论课题中,法文化研究的参与意识、参与程度和参与效果十分突出。法文化研究的参与性体现在许多方面,其中心是参与传统法观念的变革和传统法制模式的转换,参与科学的、民主的、理性的法观念的培植和传播,以及外来法文化积极因素的摄取与同化。通过参与,法学才能实现自身的价值,保持勃勃生机,也才能获得社会的承认、重视、信赖和支持。

三、法文化研究的主要方向与课题

法文化研究的主要方向有五个,每个研究方向又包含若干课题。

(一)法文化基本理论的研究

所谓基本理论研究,就是对法文化的本质及其发展规律作出系统性的解释,包括法文化的本质(性质),法文化的特征,法文化的要素、层次、结构,法文化的功能,法文化的认知体系,法文化的价值体系,对法文化的评价指标,法文化的生成、积沉、传播,法文化调适与涵化的一般规律或模式,法文化的类型,等等。

(二)法文化研究的参照与方法

任何人如果是有意识地去观察、认知、评价对象,都有自己的参照系(frame of reference),即比较稳定的分析结构与观念模式。参照系以不同的方式影响、支配、限定着人们的思路。参照系在指引人们观察对象上有取向性,即指引人们从一定的视角去观察问题,按照一定的格局去思维和推理。在社会科学中,由于各自选取的参照系不同,人们关于对象的认识、态度和结论有较大区别,以至截然对立。在目前的法文化研究中,学者选取的参照系大致有四种。一是法理学或法哲学参照系——以整体法现象作为法文化的参照,把法文化看作法现象中区别于法律体系、法律设施、法制运行等外部因素的内在精神部分,即"法律中的文化"。二是文化学参照系——以社会文化系统作为法文化的参照,把法文化视为一般文化中与法现象有关的子系统。三是法史学参照系——以法的进化、变迁史作为法文化的参照,把法文化看作法制文明的积沉、过去对现在和未来施加影响的惯性,即发源于过去、融透于现在并在一定程度上力及于未来的传统或规范模式。四是人类学的参照系——以人类习得、继承、因袭的思想、情感、理想、知识、技术行为方式等作为法文化的参照,把法文化看作具有某种历史连续性、继承性的精神与经验的复合体,与法律相关的那些群体性活动方式。究竟选取何种参照系或参照组合最能达到深刻而又不褊狭的认识,仍是一个尚待研究的问题。

与参照系密切相连的问题,是法文化研究的方法。毫无疑问,以马克思主义为指导的法文化研究的方法(即方法论)应是辩证唯物主义和历史唯物主义方法。在各种流派的法文化研究中,马克思主义法文化研究之所以能够独树一帜,显示出明显的理论优势,正得力于唯物的、历史的辩证方法。然而这并不排除,相反却要求在坚持社会存在决定社会意识,坚持阶级观点和阶级分析方法等唯物辩证法基本原则的前提下,探索适合于法文化研究、具有法文化研究特色的具体方法。

(三)中华传统法文化(法文化传统)研究

历史上的法文化传统是每一代新人形成自己的法文化的起点,是迈向法制现代化的阶梯,同时既存的法文化传统也是压在每一代新人身上的沉重包袱。这种法文化变迁中的内在矛盾在我国近现代法文化发展过程中暴露得尤为突出。中华民族有悠久的历史。我们的祖先创造了影响深远的法文化。中华传统法文化经过长期的沉积、遗传、传播,渗透到了我们民族的每一根法律神经和血脉之中,深刻而广泛地影响着我们这个民族对法律的态度、情感、期待,形成了超稳定的心理态势和行为型式。中华法文化作为一种历史文化遗产,其中不乏精粹,但因其赖以存在的经济基础和社会结构的封建性,它的内核与机体是腐朽的、落后的,是我国人民建设社会主义法制与文化,走向社会主义现代化的精神障碍。这就决定了我们一方面必须与传统法文化的内核与机体实行决裂,彻底摆脱它的束缚,另一方面又要继承、改造和发扬其中能够与以科学、民主、人权、法治为内容的时代精神融为一体的那些富有生命力或再生能力的积极因素,并使之有新的升华。为此,法文化研究的艰巨任务之一,是开展对中华传统法文化的研究。这个研究方向的主要论题包括中华传统法文化的缘起、发展及历史阶段,它的总体特征,它的历史作用及在当代的地位,近代中西法文化的冲突,特别是要从建设有中国特色的社会主义民主和法制出发,对中国传统法文化进行机理解析,以便去其糟粕,取其精华。

(四)法文化的比较研究

法文化变迁的典型途径有两种:其一是一种法文化在同其他法文化的碰撞、冲突中,不断进行自我调节,吐故纳新,以保持其生存与活力;其二是在外来法文化形成巨大张力和压力而无法摆脱或排斥的情况下,移植外来法文化,并以外来法文化为本体重构一个新文化。对我们这个具有数千年法文化传统的民族来说,要实现法文化的现代化变迁,没有自觉意识、理性知识与在此基础上的能动设定和选择,仅靠自发演进或者简单移植(不管是移植外国资本主义的,还是移植外国社会主义的),其代价必然是巨大的,进程必然是漫长而艰难的,结局甚至是灾难性的。这就要求我们对不同民族的法文化进行比较研究,在此基础上扬长避短,有选择地吸收外来法文化。这种吸收,如列宁所教导的,不是把整个“民族文化”接受过来,而是从每一种民族文化中只吸取“其彻底民主的和社会主义的因素”。[1]法文化的比较研究涉及的主要课题有:东西方法文化的总体精神和宏观样式的差异性,主要法系之间的差异性,当代各主要类型法文化的民族精神的比较,不同法文化的成因及其生态环境,各种法文化类型的亚文化比较,法文化冲突、交融的模式,法文化变迁的主要模式。

（五）中国法文化的现代化

现代化是20世纪全球性潮流。10年前开始的改革开放和商品经济、民主政治的发展是我国社会步入现代化的重要标志。经济和政治的现代化要求文化的现代化，其中包括法文化的现代化。法文化研究的重心应落在中国法文化的社会主义现代化这一主题上。评判法文化研究的价值标准就是看它是否参与、推动了法文化的现代化和有中国特色的社会主义法制的建设。中国法文化现代化研究涉及的论题，包括社会主义法文化的时代精神和民族精神，对当代中国法文化的解构，各种亚法文化的状况分析，中国法文化现代化历程的反思，中国法文化现代化的目标、条件、途径，重心，各种亚法文化状况分析，各阶层人员的法社会化，法文化传播媒介在公民法社会化过程中的作用，等等。

注释

1 《列宁论民族问题》，民族出版社1987年版，第55页。

法律文化的释义 *

正如人们对“文化”的理解不完全一样，到目前为止，法学界对“法律文化”也没有取得普遍认同的解释，以至法律文化研究仍被释义问题所困扰。根据现有的文献材料看，在国外，美国法学家倾向于把法律文化界定为“人们对待法和法律制度的态度、信仰、评价、思想和期待”。[1]苏联法学家倾向于把法律文化理解为“一种特殊的精神财富”，“社会精神文明”，即法律制度、法律设施、法律运行和法律意识达到的“某种状态”。[2]很多日本学者倾向于把法律文化理解为以法律意识为核心、包括法律制度和设施在内的社会文化现象。[3]在我国，有关法律文化的解释或定义大约有二十多种，可归纳为五类：第一，法律文化是“由社会的物质生活条件决定的法律上层建筑的总称，即法律文化是法律意识形态以及与法律意识形态相适应的法律制度、组织、机构的总和”。[4]第二，“法律文化是人类文化的组成部分之一，是社会上层建筑中有关法律思想、法律规范、法律设施、法律艺术等一系列法律实践及其成果的总和。它包括以往人类法律实践的结晶，又标志着现实法律实践的状态和发展程度。”[5]第三，“法律文化是社会观念形态、群体生活方式，社会规范和制度中有关法律的那一部分以及文化总体功能作用于法

* 本文发表于《法学研究》1992 年第 5 期。

制活动而产生的内容——法律观念形态、法律协调水平、法律知识沉积、法律文化总功能的总和。”[6]第四，法律文化是“一定社会对于法或法律制度的观点和态度的形态，包括法律意识及法律制度运行机制等方面”。[7]第五，法律文化是社会群体中存在的较为普遍的某些法律生活方式。[8]笔者不准备对这些释义作出具体的评论，只想指出，这些见仁见智的释义表明，法律文化没有先验的内涵，其意义是给定的。但是，给予法律文化什么释义，则取决于研究者的认识和理论前提，特别是研究者为自己的工作设定的价值目标。

一、法律文化释义应有的认识、理论、价值前提

笔者认为，要对法律文化作出一个科学的、实用的释义，必须考虑以下诸种因素：

(一)选取适当的法律文化参照

法律文化释义的第一个认识前提是合理地选择法律文化的参照系。参照系是科学研究中比较稳定的分析结构、观念模式和透视角度。它指引人们从一定的视角去选定和分解认识的对象，按照一定的格局思维和推理。每个研究人员在对法律文化进行释义之前，首先都要自觉或不自觉地选取一个符合自己的认知目标和兴趣的参照系。参照系不同，对对象的解释也就不同。在目前的法律文化研究中，学者们选取的参照系大致有四种。

1. 法理学或法哲学参照系

以整体法律现象作为法律文化的参照系，把法律文化看作法律现象中区别于法律规范体系、法律设施、法制运行等外显实体要素的内在精神部分，即所谓“法律中的文化”。

2. 文化学参照系

以社会文化系统作为法律文化的参照系，把法律文化视为一

般文化中与法律现象有关的子系统,即所谓“特殊文化”。

3. 历史学或法史学参照系

以法制文明的进化变迁史作为法律文化的参照系,把法律文化看作文明的积沉,过去对现在和未来施加影响的惯性,即发源于过去、融透于现在并在一定程度上作用于未来的“法律传统或文化传统”。

4. 人类学参照系

以人类遗传、习得、因袭的思想、情感、理想、知识、技术、行为方式作为法律文化的参照系,把法律文化看作具有某种“历史连续性、继承性的精神与经验的复合体”,与法律相关的群体性活动方式。笔者作为一个法理学研究人员,认为选取法理学参照系既符合自己的认知兴趣,又有助于深化对法律文化范畴和理论的探索。

(二)正确认识与处理法律文化与法理学理论体系的关系

概念是理论体系的要素。一方面,任何一门理论从结构和形式上说都是由概念建构起来的、内部有机联系的概念体系;另一方面,当概念成为某一理论体系的要素、直接被纳入该理论体系时,它的内涵和意义便从属于总的理论体系。理论体系反映或规定认识客体的整体,某个概念则反映或规定这个客体的一个侧面、环节。脱离一定的理论体系,割断与其他概念的关系,对一个概念进行解释,是没有根据和意义的。基于这一前提,在对法律文化作出解释时,首先应把它作为与法律构成、法律关系、法律行为、法治等概念紧密联系的基本范畴而赋予其特定的认识负荷,使之不再是一个孤立于法理学理论体系,内涵游弋不定的概念,而是有其特定的意义和限定的应用范围,其内容也在逻辑上与其所反映的法律现象的侧面和环节相符合。

(三)把法律文化与法学的基石范畴联系起来进行释义

如果说每个理论体系都表现为概念大厦,那么,最基本的概念即基石范畴则是这座大厦的基石。基石范畴作为一定立场、观点和方法的集中体现,直接或间接地规定着其他概念、范畴的内涵和相互关系。因此,科学的认识论要求研究者对每个概念、范畴都要把它与基石范畴直接或间接地联系起来,并以法学的基石范畴作为认识基点和总纽结予以阐释。法学的基石范畴是权利和义务。权利和义务是对法律现象的本质属性、内在联系的深刻反映,也是对法的价值属性和作用机制的准确概括,权利和义务还是法学范畴体系的逻辑起点。法律文化只有以权利和义务为其意义中枢,才能直接进入法学的理论体系,具有生动具体的内容。[9]

（四）确定法律文化研究的理论价值指向

理论价值指向是科学研究的坐标。在社会科学研究中这一点尤为突出。把坐标立在何处,移向何处,直接影响以至决定认知兴趣、研究范围和研究方法的选择以及研究结果。换句话说,理论价值指向使得包括概念释义在内的整个研究工作围绕着它转。在法律文化研究中,研究人员的理论价值指向不尽一致,由此对法律文化的释义呈现出多样性,有广义的定义、狭义的定义。在各种定义中对法律文化要素强调的着重点也不同,有的强调法律文化各要素出现的频率,有的强调法律文化要素出现的强度。各种定义从学术研究的观点看都是合适的和允许的,而且尽可以继续讨论下去。但是,从法律文化研究的理论价值指向的观点看,则需要作出最佳选择。我认为,法律文化研究的理论价值在于参与社会主义民主与法制建设和文化发展,其核心又在于参与传统法律观念的变革,参与科学的、民主的、理性的法律观念的培植和传播,参与民众的法律社会化,即良好的法律心态和行为模式的形成。这是我国大多数学者研究法律文化的理论价值指向。法律文化释义应当服务于这一指向。从这一指向出发,不宜把法律文化说得过于深奥复杂。正如一位历史学家所说:“对文化形态和文化现象,当然需要做出深层的探索，做理论的概括，但是，不管怎样探索文化的奥秘，文化毕竟是人类社会生活的产物，是客观存在的事物。因此，它就应该为人们所认识和理解。把文化说得深奥莫测，玄虚费解，令人望而却步，我想这并不是文化的出路。文化冷落了现实生活，现实生活也就要冷落文化。”[10]

二、一个法理学的文化释义

从以上四个前提出发，我把法律文化理解为法律现象的精神部分，即由社会的经济基础和政治结构决定的、在历史进程中积累下来并不断创新的有关法和法律生活的群体性认知、评价、心态和行为模式的总汇。

这一释义既不同于把法律文化定义为法律现象的宏观（广义）解释，也不同于把法律文化局限于法律意识要素或法律价值观念的微观（狭义）解释。这一法理学的释义有五个要素。第一，法律文化是法律现象的组成部分。法律现象不只是狭义所理解的法律规范、法律技术和法律设施的总和，而是包括把法律规范凝聚为一个整体，决定法律技术之运用和驱动法律设施的思想和观念。如果把法律现象划分为客观（外在）方面和主观（内在）方面是可以的话，法律规范、技术、设施等属于客观（外在）方面，而人们的法律认识、评价、心态和行为模式则属于主观（内在）方面。第二，尽管学者们赋予法律文化这个松散概念相当宽泛的内容，但其主要内容是社会成员对法律的认知、评价、心态和期待的行为模式。正如国内外很多文化专家所说，文化概念可以多种多样，但文化的核心内容却是由从历史上得到并选择的思想、观念及相应的行为模式。于是把文化界定为思想观念的狭义的文化概念就成为广义的文化概念的主要成分。第三，法律文化具有历史性，即法律文化是历史地形成和传输下来的，又是历史地变化和不断更新的，没有从来就有、永恒不变、自我绝对、僵化的法律文化。第四,法律文化具有群体性。当我们说到法律文化时,总是指广泛见之于一个社会、民族、阶层等群体的共同文化现象,而不是某种个人特有的或纯属私人性的东西。即是说,法律文化具有为整个群体或在一定时期为群体的特定部分所接受的特征。例如,我们不能把张三李四关于法律的某些奇特意念和思想归入法律文化的范畴。个别人的法律思想和观念只有达到一定规模,即为相当多人所接受,形成一种超个体、社会化的群体意识,才配称之为法律文化。第五,法律文化是由社会的经济基础和政治结构决定的。正如毛泽东同志所说:文化"是一定社会的经济和政治在观念上的反映。"[11]每个社会、每个民族、每个群体的法律文化只能从其赖以存在的经济基础和政治结构,最终从其经济基础中得到说明,也只能随着经济和政治的发展而进化。不顾经济和政治基础及其发展进程,空谈法律文化的变革和进步是无意义的。

为了更具体地把握法律文化的特性和内容,有必要把法律文化与文化(一般文化或总文化)、法制文明、法律意识、法律传统等相关或近似的概念和现象作一比较分析。

(一)法律文化与文化

法律文化与文化是个别与一般、部分与整体、子系统与系统的关系。因此,它必然具有文化现象共有的一般性质、特征和功能,而且与其他文化子系统,如宗教文化、道德文化、政治文化等相互作用、互为补充。脱离总体文化,与其他文化子系统不相干的单纯的法律文化是不存在的。但是,法律文化毕竟是总体文化中的特殊文化,或者说是文化现象中的一种特殊形态。法律文化特殊就特殊在它是以法律现象为特定内容、与人的法律生活相联系的,而法律现象和法律活动则均属于社会的上层建筑。鉴于上述法律文化的文化共性和个性,我们既不能脱离一个社会的总体文化及其发展水平，就法律文化论法律文化，也不能直接照搬或套用一般文化的定义，不能指望依赖文化学或文化理论的现成结论来解决法律文化的特殊问题。

法律文化与总体文化中的宗教文化、道德文化、政治文化等文化子系统曾经是不分彼此地糅和在一起的，而且从属于后者。在一个相当长的历史时期，人们往往是用宗教、道德或政治的要求来对待和处理法律问题。随着现代社会法律与宗教、道德的分化，法律功能从政治领域进一步扩大到社会生活的其他方面，以及社会评价标准体系的多元论，出现了法律文化与宗教文化、道德文化和政治文化的区别。同时也就出现了这几种法律文化相互作用、相互制约和在特定情况下相互冲突的问题。

（二）法律文化与法制文明

在社会文化研究中，有些学者把“文化”与“文明”作为同义语或等值概念对待。例如，法国学者德马尔说：“不能把文明和文化加以区别。我们把文化看作是某一社会集团所特有的文明现象之总和。”[12]有些学者则把“文化”与“文明”作为互相区别甚至对立的范畴使用。例如认识“文明是一种更复杂的社会现象，包括物质、工艺以至民族的信仰，艺术形式、文学和观念与价值总体的组织，而民族的这些信仰、艺术形式、文化和观念的总体则专门称为文化”。“文明与高级文化等同。”[13]这两种倾向在法律文化研究中都有反映。笔者认为，法律文化与法制文明虽有联系但却是两个不同的概念，不宜混同。首先，法制文明有时指一定社会发展阶段一个国家法律调整机制以及人们的法律意识所达到的水平和相对稳定的法律活动方式。在这个意义上，法制文明与法律现象重合。其次，法制文明有时指高度复杂的、先进的法律文化（与相对简单、落后的法律文化相对），并非所有的法律文化都属于法制文明的范畴。如蒙昧的法观念、黑社会势力的法律态度、已被历史潮流所遗弃的法律价值，都不能说是法制文明。在这种意义上，法律文化与法制文明是相对独立的两个范畴。不承认这些差别，在主观上把它们等值，这在方法上也是不可取的。因为这样做或者等于否定了法律文化的独立范畴意义，或者是把法律文化等同于法律现象，使之成了无所不包、什么东西都可以放进去的“布袋子”。

（三）法律文化与法律意识

法律文化与法律意识是非常接近的概念，其内涵有较大面积的重合，致使在理解上出现诸多歧见。关于法律文化与法律意识的联系与区别，我国法学界大致有三种见解。一是把法律文化等同于或归结于法律意识，即“法律文化实际上是关于法律产生、发展以及运行机制的各种观念的总和。”[14]二是把法律意识看作法律文化的组成部分。三是把法律文化看作法律意识的组成部分。第一种见解抓住了法律文化的主导因素和基本内容。不管人们怎样具体定义，法律文化总是以法律意识为其基本内容的。但是，把法律文化与法律意识划等号，除了词语上的区别外，没有实质意义。而且老实说，在这种等值意义上，还不如使用法律意识概念更符合中国人的习惯。持第二种见解的人在我国居多数，但由于对法律文化的理解不同，这种观点内部存在着较大差别。第三种见解有自相矛盾之处。因为它一方面把法律意识界定为人们关于法律现象的思想、观点和心理的总和，把法律文化理解为人们调整社会关系的智慧、知识和经验的结晶，反映了历史积累起来的有价值的法律思想和有关法的制定、法的适用等法律技术，反映了法律调整所达到的水平，另一方面又把内容宽泛得多的法律文化置于内容相对狭小的法律意识之中。我认为，无论对法律文化作广义的理解，还是做狭义的理解，法律文化对法律意识都是一种包容关系。除此逻辑关系之外，法律文化与法律意识的主要区别有：第一，法律意识主要指人们对法律现象（外在客体）的内在领悟及领悟到的感觉、知觉、观念、态度和情感等心理观念因素,而法律文化则是法律现象的全部心理要素及其结晶——法律行为模式。第二,法律文化的主体是群体,尽管群体有大有小,而法律意识的主体则是社会、集体和个人。我们虽可以说“个人的法律意识”,但不能在精确意义上说“个人的法律文化”。第三,社会的法律意识始终带有强烈的政治意识形态色彩,而作为历史进程中积沉下来的民族精神,虽然也渗透着对立的意识形态的斗争,但民族性及群体的习惯化心理特征却更为明显。由于这些区别,不宜把法律文化与法律意识简单地等同起来。

(四)法律文化与法律传统

文化与传统是既有区别又有联系的概念。所谓传统,是指由历史沿传下来的,具有一定特色的社会态度、信仰、习俗,制度等。传统是历史上形成的东西。所以,很容易把传统与过去划等号。实际上,传统不只是过去的东西,而且是对现在和未来都能够产生定向性和规定性影响的东西。那些仅仅属于过去、早已僵化和死亡的东西,并不能称为传统。当然,文化与传统不是等值概念。首先,传统偏重于文化中的心理状态,即那些定势化、潜意识或无意识的因素,文化的内涵要比传统更丰富,除了心理状态和行为模式的因素之外,还包括认识和价值等更重要的因素。其次,文化比较具体,某种学说、某种制度、某种符号系统,都可以说是文化,而传统则比较抽象,它是文化系统中具有深远历史影响的精神因素。当然,就文化是历史积累和选择而言,可以说文化是代代相承而形成的传统,传统是凝聚的文化。一些法学家就是基于这种认识对法律传统和法律文化两个概念不加区别地互相转换使用。例如,麦里曼教授就在与法律文化等值意义上解释法律传统。他说:“法律传统就是关于法律的性质、法律在社会与政治共同体中的地位、法律制度的专门组织及其运作,关于法律实际或应被如何制定、适用、研究、完善、教授的一整套根植深远并为历史条件所制约的观念。"[15]

注 释

1 参见[美]弗里德曼:《美国法概论》,斯坦福大学出版社 1984 年版,第 7 页;[美] L. S. 温伯格、J. W. 温伯格:"论美国的法律文化",潘汉典译,载《法学译丛》1985 年第 1 期;[美]H. W. 埃尔曼:《比较法律文化》,贺卫方、高鸿钧译,读书·生活·新知三联书店 1990 年版,第 8—9 页。

2 参见[苏]阿列克谢也夫:《法的一般理论》,丁文琪译,法律出版社 1986 年版,第 13 章第 5 节;范思深:"苏联的法律文化观点",载《中外法学》1989 年第 2 期。

3 参见何勤华:"日本法律文化研究的历史与现状",载《中外法学》1989 年第 5 期。

4 刘作翔:"论法律文化",载《法学研究》1988 年第 1 期。

5 刘学灵:"法律文化的概念,结构和研究观念",载《河北法学》1987 年第 3 期。

6 季卫东:"中国法文化的蜕变与内在矛盾",载北京大学法律系法学理论教研室编:《法律社会学(论文集)》,山西人民出版社 1988 年版,第 225 页。

7 武树臣:"中国法律文化探索",载《五四法学论文集》,光明日报出版社 1989 年版。

8 郑成良:"论法律文化的结构与要素",载《社会学研究》1989 年第 2 期。

9 参见张文显:"论法学的范畴意识、范畴体系与基石范畴",载《法学研究》1991 年第 9 期。

10 参见张文显:"论法学的范畴意识、范畴体系与基石范畴",载《法学研究》1991 年第 3 期。

11 李佩:《近代传统与思想文化》,文化艺术出版社 1990 年版,第 18 页。

12 [法]德尔马:《欧洲文明》,郑康年译,上海人民出版社 1988 年版,第 1—2 页。

13 刘光华等编译:《新社会学词典》,知识出版社 1986 年版,第 113 页。

14 杜万华:"法律文化的几个问题",载北京大学法律系法理教研室编:《法律社会学》,山西人民出版社 1988 年版,第 181 页。

15 麦里曼:《民法传统》(英文版),斯坦福大学出版社 1969 年版,第 2 页。

法律文化的结构与功能分析*

对法律文化进行结构和功能分析是法律文化研究不可缺少的环节。本文试从法哲学的角度对法律文化的结构和功能作一探索性分析，以期与学界同仁交流。

一、法律文化的结构

法律文化是具有丰富内容的系统。要对法律文化有一个深刻而生动具体的把握，仅有释义是不够的，还需要对法律文化进行结构分析。法律文化的结构是法律文化要素相对稳定的、有序的组合方式，是把一要素与其他要素以及要素与系统联结起来的纽带或中介。

由于对法律文化所包含的要素的理解不同，关于法律文化的结构分析也就有很大差别，目前在我国法律文化研究的论著中，法律文化的结构分析主要有五种：第一，物质文化、行为文化和观念文化。第二，物质文化、制度文化和精神文化。第三，法律价值、法律意识和法律心态。第四，技术操作性文化和观念价值文化。第五，法律文化特质、法律文化丛结和法律文化模式。根据笔者赋予

---

* 本文发表于《法律科学》1992年第5期。

法律文化的给定意义和对法律文化的内容的理解——法律文化即法律中的文化,是历史进程中积累下来并不断创新的有关法和法律文化的群体性认知、评价、心态和行为模式的总汇。笔者认为法律文化系统内部可以区别出四种结构,即认知结构、评价结构、心态结构和行模结构,这四种结构依据各自反映法律文化的深度而区分为四种不同但却相互依存的层次。

(一)认知结构

法律认知是指人们对法律的内容、形式、运行,法律的性质、作用等法律现实及法与其他社会现象的区别和联系的感知和认识。法律认知结构包括感知和认识两个层次。法律感知属于认知结构中的经验型知识,是人们自己在法律生活中自发或半自发地形成的观念、思想、感觉、情绪、意图、动机、经验知识等,带有直观性、常识性、分散性、狭隘性、不确定性等特征。诸如:自己的财产受到侵害后能不能得到法律的保护?到法院起诉获胜的可能性多大?是公开诉讼好还是“私了”好?法院能否秉公执法、不偏不倚?有无必要聘请律师?律师在诉讼过程中究竟能起多大作用?假如法院判决支持我的权利要求,执行有无困难?除了法院之外,哪个部门或机构还能帮助解决纠纷?这些直观的切身问题都属于法律感知的范围。

法律认识属于法律认知结构中的理论型知识,是人们对法律现实的系统、严密和比较深刻的反映。它包括由反映法律现象的概念、原理、理论、定律等组成的科学知识和通过阶级利益的棱镜而反映法律现象的意识形态。诸如什么是法?什么是权利和义务?法与道德的联系和区别何在?现行法的效力与实效如何?都是法律认识的范围。法律认识的理论形态是法学。

法律感知和法律认识是辩证统一的:一方面,法律认识是对法律现实的理性反映,是用理性、理论语言表达的东西,是对法律感知的超越,因而比法律感知深刻而完整;另一方面,法律认识又是以法律感知为基础的,没有法律感知,就不会产生法律认识。

法律认知的深度既取决于法律触及社会生活的程度以及法律调整机制发挥作用的情况,即法律认知的客体的发展程度,又取决于人们参与法律生活的程度,接受法律教育的水平,观察、分析法律现象的能力,即法律认知的主体的主观条件。在当今世界,发达国家的公民对法律的感知、了解和认识之所以远比发展中国家的公民要直接、宽广、深刻得多,乃是因为在发达国家法律介入社会生活方方面面,社会经济、政治、文化等都已经法律化或被覆盖上了法律的外壳。在我国,目前公民对法律的认知程度远比十年前高出许多倍。不知权利和义务为何物的法盲或半法盲已经或正在"脱盲",成为有一定法律体验和知识的新型公民。这是因为党的十一届三中全会以后党和国家十分重视社会主义法制建设,法律已经成为公民从事生产、工作、生活、学习的环境因素,同时也是因为党和政府有计划地对公民进行了普及法律常识教育以及大众传播媒介加强法制宣传的结果。

(二)评价结构

法律评价是指社会成员对法律规范、法律制度、法律活动、法律作用等法律现实所作的价值判断和在此基础上进行的价值设定与选择,反映主体需要与法律之间的某种肯定或否定关系。法律评价的对象十分广泛,涉及法律的内容、作用、实施等方面,如对法律角色及其行为的评价,对法律效力与事实的评价,对法律价值的评价。法律评价的核心是对法定权利和义务及其配置状况的评价。因为权利和义务是人们的经济、政治、精神利益在法律上的直接表现,权利和义务的配置又直接影响到人们的实际利益和实现利益的机会。

法律评价是从某一法律需要出发,按照一定的价值标准进行的。由于不同时代的法律需要和价值标准各不相同,所以,法律评价有明显的时代性。例如,在古代中国,人们期待法律的是定分止争和社会控制,而在当代中国,人们期待法律的远不限于建立秩序,而是包括推动社会经济、政治、文化的进步和发展。单纯解决纠纷的法律制度已经不能满足人们的需要,不能得到富有时代精神的评价。

法律评价的心理和行为结果有三种:一是积极认同和正向参与,自觉地用法、守法、护法,给法律提供支援。二是坚决反对和负向参与,对现行法公开批判和公开违抗,试图用新的法律取而代之。三是"中性"反映和参与冷漠,照法律所命令的作为和禁止的不作为方式行为以避罪免罚,而不管其意义。一般来说,由于法律与统治阶级的价值标准和价值取向是一致的,统治阶级基于自身的利益和需要所形成的价值观念和价值标准总是内化或对象化在法律规范和法律制度之中,所以总能得到统治阶级成员的认同。而被统治阶级则往往对现行法律评价不高或根本否定,并试图用新法律制度代替之。当然,这并不是绝对地说一个民族、一个国家的人民在法律价值评价和选择上丝毫没有共同性或一致倾向,正如不能断然否定民族文化和国家利益的存在一样。

(三)心态结构

法律心态是人类在长期的法律生活中形成的普遍心理,是社会、群体及个人的法律体验和法律情感的结晶与沉淀。法律心态包括情感、心理和公设三个层次。情感是社会成员对法律制度、法律机构、法律活动的感情。它可能表现为认同、拥护、支持,也可能表现为拒斥、厌恶、反对。法律情感的基础可能是理性主义的,也可能是非理性主义的。法律心理是某种业已内化的法律观念、意志和思维方式,对某些人来说它可能是自觉的,但对更多的人来说它往往处于潜意识或无意识之中。法律公设指被人们普遍认同的,与法律的制定和实施有关的最基本的公理,往往表现为普遍流行的格言或命题。诸如“王子犯法,与民同罪”,“无法不治”,“法律至上”,“法律面前人人平等”,“在被证明有罪之前,一个人是清白的”,“凡是法律没有禁止的,都是允许的”,等等。

法律心态是一种超稳定的结构。该结构中的法律文化要素,如直接的心理反应,习惯化的法律活动方式,定型化的法律情绪、情感和需要,社会化法律公设等等,往往处于隐潜状态,一个民族的思想和行为密码就隐藏在其中,即使那些具有这种心态的人也不大可能明确地解开这些密码,除非他经过长期而专注的审视和反思。法律心态就像一个具有吸引和排斥力量的场,在相当大的程度上制约以至决定着人们的法律认知、评价和行为,无形地影响着对新的、外来的、异质的法律文化因素的态度和处理法律文化信息的方式。法律心态有一种超稳定性,外在的法律制度发生变化之后很长时间,人们已形成的法律心态或其部分却仍然持续着,甚至一代又一代不加质疑地传递下去。在新旧法律制度的转换时期,它往往是作为一种落后于时代精神的习惯力量存在和发挥作用,顽强地维护旧法律制度和社会制度,阻碍新法律制度和社会制度的建立和发展,抑制新法律制度应有作用的发挥。所以,要建立和发展新的法律制度,发挥新法律制度的作用,必须对人们进行新法律文化的启蒙教育,推动人们彻底转换法律心态,或给旧的法律心态注入新的内容。

(四)行模结构

法律文化不仅包括关于法律的认知、评价和心态,而且包括法律行为模式。行为模式即业已模式化的群体法律行为的指向或图式。在文化领域,行为模式是应然与实然的统一。一方面,行为模式表征在给定的情境下人们应该作出什么行为,另一方面表征在人们实际上把什么标准作为指向以及实际上在做什么。群体行为模式与官方宣布的行为模式即法定的行为模式可能一致,也可能不一致。当它们一致时,法律文化内部是协调的,反之,则是不协调的。不协调往往是由于法律制度失去活力、陷入僵化而引起的。不协调状况如果持续下去,就会引发法律制度的结构性变革。法定的行为模式通过立法而确立、变更或消失,一部法律、一个法规、一道政令都可以完全改变某种法定的行为模式,而法律文化意义上的行为模式则是通过文化的长期进化而变化的,它往往表现为这样一个相对静止的过程:某种行为模式反复出现,开始得到一些人的许可或认同,后来逐渐成为人们的普遍期待而定型化和普及化,成为具有文化意义和社会意义的行为模式。行为模式的改变则表现为相反的过程:最初被容忍,然后人们对之不管不问,最后这个被不断违反的行为模式从文化结构中消失,被新的行为模式代替。尽管法律的制定和实施对文化意义上的行为模式的变更有强大的外在影响,但这种影响不会是立竿见影式的,即使法律制度革命性变化也不可能立即改变文化意义上的行为模式。例如,我国 1949 年就废除了半封建半殖民地的法律制度,建立了社会主义法律制度,但是,封建主义的陈腐的行为模式依然深刻地影响着民众的法律行为,平民畏法忌讼、避罪免罚、有法不依,官员执法不严、情重于法、以言废法、以法谋私等行为模式仍然大量地存在,甚至在某些地方还是常态现象。行为模式是法律认知、评价和心态在一个有形的结构中的结晶。法律认知、评价和心态最终都要表现为一系列行为模式。正是在这种意义上,有的学者说:"一个集团的文化不过是其全体成员或部分成员公开表现出来的所有行为模式的一览表。"[1]有的学者干脆把法律文化定名为"行为文化"。

法律文化的这四大结构彼此联结,形成一个统一的、有序的相互作用的系统。其中法律评价可说是法律文化的内核。如果说每种法律文化要素都是一个晶体的话,它就是一个晶核,所有的文化要素都围绕着法律评价而结晶。法律评价赋予其要素以倾向性,并在总体上制约着整个文化系统的轨迹和方向,决定着法律文化的模式或类型。法律文化的重大发展,包括法律文化模式或类型的转换,往往是由法律评价的变化所引起的。因为法律评价的改变意味着社会对法律的需求,对权利义务的主张发生了变化,也意味着废除旧的法律制度、建立新的法律制度的文化动机的形成。法律评价以法律认知为前提,即只有感受到法律的力量,受到法律的支持和保护,或受到法律抑制和惩罚,才会对法律进行评价,只有知晓法律实际上是怎样的,才有可能提出法律应当怎样的问题。而且只有把法律评价建立在对法律现象的科学认知(包括对内含在法律制度中的价值因素的认知)基础上,法律评价才符合理性,才不致于被情绪所左右。法律心态一方面是由法律认知、法律评价和法律情感的溶解而形成的,另一方面它一旦形成,就会反过来对法律的认知和评价产生深刻的指向性影响。事实上每个人对法律的认知和评价都是在一定的法律心态结构内或以法律心态为逻辑起点进行的。法律行为模式一方面是法律认知、评价和心态的凝聚化、固态化,另一方面法律行为模式也是检测法律认知、评价和心态以及社会成员运用法律的能力的指数,为法律认知、评价和心态的表现和传播提供了有形的结构。法律文化的这四种结构的内在的联系还表现在任何一部分的变化都可能引起其他部分的变化。

二、法律文化的功能

结构与功能是一对应的范畴。结构标示事物的内部方面,功能标示事物的外部方面。以上对法律文化的结构分析旨在说明法律文化的内部联系和作用,以下对法律文化的功能分析旨在说明法律文化与外部的联系和作用,以进一步认识和发挥法律文化系统作用于法律生活和社会实践的能力。就狭义的法律文化来说,其主要功能是：

（一）表征功能

法律文化是社会文明的组成部分，以其特有的内容和方式表现一个社会的文明程度。文明是人类在改造自然、改造社会、发展自我的过程中所达到的进步状态，包括物质文明、制度文明、精神文明在内。法律文化直接或间接地表现了文明的这三个方面。首先，法律文化是精神文明的重要内容和基本要素。在现代社会，民众对法律的认知、评价，态度，法律行为的宏观样式等法律文化要素是测评社会精神文明状态的主要参数。其次，法律文化与制度文明紧密相联。制度文明包括政治制度、法律制度等，法律文化直接地表现法律制度的发展水平。由于法律制度直接地决定于政治制度，所以法律文化也间接地表现着政治制度。再次，法律文化从根本上是由社会的生产方式所决定的，所以法律文化也间接地表征着一个社会物质文明发展的程度。例如，义务本位的法律文化模式是自然经济、宗法制度和君主专制在观念上的表现，权利本位的法律文化模式是商品经济、民主政治在观念上的表现。

（二）沟通功能

文化学的研究表明，同一文化群体的成员能够有效地预知在特定法律环境下人们的常规行为是什么，行为的后果是什么。在正常的情况下，法官宣布一个案件的事实之后，同一法律文化群体的成员稍加思索和议论，就能得出大体一致的判论。当一组法律信息传递过来时，同一法律文化群体的成员会以相同或类似的方式予以接受和处理。这些现象只能由法律文化的沟通功能来解释。同文化系统的其他组成部分一样，沟通也是法律文化的重要功能之一。文化沟通就是彼此交流信息，互相影响思想和行为，共同参与关系、结构和行为模式的形成和改变。正是由于沟通这一传递、交流信息，并对信息作出反应(处理)的能力，使群体法律生活和法律运行成为可能，并使个别或少数先进人物的法律思想得以传播，被群众认同和接受，从而普及化为法律文化。法律文化的沟通功能还表现为不同法律文化系统之间的通讯——不同社会的法律文化之间尽管存在着障碍，但毕竟可以翻译为另一种文化，被另一种文化群体所理解。

法律文化的沟通功能是借助于各种法律文化符号进行的，其中最主要的法律文化符号是法律语言和法律图形。语言是由一套无意识但极其复杂的规则和设计所构成的用以表示意义的符号系统，语言也是一种最精巧的编码和译码系统。人类运用语言将关于世界的知识及据以行动的原则进行编码，从而使人类超越许多生物性的限制而能够进行情感和知识的广泛交流。法律语言是法律文化中最主要的符号系统，其中每一个词语和句子都蕴含和传达着某种意义。它们是法律生活中的沟通代码，因而人们说出常用的法律词语和句子，如“故意犯罪”、“过失犯罪”、“谋杀”、“贿赂”、“法无明文规定不为罪”，听者几乎立刻就能理解或领悟其意义，尽管不一定十分精确和明晰，不一定被听者所认同。

除语言之外，图形也是法律文化的沟通工具。每一种法律文化都有许多表达特定法律意义的图形。例如，西方国家法庭里“天平、宝剑、蒙眼布”等绘画或雕塑，中国法官的服饰，法庭上法官的座位和用具，独角兽图案，都是法律“公平、权威、无私”的象征或宣示；各种交通管制信号和警察的手势意味着可以通行、应当缓行或必须停行；标准合同及其他格式化的法律文书是具有法律意义的象征符号。随着不同法律文化之间的交流和学习，法律符号越来越国际化，出现了世界各国通用的一些符号。

法律文化的沟通功能经常遇到某些障碍(“沟通障碍”)，如法盲、半法盲的存在，通讯手段的局限，反文化的限制等。法律文化要充分地实现其沟通功能和其他功能，必须逐步消除或减少这些障碍。

(三)选择功能

在法律化的现代社会生活中,人们总是不断地被要求对某些法律问题作出抉择。例如,某种利益是否应当由法律加以确认和保护,某一权利与义务纠纷是否需要提到法律机关处理。对某个侵害人身、人格权利的行为是由刑事法律程序处理或由民事法律程序处理。在对这些问题作出回答和抉择的过程中,每个人(公民、法官、律师等)从社会中所接受的文化给了他作出恰当判断的依据和作出正确抉择的标准。这就是法律文化的选择功能。同时法律文化给人们提供的选择可能性是多重的,如果只有一种可能,就不存在选择。但在多种选择中,一种可能被选择的概率较高,这也是法律文化功能的体现。选择功能贯穿于法律运行的全过程。主要包括:

1. 对利益和权利义务主张的价值选择

法律调整的内容及其方法根源于社会经济关系所产生的客观利益和需要。但是,这种利益和需要不会直接地创造法律,而成为法定的权利与义务。它们需要经过法律文化中介的过滤和筛选而被设定和提出。正如恩格斯所说:"为了要取得法律的确认,经济事实在每一个场合都应当采取法律动机的形式。"[2]在这个过程中,法律文化的选择功能引导人们认识、判断和评价各种利益及相应的法律权利和义务主张。在此基础上,确定哪些利益、需要、主张应由法律加以肯定和保护,哪些利益、需要、主张应由法律加以否定或限制,以及保护与限制的程度和方针。相应地,法律文化还要对应得到法律支持的行为与应受到制裁的行为加以选择。

2. 社会调整机制的选择

社会调整机制的选择取决于:第一,政策、道德、宗教、习惯等社会调整机制分化的程度和非法律调整机制的强度和效能,法律与政策、道德、宗教、习惯等非法律调整机制共同构成一个社会的调整系统。对法律调整机制的文化选择，是以其他社会调整机制为选择参数的。中国历史上的法治与德政之争，德主刑辅的主张，建国以后一度实行的靠政策不靠法制的治国方略，都是特定时代（时期）的人们根据对各种社会调整机制的作用、价值和效能的认识而作出的选择。第二，人们对现行法律及其实施状况的认知、评价和信赖程度。《改革》杂志1989年第6期刊登的一个问卷调查就说明了这一点。问卷提供如下情况和条件：有一天，王师傅在街上被警察打伤，回到家中，全家人商量怎么办。有四种意见：第一种，妻子说："警察打人，知法犯法。找他们的领导，不解决问题就一直坐在他们的办公室不走。"第二种，王师傅说："算了，领导偏袒下属，不会认真解决问题的，弄不好还说你无理取闹，把你抓起来。咱们忍了吧。"第三种，女儿说，"根据法律，我们可以到法院告他。"第四种，儿子说："啥也没用。我看还是找几个人，暗地里揍他一顿。"问卷要求被调查者回答"谁的办法更实际？"调查结果是：41.3%的人认为王师傅说的更实际，27.5%的人认为女儿说的更实际，22.0%的人认为妻子说的更实际，9.2%的人认为儿子说的更实际。这个调查显示在我国现阶段相当多公民对法律的权威性、公正性和效率仍缺乏信心，对利用法律手段维护自己的合法权益，还有种种顾虑，还不善于正确地选择处理冲突的调整机制。

3. 法律调整方式方法的选择

法律对社会关系的调整方式方法可以多种多样。法律文化在一定程度和范围内还具有对法律调整方法的选择功能，如对制定法的方法或判例法的方法，设定义务的方法与授予权利的方法，刑法禁止的方法与民法保护的方法，复杂程序与简易程序的选择等。

（四）指令功能

任何一种思想观念性的东西都是作为行为的内在方面而存在

的。完整、本质意义的行为包括内在方面和外在方面。外在方面直接表现为人的机体活动,内在方面则是引发和驱动机体活动的那些心理要素。除特殊情况外,人的活动都是由人的意向、目的、动机等一环扣一环的心理因素支配的。在这种意义上,法律文化就是法律行为的一种指令。

法律文化的指令功能首先在于驱动和控制法律体制的运行和操作。立法机关、执法机关、司法机关以及其他法律机关作为一个有机体,行使什么职权,在什么范围内依照什么程序行使职权,怎样对待法律,如何处理法律与政策、道德等其他规范体系的关系,皆取决于法律文化所发出的指令。在这种功能意义上,美国法学家弗里德曼指出,任何一个法制系统都包含三种要素:第一,结构(structure),即法律机器的运行方式、活动程序等稳定的长期持续存在的框架或骨骼。第二,本体(substance),即现实规范、法律行为以及契约、判决等法律机器制造出来的产品。第三,文化(culture),即人们对待法律的态度、信仰、思想和期待,它是开关法律机器的指令。[3]法律文化的指令功能其次在于引发公民的法律动机,指导公民的法律行为,调节公民与法律的关系。著名法律社会学家塞尔茨尼克曾把法律文化称为"引起行动的文化"(行为文化),大概就是在这种功能意义上所做的论断。

法律文化的指令功能不同于法律规范的指引作用。法律规范的指引作用是以直接体现国家意志的权利和义务的规定来要求人们做法律所许可、要求之事,不做法律所禁止之事,并且是以国家权力为后盾的。而法律文化的指令则是针对如何对待法律而发出的,是以行为主体及其归属群体的法律评价为基础的。法律规范的指引作用是相对易变和短暂的,随着法律规范的即时废止而消失,而法律文化的指令功能是持续而稳定的。文化是由代代相承而形成的传统。在接受法律文化的群体中,它就作为法律行为背后的深层力量(行为的潜在指南)而产生动力定型或条件反射的效果。由于法律文化指令是就如何对待法律而向主体发出的，所以，法律文化的指令与法律规范的需求是否一致，对于法律规范的实际效力和作用影响甚大。法律文化的指令与法律规范的要求协调一致意味着文化上的行为模式与法定的行为模式是合二为一、相辅相成的。在此情况下，法律文化指令功能的发挥有助于法律规范的指引作用的实现。否则，就会妨碍以至瓦解法律规范的功能。

（五）整合功能

一个法律文化系统如果对其进行立体透视，展现在人们面前的是非常精致的网络。这网络的构成归因于法律文化的整合功能。所谓“整合”，是把各种不同的要素或部分结合调整成为一个系统的活动、方法、过程与结果。法律文化的整合功能表现在四个方面：

1. 自我整合

即把分散的法律文化特质整合、组合成各种结构和内部和谐的法律文化系统。

2. 对共同文化因素进行的整合

在一个社会或群体中绝大多数人尽管社会地位、职业、出身和个人经历不同，但关于法律的认知、评价、心态却表现出很大的一致性或共同的倾向性，而且处理法律问题的方法也大致遵循同一宏观模式，这就是法律文化对法律观念用行为方式实施整合的结果。

3. 法律文化对法治系统的整合

这种整合类似于计算机系统硬件与软件的匹配。

4. 不同法律文化系统的整合

一个有生机的法律文化系统有足够的弹性对不同的环境、不同的文化进行调适。调适的内容和方式包括：第一，传统法律文化适应社会经济、政治、意识形态、生活方式等环境条件的变迁而自我扬弃和不断创新，以维系其存在和活力，或者把本土文化强制性地或诱惑性地渗透、灌输到异质法律文化中，使之从属于自己的主导观念。第二，法律文化择取、吸收异质法律文化中的积极因素，使之涵化于本系统之中，成为本系统的要素，以减少不同法律文化系统之间的冲突，缓和彼此之间的张力和压力。异质法律文化之间的交流与整合往往产生出意义深远的后果，促进法律文化的更新和进步。第三，对同质不同类的法律文化要素的同化。我们注意到，在一个大型的社会中，同时存在着若干种政治和价值基础基本相同，但其内在要素不尽相同的法律文化，其中必有一种法律文化是占主导地位的文化（即主位文化），其他种类的法律文化（亚位文化）则受制于主位文化。这种局面也归因于法律文化的整合功能。

法律文化整合有两种类型，即机械整合和有机整合。机械整合是一种把各种相异的法律意识和法律价值观念归整为一种统一的、无差别的法律文化的整合。有机整合则是不排除或压制差异，而是立足于差异事实，把各种相异的法律意识和法律价值观念塑造为能够相互交流、相互辅助的要素，使之在法律文化系统中发挥各自的，对维护系统来说同样重要的功能。机械整合是传统社会的定则，有机整合则是现代社会的目标。从机械整合到有机整合是法律文化进步的标志之一。

注　释

1　［法］迪韦尔热：《政治社会学——政治学要素》，杨祖功、王大东译，华夏出版社1987年版，第62页。

2　《马克思恩格斯选集》第2卷，人民出版社1972年版，第393页。

3　［美］弗里德曼：《美国法概论》（英文版），斯坦福大学出版社1984年版，第7页。

法制与可持续发展的法哲学分析*

引论

社会发展问题是第二次世界大战后人类社会面临的重大问题,其中社会可持续发展问题更为迫切。自从中共中央在90年代初提出实施可持续发展战略、中国政府制定《中国21世纪议程》以来,法与社会可持续发展成为法学界日益受到重视的一个研究领域。本文试以马克思主义的社会发展观和邓小平理论为指导,阐述可持续发展的一般理论,并在此基础上阐明法与可持续发展的关系,兼论在可持续发展的时代背景中法学理论的更新和发展。

可持续发展是一个穿越时空的前沿性问题,可持续发展战略既是当今国际社会的一个潮流,也是我国跨世纪发展的重大战略选择。人无远虑,必有近忧;不能谋全局者,不足以谋一时。本世纪以来,随着科学技术的加速推进,相伴而生的是人口剧增、资源匮乏、环境污染、南北差距扩大等全球性的威胁人类生存和发展的危机现象。特别是我国习惯以"地大物博,人口众多"而自居,如今

---

* 本文是张文显与矫波的合作作品,载张文显、李步云主编《法理学论丛》第2卷(法律出版社2000年版)。

这种国情优势已成历史。资源正日渐稀缺,人口问题成为沉重的包袱,环境破坏的速度更是惊人。在这种严峻形势下,重新审视人类文明的历史和检讨传统的发展模式,努力探求一条人口、资源、环境、经济与社会相互协调的、既能满足当代人的需求而又不对满足后代人需求的能力构成危害的可持续发展之路,是中国乃至世界经济、社会发展的客观需要和必然选择,也是一项功在当代、泽及子孙的伟大事业。

可持续发展问题的提出和可持续发展战略的实施,使得我国既有法学理论必须进一步更新,我国法制建设必须有新的思路和模式。

一、可持续发展观

(一)发展观的历史演进

在社会科学中,“发展”和“发展观”是一个近代的概念。近代以来,发展观大致经历了由“经济增长论”到“综合发展观”再到“可持续发展观”的过程。

1. 经济增长论

早期的发展经济学家认为,贫穷国家之所以贫穷是因为“经济馅饼不够大”,因而关键的问题是“把馅饼做大些”。在他们看来,发展等于经济增长,“增长第一”是他们的发展信条和尺度。这种观点虽然促进了经济增长,但是隐含着两个严重缺陷:第一,忽略了自然资源和环境的价值。在传统经济学看来,没有劳动参与的东西就没有价值,因此资源和环境是无价或低价的,可以无偿占用,是取之不尽、用之不竭的。这种理论误导造成了掠夺式地开发自然资源、肆意破坏和污染环境、以消耗大量不可再生资源为代价换取经济增长的严重后果。第二,对国民生产总值(GNP)的狂热追求。GNP 作为度量经济增长的指标存在着很多盲点,比如它不能反映资源与环境的代价、不包括无工资或无现金收入的劳动、不反映分配状况从而掩盖了国家内部的贫富差别等等。许多国家单纯地追求 GNP 的增长,却不顾人们生活境遇的改善,甚至以牺牲人类的生存、进步和发展为代价。因此有人把 GNP 称为不良的"文化基因",因为它发出的错误信息影响人类社会的正常发展。

2. 综合发展观

由于经济增长并不必然带来人们普遍的福利,相反,它可能导致分配不公、两极分化、社会腐败和环境恶化,学术界称为"有增长无发展"或"恶的增长"。经过认真的反思,以法国学者佩鲁为代表提出了一种"整体的"、"综合的"、"内生的"新发展观,侧重于从人的角度确立研究视野,强调文化价值的作用。综合发展观把发展看作以民族、历史、环境、资源等自身内在条件为基础的,包括经济增长、政治民主、科技进步、文化变迁、生态平衡等多种因素的综合过程,是有史以来抛弃"人类中心主义"观念,充分考虑人的多层次需求的发展观。这种发展观的进步意义显著,但是仍存在着局限性,比如它仅关注社会内部要素的互动,没有进一步揭示社会系统与自然系统相互协调的必要性;它仅关注发展的当前状态,没有考虑代际平等关系即发展的潜力和后劲问题。

3. 可持续发展观

可持续发展作为一种崭新的发展观是在 80 年代提出的。二战以后,无论是发达国家还是发展中国家,其经济发展成果的取得都相伴着资源的巨大消耗、日益严重的环境污染等沉重代价。一些全球性问题的出现,如人口剧增、土壤侵蚀、生态系统遭到破坏、能源危机等等,使人们越来越认识到:环境和生态破坏具有不可逆性,不能只是狭隘地从环境保护角度,而应从人类生存和发展的角度来认识环境和生态问题,这就为可持续发展观提供了现实背景和理论前提。

1980 年联合国大会首次使用了"可持续发展"(sustainable development)的概念。会议提出:“必须研究自然的、社会的、生态的、经济的以及利用自然资源过程中的基本关系,以确保全球的可持续发展。”随后,美国世界观察研究所所长莱·布朗出版了《建设一个可持续发展的社会》一书,一方面扬弃了“罗马俱乐部”关于人类增长极限的悲观取向,另一方面重申了全球问题的严重局面。

1987年,世界环境与发展委员会公布了题为《我们共同的未来》的报告,把可持续发展定义为:“既能满足当代人的需要,又不对后代人满足其需要的能力构成威胁和危害的发展。”

1992年世界银行的《世界发展报告》在讨论发展中国家的发展问题时提出:“满足这代人,尤其是穷人的需要,实际上是持续地满足今后几代人的需要的问题。”这就在代际平等的基础上补充了代内平等的问题,即一部分人的发展不应损害另一部分人的利益。

1992年在里约热内卢召开的联合国环境与发展大会,在人类环境与发展史上具有里程碑意义。特别是会议通过的《21世纪议程》反映了关于发展与环境合作的全球共识和最高级别的政治承诺,对于建立可持续发展的全球性伙伴关系,具有纲领性的指导作用。

1994年在开罗召开的世界人口与发展大会,进一步提出“可持续发展问题的中心是人”,“要充分认识到和妥善处理人口、资源、环境和发展之间的相互关系,并使他们协调一致求得互动平衡”。进一步深化了可持续发展的含义。

1995年在哥本哈根召开的“联合国社会发展世界首脑会议”,以“消除贫困、增加就业与社会和睦”作为主题,就解决贫困、失业和社会不公正等问题提出了奋斗目标和具体措施。

联合国环发大会后,我国政府制定了《中国21世纪议程——中国21世纪人口、环境与发展白皮书》,成为国际上第一个编制《21世纪议程》的国家,在国际上树立了良好的形象;在“九五”计划和2010年远景发展目标纲要中明确提出了实施可持续发展和科教兴国两大战略。江泽民主席在第四次全国环境保护会议上指出:“在社会主义现代化建设中,必须把贯彻实施可持续发展战略始终作为一件大事来抓”,“经济的发展,必须与人口、环境、资源统筹考虑,不仅要安排好当前的发展,还要为子孙后代着想,为未来的发展创造更好的条件,决不能走浪费资源、走先污染后治理的路子,更不能吃祖宗饭、断子孙路。”在党的十五大报告中再次重申:“我国是人口众多、资源相对不足的国家,在现代化建设中必须实施可持续发展战略。”

(二)可持续发展的语义、要义和意义分析

1. 语义分析

按照国际流行的解释,可持续发展这一命题指既满足当代人的需求又不对后代人满足其需求的能力构成危害,并且一部分人的发展不应损害另一部分人的利益。前者强调的是体现未来取向的代际平等问题,后者强调的是体现整体观念的代内平等问题。代际平等有两个基本含义:一是当代人对后代人生存发展的可能性负有不可推卸的责任,当代人不能以“明天一定会更好”的托词来回避或拒绝对未来人负责;二是当代人要为后代人提供至少和自己从前辈人那里继承得来的一样多甚至更多的自然财富。代内平等也有两个基本含义:一是在“只有一个”的地球上,任何地区、任何国家都没有无限制的发展自由,都必须保证不给其他地区和国家带来危害;二是在地区、国家和全球范围内防止和消除贫富分化。

尽管以上可持续发展概念得到了国际社会的广泛认同和接受,但是在发达国家侧重于环境保护,而发展中国家更侧重于人的发展,这一点得到了1989年联合国大会通过的44/228决议的肯定。决议明确要求:第一,发达国家必须改变其不能持久的消费和生产方式,必须首先采取行动治理环境污染,以弥补其对环境造成的累积的和目前的损害；第二，发展中国家的环境问题主要是贫困所致，所以应首先消除贫困、发展经济，在发展过程中逐步解决环境问题，这是环境与发展原则相协调的基本出发点。

我国政府从具体的国情和需要出发，在《中国21世纪议程》中明确提出了中国的可持续发展战略，即“必须努力寻求一条人口、经济、社会、环境和资源相互协调的、既能满足当代人的需求而又不对满足后代人需求的能力构成危害的可持续发展的道路”。[1]在我国，可持续发展的前提是发展，即满足全体人民的基本需求和日益增长的物质文化需要。贫困和落后不是社会主义，也不可能实现可持续发展的目标。我们要在消除贫困、提高人民生活质量的过程中逐步解决资源、环境等重大问题，在社会发展的同时做到自然资源的合理开发利用和环境保护相协调。

2. 要义分析

与以往的发展模式相比，可持续发展观意味着思维方式的一系列更新：

（1）从以物为中心到以人为中心的主体发展

发展的主体是人，物的发展只是发展的外在表现形式，是主体发展的手段和条件，而人才是发展的目标、动力和尺度。在发展的过程中不能失落人，不能忘记舞台和演员的关系，不能让条件和场景淹没或压倒了主角。佩鲁指出：“市场是为人而设的，而不是相反；工业属于世界，而不是世界属于工业；如果资源的分配和劳动的产品要有一个合法的基础的话，即便在经济学方面，它也应该依据以人为中心的战略。”[2]所谓的人不是指少数人或少数国家的一部分人，而是指世界各国所有的人；不仅指当代人，还包括后代人，如邓小平所说：“应该把发展问题提高到全人类的高度来认识。”所谓的人类发展至少有两层含义：一是人类能力的形成，如提高全民健康水平、知识水平及各种技能；二是使人类充分发挥其潜能，鼓励参与社会、经济、文化生活。若不能协调这两方面的发展，人类的发展就会受阻。以人为中心的发展是可持续发展的精髓所在。因为只有以人为本,才能解决发展的最终目的,才能最大限度地开发人力资源、智力资源和一切社会资源,形成可持续发展巨大、持久的推动力。

(2)从经济增长到经济、文化与社会的协调发展

发展是一个全面的范畴,增长是一个量的概念,发展是一个质的概念,单纯的经济增长不等于发展,充其量是虚假的发展。可持续发展战略要求将经济增长与经济发展联系起来,将经济发展与社会发展联系起来,在经济增长的同时考虑到经济结构、价值观念、社会系统等各种要素,使经济发展与社会进步在有机互动中相得益彰。协调发展虽然频频见诸于报刊、文章或政府文件中,似乎获得了广泛的认同,但是一旦形成口号,就会出现庸俗化趋势。我们不应忘记,协调发展仍是一条理想之路,在现实生活中还是举步维艰。像任何一个发展中国家一样,中国由于贫困现象大量存在,逼迫人们将目光投向如何解决物质财富的匮乏上。"虽然我们也合乎时宜地学会在统计年鉴中轻松地嵌入几个'社会福利'数据,在言语中不时点缀以'发展'、'协调发展'、'社会全面发展'的时尚字样。但做起来,还是唯经济是举,唯经济是重。"[3]正如F. 佩鲁在评价刘易斯的"经济增长"学说时所写的那样:"他的著作只与增长有关,除增长之外概不涉及其他问题。在他笔下竟然也偶尔露出发展或进步的字眼,但这只是为了使叙述有所变化而已。"[4]

(3)从无自然的片面发展到有自然的全面发展

可持续发展理论的提出宣告了以资源浪费和环境污染为代价的传统工业文明的不可持续性。恩格斯曾经说:"到目前为止存在过的一切生产方式,都只在于取得劳动的最近的最直接的有益结果。那些只是在以后才显现出来的,由于逐渐的重复和积累才发生作用的进一步的后果,是完全被忽视的。""当西班牙的种植场主在古巴焚烧山坡上的森林,认为木灰作为能获得最高利润的咖

啡树的肥料足够用一个世代时,他们怎么会关心到,以后热带的大雨会冲掉毫无掩护的沃土而只留下赤裸裸的岩石呢?”[5]恩格斯还警告人们:“不要过分陶醉于我们对自然界的胜利。对于每一次这样的胜利,自然界都报复了我们。”“我们统治自然界,决不像征服者统治异民族一样,决不像站在自然界以外的人一样,——相反地,我们连同我们的肉、血和头脑都是属于自然界,存在于自然界的。”[6]由于人类不合理的生产方式,已经导致了全球生态环境的迅速恶化。目前,大气污染、温室效应加剧、地球臭氧层减少、土地退化和沙漠化、水源短缺、海洋环境恶化、绿色屏障锐减、生物种类减少、垃圾成灾、人口增长过快,已经成为困扰人类生存的十大环境问题。因此有人说,“文明人跨过地球表面,在他们的足迹所过之处留下一片荒漠。”[7]诚然,所有的经济活动都涉及自然资源的转换,但并非所有的经济活动都导致极端性的和不可逆转的环境恶化。以最小的消耗获得最大的产出是市场经济的基本要求,我国在建设社会主义市场经济的过程中,由于技术条件的限制和某些人为因素的影响,资源浪费现象非常严重。比如我国总能源消耗量与日本差不多,但工业产值仅为日本的1/4;我国每产一吨啤酒耗水四十多吨,而发达国家才五吨多。一些单位为了在短期内提高产值,拼消耗、拼设备,我国有限的资源是经不起这种“只图今日乐,何管明朝忧”的疯狂投入的,挥霍式的赤字消耗,掠夺式的资源开采,都是向未来举债,向后代勒索。鲁迅曾经留下这样的警世名言:“虽然有人说,掘起地下的煤来,就足够全世界几百年之用。但是,几百年之后呢?几百年之后,我们当然是化为魂灵,或上天堂,或落了地狱,但我们的子孙是在的,所以还应该给他们留下一点礼品。要不然,则当佳节大典之际,他们拿不出东西来,只好磕头贺喜,讨一点残羹冷炙做奖赏。”[8]

3. 意义分析

我国正处于新旧体制转轨的过渡时期,市场取向的改革给我们的社会发展注入了极大的活力,人民群众的生存条件和生活质量不断提高。但与此同时,社会生活中也存在着大量的矛盾,其中,人口、资源、环境问题已成为制约我国社会发展的突出因素。在这一背景下,提出可持续发展战略思想,既具有现实意义,又具有世界影响。这是因为:第一,中国是世界上的人口大国,在各种削弱社会基础的力量中,人口增长危害最大。在一个资源有限的星球上,人口的增长不能无限制地继续下去。我国不仅人口基数大,而且人口素质偏低,人口老龄化问题也日趋严重。在12亿人口中,文盲、半文盲人口就有2亿,每当我们说中国有12亿人口、8亿农民时,我们的心情都很沉重。教育是一国控制人口最有效的"避孕药",适应可持续发展的要求,尽快从人口大国转变成人才大国,关系到世界1/5人口的生存和发展问题,也关系到世界的未来。第二,中国的国土面积仅占世界的7%,自然资源的人均占有量仅相当于世界平均水平的1/3,在12亿人口的致富过程中又以惊人的速度消耗着自然资源、污染和破坏着生态环境,而科技的落后和经济的贫弱又制约着保护环境的能力。可以说,中国的发展之路是人类可持续发展战略的重要试金石。第三,中国正处于经济的高速增长时期,如何在经济发展的同时避免两极分化,扼制腐败风气,避免资本主义文化矛盾导致的人格异化,全面实现社会进步,具有紧迫意义。第四,中国的改革正在深入,开放的步伐正在加快。借助改革契机推进可持续发展战略,在开放的过程中及时与国际成功经验接轨,会取得事半功倍的效果。

可持续发展战略的提出是一项未雨绸缪的创举,而可持续发展战略的实现则是一场韧性的战斗。特别是处于特殊历史背景下的中国,既面临着传统文化的冲击,又感受着西方对我国古老文化的眷恋;既要加快脱贫致富的步伐,又要维护资源再生和环境自净能力;既要重视科技进步,又要防止科技的负面影响。"这是一个历时性问题需要共时性解决的时代。在共时性的维度中解决历时性问题,这本身就是一个矛盾,它意味着我们常常要在一种两难的境地中去面对和解决由历史和现实因素交汇而成的问题,意味着我们常常要同时采用在性质上明显不同甚至相反的方法去化解矛盾两极之间的紧张。”[9]可以说,中国的矛盾就是世界各国矛盾的缩影;中国解决矛盾的成功与否,直接牵动着世界的神经。

(三)可持续发展的哲学底蕴

人类中心论是西方传统发展模式的哲学基础,它对于增强人类生存能力,促进科技进步等具有积极意义,但同时也疏远了人与自然的关系,导致了人的异化。对此,海德格尔批评说,从柏拉图到尼采的西方历史是形而上学的人类中心论史。西方人的思想一直活动在主客两极化的框架内,把自己看成世界的中心,自然的主宰,人可以随意地支配和破坏自然,从而导致了对人的存在的威胁。海德格尔认为,人不是存在者的主宰,人是存在的看护者。破除人类中心论,并不包含维护非人性东西,而是要打开另外一些眼界,使技术对自然的干涉找到一个限度,使人能够诗意地在地球上居住。我国当代哲学家金岳霖也曾说过,西洋人的思想大都是以人类为中心观的。对于他们不但人为万物之灵,而且差不多人为万物之主。

与西方传统的人类中心论相反,中国古代的“天人合一”思想强调人与自然是一个不可任意分割的统一体,天的一切都体现在人的身上,人伦正是天道的现实显露和展示。这种观念虽然创造了人与自然交融一体的高远境界,但是人为地拔高了人的道德水准和精神需求,忽视了社会生产力的实际发展水平和维系理论存在的现实物质生活条件,因此在人对环境的关系上缺乏主观能动性和实践创造力,社会也失去了得以发展的物质动因。

中西文化代表着两极化的价值取向。从主导倾向上说,中国哲学侧重于合一,西方哲学更突出对立。单独来看,相合与相分的观点都属于对人的抽象化理解。脱离开合一的对立,是抽象的对立;不以否定为内容的合一,也只是抽象的同一。分有分的功过,合有合的是非。从整体上看,我们无法区分孰优孰劣,也不能做出简单的好坏评定,各民族只能在本土资源的基础上取众家之所长,我们对中西文化的取舍原则应当是“占有、挑选。看见鱼翅,并不就抛在路上以显其‘平民化’,只要有养料,也和朋友们像萝卜白菜一样地吃掉,只不用它来宴大宾;看见鸦片,也不当众摔在茅厕里,以见其彻底革命,只送到药房里去,以供治疗之用,却不弄‘出售存膏,售完为止’的玄虚。只有烟枪和烟灯,虽然形式和印度、波斯、阿拉伯的烟具都不同,确可以算是一种国粹,倘使背着周游世界,一定会有人看,但我想,除了送一点进博物馆之外,其余的是大可以毁掉的了”。[10]

可持续发展探求的是一种新的天人协调的发展观,它既不是以舍弃人类发展为前提的无意义的自然发展,也不是以牺牲自然为代价的短命的人类发展,而是在人类发展的进程中寻求环境保护的最佳途径,寻求人与自然的共生。它既承认人是万物之灵,人是发展的主体,同时又认为人的珍贵之处正在于他能够“泛爱万物”,讲求自然伦理。我们应当超越狭隘的人类中心论,因为这种理论导致了人类在无善念约束下的为所欲为;我们亦应超越古老的天人合一论,因为这种理论导致了人在无权利意识导引下的主体性的迷失。人是最聪明、最有理性且最重感情的动物,决不会听任人的主观意志和环境的自然规律各行其是。因此,可持续发展不是简单地回归过去,也不是要抛弃已创造的一切,而是向更高形态的发展,要创造更高形态的文明。

二、可持续发展中的法律价值

从字面上讲,法的价值可以有三种不同的含义。第一,法促进哪些价值;第二,法本身有哪些价值;第三,在不同类价值之间或同类价值之间发生矛盾时,法根据什么标准来对它们进行评价。

法促进哪些价值是指法律价值的主观性。法律价值是主体对法的反映,以主体的需要为基准和参照,随着主体需要的转移而转移。人们一般所讲的法是确认、保护和发展社会主义市场经济、民主政治和精神文明的工具,即指法律的工具性价值。法本身有哪些价值以及作为一种评价准则是指法律价值的客观性。法可以为人类的繁荣和进步服务,但是在应然层面上理解,法作为法本身即是一种价值。法律价值是主客观的统一,片面强调任何一个方面,都会使法律价值扭曲和变形。在分析法律价值时,应该坚持主客观相统一的原理,把自己的主观认识建立在客观存在的基础上。片面强调其主观性,法就会被降格为人类的仆人,人们想用就用,想扔就扔,想践踏就践踏,想销毁就销毁,法失去了自己的个性和尊严,失去了凝重的精神力量。而单纯强调其客观性,建立一种法权主义的世界观,又会使法成为完全凌驾于人类之上的、统治人类的绝对力量。只有坚持内容与形式的统一,才有利于理论法学的科学发展,才有利于明确法律实践的方向,才能坚持和发展马克思主义法学基本原理。

(一)可持续发展对法律价值的充实和更新

可持续发展观的提出为法律价值赋予了崭新的含义,并且在更高层次上实现了对各种价值的有机整合。可以说,法律保障和促进着可持续发展,而且法律价值本身就是可持续发展。当人们热衷于谈论可持续发展的实现要依靠法律时,可能很多人的潜在心态是法律更管用、更有威慑力,而不是基于对法律的尊重、内化和信仰。如果局限于法律的外在观点,不仅可持续发展事业难以保障,就是法律自身的可持续发展也是空中楼阁。“法律要‘保证可持续发展’,意思就是法律是实现‘可持续发展’这一目的的手段。但应注意的是,这里讲法律是一种手段、工具并不是指待人处事的方法或实验室中的器具那种意义。就法律作为达到一定目的的手段而论,目的和手段是相对的,有时可以是相互转化的,例如,社会、经济的可持续发展反过来也促进了法律的发展及其实施;再有,法律不仅是实现一定目的的手段,同时它本身也有特定的价值。例如,现代社会的法律,总意味着某种理性和秩序,而与非理性主义、无政府主义相对应。一般地说,它也总意味着某种民主、自由与平等,而与专制、独裁相对立。”[11]

可持续发展对法律价值的更新主要体现在法律的基本价值上。博登海默说:“任何值得被称之为法律制度的制度,必须关注某些超越特定社会结构和经济结构相对性的基本价值。”[12]一般认为,法的基本价值是秩序、自由、正义和效率。在这四个方面由可持续发展观念和实践所引起的变化是十分明显的。

1. *秩序价值的充实和更新*

秩序是人类生存和发展的必要前提,也构成了人类理想的要素和社会活动的基本目标。可持续发展注重实现人与自然的和谐,个人与社会的和谐,这就要求自然界和人类社会都处于一种有条不紊的连续运行状态。如果社会成员的人身安全得不到起码的保障;如果人民的公仆们纷纷背弃了权力来源于权利的神圣信条,把权力作为追求个人利益的资本,那么我们可以说正常的社会秩序正面临着威胁,个人与社会失去了应有的和谐。纯粹的自然秩序是自发存在的,但是作为属人的自然界,在社会中即具有了属人的本质,实际上自然秩序和社会秩序是不能截然分割的统一体。虽然自然秩序会不断出现新的平衡,但是环境对变化反应的能力、适应文明系统甚至超越文明破坏的能力均受到他自己的时间刻度的制约。如果人类在建立社会秩序的同时无视自然关系的稳定性、结构的一致性和进程的连续性,那么人类就打乱了自然秩序,也恶化了人类秩序,自然与社会即失去了和谐。

法律是秩序的象征,又是建立和维护秩序的有效手段之一。法律通过缓解阶级冲突和社会矛盾来维护稳定,通过最高权威的非人格化来克服权力运行中的恣意和任性,通过建立和维护生产、生活秩序来满足人的多层次需求。然而,受到"法即是刑"的传统观念影响,加之目前社会体制的某些不合理之处,立法时常倾向于义务本位,司法常常具有暴力色彩。"无论是在法官们的日常交往中,还是在有关新闻报道中,带有军人和警察色彩的用语相当流行。法官(以及检察官)的服饰样式也具有相同的倾向,大沿帽、肩章等等营造的正是一种军警气氛,这在世界范围内也是独一无二的。……法院工作人员的总称'干警',司法界被称为'司法战线',法官之间乃'战友'关系,人们经常说要发挥法院的'前沿阵地'和'战斗堡垒作用',法官要'能征善战',有时(例如为了'严打'、解决'执行难'等)还要'大兵团作战……力求每战必胜'。"[13] 人是法律的起点和终点,通过法律建立的社会秩序是服务于人而不是单纯用来限制人、防备人、惩治人、消灭人的,不是为了把人纳入层层法网之中使人规规矩矩,"安分守己",而是为人的发展提供一种舒适安全的环境,清除各种阻碍因素和潜在危险,使人的潜力得到最大限度的发挥,使人获得更广泛的自由生存空间,使人与社会的关系更融洽、更美好。

法在建立社会秩序的过程中又不能无视自然秩序的存在,不能以牺牲或扰乱自然秩序为代价。自然有其自己的运行轨迹,人类不能把自己的意图强加于自然,比如人类为了解决世界几十亿人口的吃饭问题,通过绿色革命和基因工程,产生了一些优良品种,但是,遗传工程、绿色革命带来的令人遗憾的副产品将使成千上万的物种消失。据美国《洛杉矶时报》报道:自本世纪以来,全世界已有 75% 的农作物品种绝迹。美国 1/3 的草原只种植一种小麦。农业专家说,在曾经种植 3 万种作物的地点,不久将有 3/4 的面积只种 10 种稻谷,这是现代农业服从经济规律的必然结果。因为人们为了追求最高的效益，总是喜欢把力量花在效益最高的品种上，使得越来越多的动植物品种被抛弃。但是，这种牺牲物种多样性的做法在生态学意义上后患无穷。一位专家指出，我们现在的作物是经过改良而适合人类需求的品种，一旦需求发生变化，或者气候发生变化，或是发生病害，假如再没有野生的原种植物救急，我们就可能无庄稼可收。所以，遗传工程对农业发展的影响是人类以短期富足为代价而牺牲中长期的生存和延续，这种人类对自然秩序的破坏将使人类的未来生存面临严重的挑战。法律对秩序的调整应建立在人类与自然和谐的基础上，既不是单一地聚焦于社会秩序的建立和维护，对自然秩序采取"事不关己，高高挂起"的旁观者态度，甚至于以主人自居对自然界任意摆布、为了满足私欲而牺牲自然秩序，也不是以法压人、以权治人，为了建立社会秩序而牺牲了人。正常的法律秩序，既标志着人的发展，也维系自然的平衡。

2. 自由价值的充实和更新

马克思说："文化上的每一个进步，都是迈向自由的一步。"[14]自由的实质在于：一方面，它标识着主体的意志与客观必然性之间的某种统一性；另一方面，它标识着个人与社会之间的某种统一性。

作为一种社会关系，自由体现着个人与社会的对立统一。主体在社会生活中有独立自主的思想自由和行动自由，但是自由不等于任性，不等于为所欲为。自由与法律是形影不离、唇齿相依的关系。黑格尔认为法就是作为理念的自由。孟德斯鸠认为："在一个有法律的社会里，自由仅仅是：一个人能够做他应该做的事情，而不被强迫去做他不应该做的事情。"[15]法律是自由的象征，也是自由的限度。法律既为人的自由选择和参与提供多种可能性机会，也为自由权的行使规定了明确的界限，防止自由的膨胀无度。

可持续发展的前提是人的全面自由发展，这就要求法律为人的潜能发挥提供充分的施展机会，提供安全有效、富有活力的制度安排;同时又要防止和纠正自由特别是权力自由的滥用。只有这样,法才有生命力;只有这样,人才有自尊感。

作为一种人与自然的关系,自由意味着主体意志与客观必然性的某种统一性。可持续发展关注人与自然的协调发展。因此人的自由以自然规律和环境的承载能力为边界,人的主体意志只有顺应并符合客观必然性的要求,才能获得存在的合理性。法律虽然体现为一种人的意志,但是如果撇开或背离了社会物质生活条件的客观属性,法律即失去了存在的价值。

3. 正义价值的充实和更新

正义是一个最为崇高却又最为混乱的概念。说它崇高,是因为自从人类社会发生公正与不公正的社会问题以来,正义一直被视为人类社会的美德和孜孜以求的理想;说它混乱,是因为正义被赋予多方面、多层次的规定性,不同时代、不同社会制度、不同历史文化传统、不同国家、阶级、群体以致于不同的人,对正义一词都会有不同的理解。

一般认为,正义总是寓于某种平等之中,正义的实质在于平等,其古老的公式为"同样情况同样对待"、"不同情况不同对待"。但是如何区分"同样情况"或"不同情况"确是一个难题。对此哈特曾精辟地分析道:"禁止杀人的法律若以对待其他杀人者的同样方式对待长着红头发的杀人犯,这就不是不正义的;但如果它以不同方式对待他们,它就是不正义的;如果它拒绝对理智健全的人和精神病人分别对待,那也是不正义的。因此,正义观念的结构是相当复杂的。我们可以说它有两部分组成:(1)一致的或不变的特征;(2)流动的或可变的标准。"[16]

可持续发展观的核心思想之一是在当代人群之间以及代与代人群之间公平合理地分配资源、利益和负担,这种观念一方面高扬了社会正义思想,另一方面又为正义原则注入了新鲜的血液。主要表现在:第一,代内平等。它强调任何国家或任何地区的发展都不能以威胁、损害或牺牲别的国家或地区的发展为代价，特别是要注重对弱发展地域或脆弱群体的保护。“一个没有包含减少贫困、失业和不平等现象诸目标的‘计划’难以被认为是‘发展计划’。”[17]贫困和两极分化都是社会动荡的催化剂，在利益分配上，地区利益要服从国家利益，国家利益要服从全球利益，当然服从的前提是对局部利益的尊重和保护。第二，代际平等。它强调在发展问题上要足够公正地对待后代人，当代人的发展不能以损害后代人的发展能力为代价。援用“联合国环境方案”中的一句话即是：“我们不是继承父辈的地球，而是借用了儿孙的地球。”代际平等问题是可持续发展观的一个重要特点，是以往的发展理论中较少或根本没有系统论述过的，也是以往正义理论的一个盲点。由于人类在征服和改造自然的过程中，使自然界本身自我修复、自我再生的能力有根本丧失的危险，而后代人的意见又无法在现时代得到反映，这就要求加强对未来人负责任的自律意识，不能只顾今天而不顾明天，只顾利用资源而不顾更新和再生资源。人类一时的失误就可能造成千古的遗憾，酿成弥天之过，那时，或许我们的后代不会原谅我们。只有坚持代际平等，把人类的存在视为一个整体，同生死、共患难，人类才能在地球上世世代代繁衍生息下去。第三，人与自然的和谐。正义意味着某种和谐的观念自古有之。柏拉图就曾经认为，正义存在于社会有机体各个部分间的和谐关系中。但是受到历史条件的限制，他既无法解决个人与社会的和谐问题而寄希望于乌托邦式的理想国，更无法预测到今天人与自然的诸多不和谐之处。和谐不等于静止或停滞，正义所蕴含的是一种动态的和谐观念，它既不是牺牲效率使社会原地踏步或徘徊不前的庸俗平均主义，也不是只求人类安逸舒适而不管自然天翻地覆的人类中心论。正义意味着自然与社会比翼双飞的发展，力求避免对抗，共荣共存。

法与正义存在着天然的联系。从应然角度讲，正义是法的逻辑前提,法因正义社会之需要而产生;法是正义的客观需求,正义因法的产生而得以保障和发展。正义作为法的灵魂贯穿于法律的整个发展史:法的创制不过是正义原则的具体化、条文化;法的思想不过是具体正义规则的理论归结;法的实施不过是正义原则在实践生活中的展开。法通过权利和义务的具体设定来实现对资源、社会合作的利益和负担的权威性分配,实现公平的机会均等原则;另一方面,法又通过公正地解决纠纷和冲突实现诉讼正义。

以可持续发展来检讨迄今为止的法律制度,就会发现当今世界由法律所维护的不正义现象相当多,也有一些不正义现象是由于缺乏安全高效的社会公平机制,法律的空白和漏洞较多造成的。具体表现为:

(1)经济不平等

历经了两百多年的西方工业文明,虽然带来了大量的财富和高速发展的现代科学技术,但同时也带来了惊人的不平等和世界大多数人口的贫困落后状态。目前全世界有2亿人的月平均收入在6至10美元之间,至少有7.5亿人生活在绝对贫困之中。我国农村贫困人口已由1978年的2.5亿减少至1996年的5800万,是世界上贫困人口减少最快的国家,但是在经济高速发展的背景下也出现了大面积的城市贫困。“亏损双停企业中,由于长期拖欠工资,部分职工的原有积蓄已经花光。据某省的部门调查,停产企业中有20%的职工靠亲友接济,34%职工靠变卖家产和节衣缩食度日。一些职工家中断菜断粮现象时有发生。双职工、多职工在不开工资企业的职工家庭处境尤为困难,有的特困职工因生活无法维持而吃野菜、讨饭、捡破烂、卖血、卖淫、甚至自杀,境遇凄惨。”[18]另一方面,愈演愈烈的腐败现象又加剧了贫困的程度。据报道,山西一家电厂由于厂长带头吞吃企业,仅一年时间,全厂就被吃掉八十一万余元,日均一千三百余元,相当于每天吃掉该厂100名职工的日工资,从而使企业濒临绝境。有人说,只在事后加以惩罚而不削弱腐败得以产生的基础，等于割韭菜。割了韭菜，还有生产韭菜的肥沃土壤，不断地割，不断地长，最后动手割的人——政府机构本身腐败了，那就没有办法自己来解决腐败问题了。

单纯的贫困现象并不足以说明经济的不平等，而贫富差距的迅速扩大和地区经济的不平衡则是不正义的有力证明。在当今世界，20%的人占有全球83%的财富，而80%的人的生存费用仅占全球财富的1.4%。我们国家也存在着贫富开始分化现象，据1995年统计，中国10%最富有家庭和10%最贫困家庭之间的差距几乎扩大了4倍。

(2)地域发展的不平等

一些国家或地区占据天时地利的资源优势，而另一些国家或地区却气候恶劣、资源贫乏，造成不同地域的人民追求可持续发展的起点和结果出现很大差异。比如我国东南沿海占据得天独厚的地理优势和政策优势，这样，廉价的原材料和劳动力、资金、各类人才等潮水般地倾注到东南沿海。而另一方面，原材料、能源的掠夺式开采造成中西部生态环境恶化，使得东西差距日益扩大。

(3)对自然的不平等

自然以她肥沃的土地、富饶的资源、如诗如画的环境哺育了人类，人类却对不起自然，大规模地肆意掠夺和破坏自然，纵欲无度地消耗能源，使得原本健康的自然躯体饱受欺凌，遍体鳞伤。马克思在《1844年经济学哲学手稿》中早就有过关于大自然是人类无机身体，是人类的审美价值对象的论述，可人类却不知醒悟，以极不公平的态度对待自然。

(4)人与人的不平等

有的种族、民族以其政治、经济、文化优势高居于其他种族、民族之上。比如我国一位翻译在一架美国客机上要求增加一份热饭，招来的却是服务人员明显带有种族歧视的语言："你们中国人怎么总是饥饿?"在很多国家和地区，对妇女、儿童、老弱病残等脆弱群体缺乏应有的保护,虐待老人、拐卖妇女儿童、弃婴、溺婴等现象屡有发生,男性享有种种法律上的或习惯上的发展特权,对妇女的发展则加以歧视和限制。为此,有的女权主义者高呼:历史(History)为什么不能改成 Herstory?

魏因伯格说:"不可能肯定地证明什么是公正的,但有可能令人信服地表明什么是非正义。关于正义的考虑在性质上是批判的分析。"[19]的确,当很多理论家为得出正义结论而绞尽脑汁却依旧茫然时,当分析法学家们矢口否认正义的存在而主张"恶法亦法"时,如果我们换一个角度,关注一下不正义现象的大量存在,我们就会深深感到人类对正义的渴望。法律不仅是正义的化身,又是正义的卫士,法律从正义理念中获得不断发展的力量。亚里士多德认为,法治的要素是良好的法律和普遍的服从。立法者只有以正义理念为依托,才可能制订出良好的法律;另一方面,再好的法律如果不被执行和遵守,也是形同虚设。"奉法者强则国强,奉法者弱则国弱。"法院是社会正义的最后一道防线,法官担当着实现社会公正的角色,法官的正义理念和角色发挥直接影响着法的实现程度。

可持续发展意味着正义理念的不断发展,意味着公平合理在人间的再现。目前,还有许多习惯性的或是人为制定的"恶法"在维护和促进着各种有碍于可持续发展的不正义现象。"当一种现存的不平等待遇,由于条件的变化或科学知识与人类知识的发展而被认为不再必要、不再正当或不再可以接受的时候,正义感通常是不可抗拒的","为正义而斗争,在许多情况下都是为了消除一种法律上的或习惯所赞同的不平等待遇的目的而进行的,因为这种不平等既无事实基础又缺乏合理性。"[20]随着人类自主意识的觉醒和增强,随着制度合理性的建构和社会公平机制的健全,不正义现象会逐渐失去市场,法律必然也必须能够在不正义面前有所作为。

4. 效率价值的充实和更新

效率又称效益，一般是指根据预期目的对各种资源的配置和利用的最终结果做出的社会评价，即资源的配置和利用使越来越多的人改善境况而同时没有人因此而境况变坏时，即意味着效率提高了。和秩序、自由、正义一样，效率也是一个社会最重要的美德，是社会发展的基本价值目标，一个无效或者低效的社会，纵然是秩序井然、贫富均衡、不分贵贱皆谦卑有礼、情谊脉脉，也绝不能视为一个理想的社会，因为这个社会缺乏运转的动力，缺乏生命的旋律。

可持续发展所理解的效率不仅包含着人的境遇改善，同时也包含着自然境况的改善。以往的效率概念趋向于单向度地显示人类征服自然所获得的经济利润，却掩盖了在自然资源环境上的巨量资本和不可估价的亏损。任何国家的资源都是稀缺的，没有一个国家一切都有，也没有一种资源永远不枯竭，特别是不可再生资源的消耗有不可逆的特征，一旦失去，就是永久的遗憾。因此那种不计自然成本，以资源无限供应的假设为基础，以高消耗为特征的陈旧效率模式已日薄西山，而真正的效率只能建立在最低限度地消耗自然成本并有效地保持自然持续性的基础上。因此索洛说："如果'可持续性'还含有比标语口号和感情的表露更多的内容，那么，它是保护未来生产能力的一个命令。"[21]

可持续发展观所理解的效率也内涵着社会公平。如果财富增加的结果是贫富之间的差距日益加大，腐败现象得以滋生和蔓延，为贪官污吏提供了肥沃的土壤，那么这种效率与可持续发展相去甚远。因此理想的效率是经济效率与环境效率的统一，是眼前效率与长远效率的统一。

效率含义的更新意味着法律价值理念的更新。以可持续发展来对照法律的效率价值，可以看出以下变化：

(1)利益的衡平

利益是主客体之间的一种关系，表现为社会发展客观规律作用于主体而产生的不同需要和满足这种需要的措施。追求利益是人的本性,也是个人和社会发展的基础。但是由于我国传统法律文化过分地压抑了人的利益需求,人为地拔高人的道德理性和精神追求,导致了人性的扭曲和畸形,也抑制科技进步和社会发展。马斯洛认为人的需求具有不同的层次,生理需求是最基本的需求。马克思也认为物质资料的生产是人类社会存在和发展的基础。常言道:人穷志短,仓廪实而知礼节。如果一个人连温饱尚不足以维持,却要高谈"君子喻于义,小人喻于利"、"名利于我如浮云"之类的大雅之词,那恐怕真的要算作伪君子了。

法律的作用之一在于承认人们的利益追求,确立能够刺激人的利益动机的运行机制,通过对权利和义务的配置,把人们的行为和利益追求纳入规范之中。法律制度的结构究竟起什么作用呢?弗里德曼认为:"我们大致可以把它比作拔河比赛中的绳子。设想两队人在拉绳子,各拉一端。强一些的队把另一队违背其意志地拉过去。绳子并不'引起'这个动作。绳子只是一个工具,一个手段。当然,没有绳子,游戏无法进行,它是力量移动的媒介。法律制度就是这样一个媒介。"[22]目前虽然自利的闸门已经开启,但是权利观念和机制尚未形成,自利行为的失控就成为一个现实的危险。某些利益主体为了自身眼前利益而不惜牺牲社会整体利益,某些地区为了本位利益而实行地方保护主义,某些利益主体为了经济利益而破坏生态平衡的现象屡见不鲜、屡禁不止。很多企业为了实现自身利益任意污染环境,这种先污染后治理的生产方式实质上是前人有名有利,后代人则要背黑锅、收拾烂摊子。比如滇池,以前的人污染,现在增加投入治理,还要动员群众参加,由后人补过,群众既受害还得出钱出力搞治理,这个局面太令人难堪了,群众不禁发出这样的责问:你们是怎样搞经济建设的? 是无能还是存心破坏? 天天喊"三同时",为什么只喊不干?

效率的内在要求是创造效率的人的解放,而人的需要是多层次的，因此法所维护和促进的效率也是多层次的。据1993年统计，我国500家最佳经济效益行业里，烟草业占第一位，饮料加工业占第二位，而美国、日本前500家效益最佳企业几乎都是高科技产业。目前充斥广告市场的除了酒就是药品、补品，难怪有人感叹道：中国人怎么都成了"酒囊药袋"？法律在配置各种资源、引导利益流向时，不能以产值论英雄，以表面的利税多少来分配权利，而应当以增强国家的综合国力、提高人的综合素质和文化品位为导向，以人的能力建设和全面发展为目标。

(2)产权的调整

法律鼓励和刺激人们为效益的目的而占有、使用或转让财产，产权明晰是有效地利用资源的前提。十五大报告指出，要按照"产权明晰、权责明确、政企分开、管理科学"的要求，对国有大中型企业实行规范的公司制改造，使企业成为适应国内外市场的法人实体和竞争主体。目前我国有一万多亿元的国有资产在闲置和流失，有些设备在露天里风蚀雨淋，残损不堪，很多人"以厂为家"，公私不分，对于矿产、河流等自然资源更是像对待无主物一样竭力掠夺，任意污染。把资源和环境保护纳入市场经济模式是一条有效的途径。当资源的权利明确后，资源所有人就能为其确定恰当的、以市场为取向的价值，形成资源市场，资源的价格反映整个市场的供求关系，这样会引导生产者和消费者在何时以何种方式介入市场，从而加大环境保护的力度，增强企业的竞争实力。

法律调整的产权不仅包括物质财产权，也包括知识产权。科学技术是第一生产力，知识分子是社会上受教育程度最高、科技素质最好的群体，尊重知识、保护人才，是法律的神圣使命之一。面对着日趋枯竭的自然资源，有人呼吁：如果不加控制，人类将走向自我毁灭；面对日渐膨胀的中国人口，也有人感叹：21世纪谁来养活中国？无疑，很多人低估了人力资源的潜力。21世纪的争夺与其说是自然资源的争夺，不如说是人才资源的争夺，人才是科技进步和社会发展最重要的资源。撒切尔夫人在80年代就曾预言:21世纪的竞争是科学技术的竞争。我国也把“科教兴国”确立为21世纪的战略之一。科技要靠人才去发展,人力资源是推动可持续发展战略的源泉。然而人力资源的现状却是缺乏与浪费并存。据中国科协调查,目前国有大中型企业的专业技术人员中有64.1%的人作用发挥不到50%,整体人才浪费52.3%。国家科委的一项调查表明,全国大约有494.4万专业技术人员目前处于闲置或“在职待业”状态。在很多地方,人力资源可以随意地积压、埋没、浪费与流失,大材小用、偏才正用、人才不用的现象时有发生。我们应该树立人力资源也是国有资产的观念,建立起相应的法律和政策,把人力资源的浪费控制在最低点。

(二)可持续发展对法律价值的整合

所谓“整合”,是把各种不同的要素或部分结合、调整成为一个系统的活动、方法、过程与结果。可持续发展通过对法的秩序、自由、正义、效率等价值的更新,在更高层次上实现了对各种基本价值的有机整合。

首先,法的各种价值之间不是截然对立、水火不相容的关系,而是相互依存、相互渗透、相互转化的融合关系。甚至可以这样说,当我们选取不同的角度和参照系来观察同一社会状态时,我们就会看到价值的不同侧面。以秩序为例,秩序是自然界和人类社会存在的基础,但是如果以压制个人幸福、窒息社会活力为代价换取秩序,那么整个社会无异于囚笼,民众无异于囚犯;另一方面,如果社会处于无序、混乱、动荡状态,那么其他价值也就更无从谈起了,甚至于人类社会也失去了存在的意义。秩序中只有汇入自由的声音、竖起正义的标杆、伴随效率的推动,社会才能富有活力,才具有持久的生命力。可持续发展正是各种价值要素相互融合渗透的结果,在某方面它像棱镜一样,吸收各种光波、虹的色彩,把它融合成一束白光。

其次,在具体的情况下,法的秩序、自由、正义和效率之间会出现矛盾,可持续发展正是协调这些矛盾的尺度。比如说秩序所内涵的稳定机制会相对地浓缩自由选择的空间、禁锢自由选择的机会,而对人类本性的过分压抑又经常导致无序和混乱。正义与效率之间也经常处于深沉、持久的张力之中。效率以利己性倾向为动因追求利益的最大化,关注个体利益;正义则试图把人们从个人欲望中解放出来,关注他人与群体的利益。二者从不同的出发点作用于同一对象,自然会产生矛盾。对效率的过分追求会导致不正义,而忽视效率、片面强调正义又常常落入平均主义的陷阱。解决二者矛盾的出路只能是以可持续发展为尺度来化解矛盾两极的紧张。尼克松曾经说过:"中国是世界上最公平的国家,美国是世界上效率最高的国家",实际上效率和公平是不能作这种分离的。效率不能建立在种族歧视、贫富分化和资源浪费的基础上,公平也不能仅仅建立在同情、怜悯等精神慰藉上,更与庸俗的平均主义无缘。公平不仅指结果公平,还包括机会公平、分配公平和规则公平,它是内容与形式的统一体。平均主义和大锅饭根本就不是公平,或者说是把不公平当成了公平。效率不等于自私自利,公平也不等于千篇一律,效率决定着公平的质量,公平校正着效率的方向。

法律价值之间的矛盾是交错繁杂的,不可能一一列举。在整合各种矛盾的过程中,可持续发展的法律观不排除或压制差异,而是立足于差异事实,把各种互异的法律价值观念塑造为能够相互交流、相互辅助的要素,使之在整个自然界和人类社会的运行系统中发挥各自的、对维护系统来说同样重要的功能。"整体的存在表明,构成整体的各个部分在结构上已经过有机整合而相互顺应和趋同,矛盾和对立已减至最低限度,而统一与和谐相应地则达到其最佳状态。……同时,整体的存在还表明,构成整体的各个部分的功能经过有机整合也已达到互补和统一,从而使整体功能在对外作用的范围上较各个部分更为宽广,在作用力度上也较各个部分更为强劲。"[23]

三、可持续发展中的人与人权

(一)可持续发展中的"人"

人是发展的中心。对中国而言,人口问题是制约可持续发展的首要问题,庞大的人口基数加上低下的人口素质,既抑制了社会发展,又加剧了资源消耗和环境污染。限制人口增长是一方面,而人力资源的开发和能力建设在人才方案的执行上占有优先地位。但仅仅出于"人力资本"的考虑而去改善人的受教育状况与社会生活规范,人的本质就依然被遮蔽和歪曲着,远未展现其全貌和达到应有的高度。人是发展的手段,也是发展的归宿,人民有权分享发展成果,也有权参与发展过程。"公众、团体和组织的参与方式和参与程度,将决定可持续发展目标实现的进程。"[24]

人也是法治的中心。在法治条件下,作为观念、行为和制度主体的人是法的起点和终点,平等地关怀和尊重人是法律资源的核心安排,所有人的解放和自由以及人的尊严、幸福和全面发展是法律的终极指向。只有以人为本,法才能成为关心人的良师益友,而不是轻视人的恶煞屠夫。正因为如此,孟德斯鸠在论述法的精神时"首先研究了人",卢梭也要"为人类辩护",黑格尔把"成为一个人,并尊敬他人为人"视为法的命令,马克思反对不自由的"动物法"而崇尚自由的"人类法"。可以说,人是法的本位,法是人的再现。

首先,法是基于人的需求而产生、随着社会需求的发展而发展的。利益的分化导致了法的产生。在原始社会,不存在利益的区分,反映共同利益的氏族习惯担当着社会调控的重任。随着经济的发展,社会成员的共同利益日益分化为各对立阶级的利益,所有的个人利益必须服从统治阶级的整体利益,于是法律规范应运而生。随着社会上各种利益发生变化,法律迟早也将发生变化。我国的体制改革过程中触及到很多深层次的利益矛盾,只有加强法律的立、改、废工作,协调利益冲突,才能保证社会主义市场经济健康有序发展。

其次,整个法现象都围绕着人而开展。比如我国社会主义法本质上是建立在人民利益基础上的广大人民群众的意志和利益的体现。维护最大多数人的最大利益是社会主义法的一项基本任务。宪法以国家根本大法的形式确立了人民当家作主的地位,成为人民权利的宣言书;民法通过调整平等主体之间的财产关系和人身关系,把基于血缘、亲情、宗教、伦理、权力、财富而形成的一切不平等关系彻底粉碎,通过扩充私人自由活动的空间,维护交易的迅速和安全,来培植平等、诚信、互利、互律的观念体系,弘扬人的主体性要求;环境保护法通过对森林、草原、大气、海洋等生态环境和生活环境的保护和改善,来保证人们合理地利用自然环境,防治污染和生态破坏,净化人类的生存环境;刑法通过规定何种行为是极端的、超过社会容忍限度的侵害个人、集体和社会合法权益的行为以及对这种行为应采取的惩罚措施,来提供人们安全的生活保障,维护社会的有序运行。可以说,从静态的法律体系到动态的法律运行都与人的存在和发展息息相关。

再次,法律文化是人类文化的缩影,它像一面镜子一样时刻折射着人的观念和思维模式。法国学者丁・埃斯卡拉在考察中国的社会与法制之后曾经得出结论:东西方文化的对极性在法律领域中表现得最为鲜明。昂格尔也曾说,如果把法治的程度当作坐标轴,那么传统中国构成其负的极限值,近代西方构成其正的极限值,而其他各种文化社会都是在这两者之间各得其所而已。中西法律文化的对极性源于对人的认识差异。西方法律文化建立在

"性恶论"(即人性恶的观念)的基础上,人与人之间除了在经济生活、政治生活中的对立关系外,还有文化上的人与自然、人与上帝以及经验与超验、社会正义与自然正义的二元对立,这样自然权利就成为人们反抗现实的依托,法律自然就成为陌生人之间交往和沟通的桥梁。而中国传统文化是建立在"性善论"(即人性善的观念)的基础上,个人作为利益主体而分立、对抗以及在生产、交换、分配、消费过程中的独立自主都是极为有限的,"人的依赖关系"占据主导地位,家族为个人提供了温情脉脉的庇护,国是家的扩大,人伦和礼仪道德占据了法的位置。在这种文化氛围中,如果大谈个人权利,在人与人之间过多地划设疆域界限,既不可能,也不必要。至今这种文化的品性依然很浓烈,特别是在人际关系紧密、较少人员流动的共同体社区中,乡民们在长期的共同生活中已经陶炼出一种熟悉,建立了一种"心有灵犀一点通"的相互预期,在一定意义上是"一荣俱荣、一损俱损"的紧密型依赖关系,而不是西方文化所假设的那种分离的、原子化的个体。中国古老文化传统的顽强生命力,一方面构成了实施现代法治的障碍,另一方面也值得学者立足于中国现实来探讨和反思中国法律的合理模式。或许只有当我们转变了人的观念时,我们的法治理想才能在人的心田上生根、发芽、开花和结果。

(二)可持续发展中的"人权"

人权是指人之作为人享有或应该享有的、不可非法无理剥夺或转让的权利,哲学上的人道概念和法学上的权利概念是人权的两大要素。这里所讲的人不仅具有自然属性,更重要的是具有社会属性;不仅指少数的几个国家或特殊群体,而是站在类的角度上来理解的所有的人;这里所讲的权不限于法律权利,还包括应有权利和实有权利。人和权不能分开理解,离开人道谈人权,就模糊了权利主体;离开权利谈人权,就会使人权成为"空中楼阁"。作为人道概念,人权的实质在于实现人的和谐。

首先,人权有着建立秩序和消除暴力的功能。人类历史并不像浪漫的人道学说所描绘的那样,以人作为社会的最高主宰。相反,人类历史是一部交织着残酷斗争、无情打击的血雨腥风的历史。即使在今天,霸权主义和强权政治依然存在,局部地区的武装冲突也时有发生,核战争时刻威胁着人类的生存,成为文明世界的巨大阴影。创造和谐而不是冲突是人权的内在要求,和谐的社会状态以安全和平为显著标志。安全对应着秩序、和平排拒着暴力,在有序化的社会中才有安全与和平可言,无序和失序的社会带给人的只能是恐怖和暴力。所以,人权是实现人类和谐的基础条件。

其次,人权昭示着人的主体性。作为一个哲学概念,人权表明了人作为社会关系主体的地位。人权不仅把人道要求落实在具体的、实在的个体的完善与发展上,而且,这里的个体是人道的主体。人权概念标识着对个性的充分尊重和信任,对个体权益的关心和爱护,对个人自由的崇尚和激励。

再次,人权富有平等和大同精神,和谐社会不可缺少的首要条件是平等待人,人权意味着通过平等原则铲除观念上和制度上对人实行差别或歧视的土壤,所有的人类成员,不论在种族、阶级、信仰、肤色、财富、性别、国籍、智商等方面有何具体差异,在人权面前皆一律平等,拥有人之作为人的同等的价值和尊严。不仅如此,人权在主张人类一律平等时,实际上已经基于人的相互认同而为处理人类关系提供了一个共同的准则。尽管人权概念存在许多模糊和混乱,但人权的实质无疑是增进人类的和谐。这里的和谐不是合一,而是以个体的独立为前提,撇开个体价值来谈整体和谐,无异于釜底抽薪。

作为法律概念,人权体现了法治精神。首先,人权原则为社会秩序的合法性奠定基础。民主政治的基本原理是一切权力属于人民,人民当家作主,有权参与国家管理,政府及其工作人员只是人民的公仆。作为一个法治原则,人权意味着国家法律和政治行为应该以确认、保护和实现人民大众的基本权利为目标,不得妨碍和侵犯人民的权利。公共权力只能为人权而设,为人权而运作,性质受人权判断。人权是国家权力的源泉,也是国家权力配置和运作的目的和界限。人权的主流精神始终是防止和抵抗公权力走向暴政。每当人权萎缩的时候,常常是由于公权力的失控。

其次,人权原则为谋求社会的和谐提供了权利义务机制。权利义务作为法律调整机制与人的生存状态息息相关。从利益层面看,人是天生的逐利动物,权利义务即表示人与人之间得与予的关系。权利是人们获得利益的正当方式和合法途径,义务则应当是来源于、服务于、从属于权利。从精神层面看,人皆有追寻自由的本性,自由的实质在于权利,自由的实现在于权利的行使。以人权作为社会基本原则,也就意味着采取以法律设立和调整权利义务关系的方法来建立社会秩序并促进社会和谐。这种治国方略的特点是,在承认和保护个体利益及社会利益的前提下,通过设立、配置或调整个人与个人、个人与社会之间的权利义务关系来谋求社会的有序发展。而在权利义务的双向关系中,权利本位观体现了主体的自主性、自觉性、自为性和自律性,体现了对人的爱护和关怀,与法治理念有异曲同工之效。

在社会可持续发展的论题范围内,人权问题主要表现为生存权、发展权和环境权。

1. 生存权

从历史上看,生存权的演变经历了由抽象权利说到具体权利说的过程。德国魏玛宪法第 151 条首先指出要使公民能够维持其“跻身为人的一般应有的生存状态”。此后西方各国竞相在宪法中规定了生存权,不仅在形式上肯定了人的人格尊严和自由平等,使其免受外来侵害,而且在内容上要求国家的具体施政能够有利于公民生存。20 世纪 70 年代以后,鉴于传统法学理论的生命权、健康权、财产权等概念不足以解决日益严重的社会问题,人们不得不重新审视生存权的价值,主张生存权为具体权利,受害人可以直接援引生存权的规定请求保护的理论逐渐取代了抽象权利说,并为现代法学理论和人权理论所肯定。

在人权体系中,生存权位居榜首,人们通常把它称为第一人权或基本人权。生存权在人权体系中的这种崇高地位是由人权本身的要求决定的,也是人类活动的客观规律的集中反映。“人性的首要法则,是要维护自身的生存,人性的首要关怀,是对其自身所应有的关怀。”[25]没有生存,人类就不可能进行任何活动;没有生存权,人权亦无从谈起。正如《中国的人权状况》白皮书所讲到的:在中国,维护人民的生存权利,改善人民的生存条件,至今仍然是个首要问题。中国还是一个发展中国家,国力有限。人民的生活水平同发达国家相比,还有一定差距。所以,集中精力发展生产力以增强国力,使全国人民的生活水平在温饱的基础上进一步向小康迈进,是我们的根本愿望与要求,也是我国政府一项长期而紧迫的任务。

可持续发展对生存权的内涵有以下突破:第一,生存权的主体不仅指当代人,也包括后代人。当代人不能为了满足自己的生存而取消后代人的生存可能,剥夺后代人的生存空间,使那些无辜的、尚未降临人世的新生命成为前人愚蠢行为的受害者。当代人的生存应该兼顾后代人的利益。第二,生存权的实现应以自然的可持续性为条件。人类不能为自己的生存而丝毫不顾及自然界的生存。把自己的生存建立在生态失衡和环境破坏的基础上。人类生存权的设定和实现都要以自然界的承受能力为限度。

2. 发展权

在《非洲人权与民族权宪章》中首次得以确认,即“一切民族在适当顾及本身的自由和个性并且平等分享人类共同遗产的条件下,均享有经济、社会和文化的发展权”。[26]发展权原则也是国际持续发展法中的重要原则。1992年联合国环境与发展大会通过的《关于环境与发展的里约宣言》第3条原则指出:“发展权利必须实现,以便能公平地满足今世后代在发展与环境方面的需要。”1993年召开的第二届世界人权大会再次确认发展权是一项集体人权,也是一项个人人权。它和生存权一样,是公认的国际法原则,也是最重要的基本人权之一。

发展权与可持续发展紧紧相连。在我国,可持续发展的前提是发展,发展的前提则在于发展权的设定和有效配置。发展只有落实为权利,才具有存在的底蕴,才能凝结为行动,转化为现实力量。

作为一项个人人权,发展权首先意味着以法律赋予个人平等的发展机会。每一个人不应该因为不可选择地降生、生长于某个地区、家庭、阶层便注定失去了选择发展的权利,被排斥于社会中心之外,成为备受歧视的“边缘人”、“弱者”。社会具有不可推卸的道德义务和法律义务帮助他们获得最低限度以上的收入和生活条件,给最少受惠者以社会合作所得到利益的最大帮助,为社会成员提供竞争的公平的起跑线。同时,后代人也不能因为时间的错位而失去本应享有的发展权利,当代人有义务保证后世公平、持续、多样的发展机会。其次,发展权旨在实现个人的全面发展。人的需要包括物质和精神需要,温饱问题是人类生存的基础,但是,在很多人已经无需再为生计而奔波、走上了脱贫致富之路以后,精神的饥渴和灵魂的空虚即成为人格发展的阻碍。因此,社会在满足人们物质需求的同时,也要创造条件使人们受到能力培训和良好的教养,享受高雅的文化熏陶,提高生活的品位和质量。再次,发展权重在参与。单纯的权利赋予仅仅是法律的一厢情愿,团体和公众的参与才会使权利焕发出勃勃生机。“要实现持续发展,基本的先决条件之一是公众的广泛参与决策。”[27]发展权的设置既要保证团体及公众掌握充分的与可持续发展有关的信息和资料,又要最大限度地参与发展的决策过程和监督决策的执行。同时以教育、培训、对话等方式提高公众的参与意识，把参与行为与个人物质利益和人格情操结合起来。这样，发展权才能内化成主体自觉、自愿、自为的参与权。最后，发展权建立在可持续性的基础上。把环境与发展结合起来是可持续发展观的理论特色和生命力所在，它注重自然与人的携手发展，为处理人类社会经济活动和保护环境之间的关系提供了法律依据。

作为一项集体人权，发展权意味着世界上任何一个国家或地区，不论其大小、贫富、强弱，政治经济制度如何，意识形态如何，均享有平等的发展机会和发展条件，任何一个大国不能以强压弱，以大压小，把自己的发展观念、发展模式强加于别国，对其他国家或地区的发展道路造成不利影响。如里约宣言第 2 条原则所言："根据联合国宪章和国际法原则，各国有按照其环境和发展政策开发其资源的主权权利，同时亦负有责任，确保在它管辖或控制范围内的活动不致对其他国家的环境或其本国管辖范围以外地区的环境造成损害。"

3. 环境权

保护环境是人类文明和社会进步的重要标志，是人类对文明路径理性反思的结果。可持续发展观正是随着人类生存环境不断恶化，环境侵害现象日益增多等全球性问题而提出来的。德国环境变化科研委员会认为，由于自然环境的变化，到 2010 年可能将会发生一场世界性的饮用水危机。该委员会的报告警告说，在下个世纪的头十年，由于可耕地减少和由于水危机引发的战争，灾难也许会降临到人类的头上。[28]我国国家环保局今年 6 月 4 日发布的《1996 年中国环境状况公报》表明，由于人口基数大、经济增长快、技术水平和管理水平低等因素，1996 年我国环境状况从总体上看环境污染、资源浪费和生态破坏仍相当严重，在一些地区，环境问题已成为制约经济发展和影响人体健康的重要因素之一。[29]联合国

《21 世纪议程》特别强调："适合于各国具体条件的法律和法规是使环境和发展政策成为行动的最重要手段"，"为了有效地将环境和发展纳入每个国家的政策和实践中，必须发展和执行综合的、可实施的和有效的法律法规，这些法律法规是以周全的社会、生态、经济和科学原则为基础的。"[30]根据可持续发展战略，有的国家正在考虑制定专门法律或者宪章，规定公民与国家在环境资源保护和实施可持续发展战略方面的权利和义务，用法律手段保障可持续发展成了世界性的潮流。我国政府制定的《中国 21 世纪议程》、《国民经济和社会发展"九五"计划和 2010 年远景发展目标纲要》均表达了对环境问题的关注，实践中环境立法和执法力度显著加强。

环境权作为人权的重要内容在环境的法律保护中处于核心地位。在传统的法学理论中，环境被当作无主物，先占者可以无偿利用，因此向空气中排放污染物并非不法。可是，随着环境污染的日益严重，环境保护的呼声越来越高。在法学界，以 1960 年发生在美国的一场关于公民在良好环境中生活的宪法依据是什么的争论为开端，环境权的概念脱颖而出，环境要素被视为共有财产，公民有权利提出要求。随着时间的推移，环境权理论进一步深化。1970 年的《东京宣言》写道："我们请求，把每个人享有其健康和福利等要素不受侵害的环境的权利和当代人传给后代人的遗产应是一种富有自然美的自然资源的权利，作为一种基本人权，在法律体系中确定下来。"[31]1972 年《人类环境宣言》规定："人类有权在一种能够过尊严和福利的生活的环境中，享有自由、平等和充足的生活条件的基本权利，并且负有保护和改善这一代和将来的世世代代的环境的庄严责任。"[32]1992 年国际环境与发展会议正式将环境权确认为人的基本权利。

环境权的一般定义是享受良好环境并进行支配的权利，具体内容包括：第一，健康、舒适、安全的环境保证；第二，当代人传给子孙后代的是不被污染、受破坏的自然资源要素;第三,当代人负有保护资源和改善环境的庄严义务,包括阻止环境破坏、排除侵害、回复环境、采取良好措施预防环境破坏等等。环境权的主体从横向上看包括公民、法人、国家、国际组织等;从纵向上看,既包括当代人,也包括后代人。现在有些国家的立法已经将环境权的主体从当代人扩展到后代人,如《美国原生态环境保护区法》中规定:"确保现在的美国人及其子孙后代能享受原生态自然资源的恩泽是美国的一项国策,为此,特建立国家原生态环境保护体系。"

环境保护,需要权利先行。尽管我国环境保护方面的法律法规已形成初步框架,但是由于对环境权的法律确认还处于一种间接的、不确定状态,立法具有明显的义务本位倾向,因此这个框架还缺少必要的支点,显得零乱、分散、不稳固,更主要的是远离可持续发展的法律精神。比如我国宪法"总则"第 26 条虽然规定了国家作为主体要"保护和改善生活环境和生态环境,防治污染和其他公害",但是并没有把环境权作为当代和后代公民的基本人权;我国《环境保护法》第 6 条规定:"一切单位和个人都有保护环境的义务,并有权对污染和破坏环境的单位和个人进行检举和控告",但同样遗漏了国家、法人、公民及其后代应有的环境权利。在实践中,环境权利也多表现为财产权或人身权,通过民法、刑法以及零散的、以保护私人利益为重点的专门法律规范予以确认。

为适应可持续发展法律观的最新趋势,加大环境保护的力度,尽快与国际立法相衔接,有必要将环境权规定为公民的基本人权,并在具体的环境法规中得以细化。这样既可以为环境法的理论奠定基础,不断开拓和更新环境法理论的研究思路,另一方面也可以在社会主义市场经济体制的确立过程中不断完善环境法规体系,为环境资源的有效利用提供法律保护。更值得一提的是,环境权的确认有助于提高主体的环境保护意识,弘扬人的主体地位和参与精神,为可持续发展观的传播和内化提供法律根基。

（三）自然和谐与生态权

随着文明社会的推进，人类在享受物质财富的同时，也使自己的生存环境受到空前严峻的挑战。面对着改造自然的累累硕果，人们却忧心忡忡，因为一系列的环境问题使自然界不堪重负。有人将全球的生态环境恶化比喻为第三次世界大战，如果任其发展下去，自然界将很快失去供养人类的能力，而走向崩溃和衰亡。

生态环境的危机是人类精神对物质的危机，只有转变人的观念，校正法的焦点，才能拯救人与自然。

生态权法定理论即是人类在摆脱环境危机过程中所作的大胆尝试。所谓生态，是指生物的生理过程和生活习性。人首先是一种生物，也在整个生态系统中生存和发展，人的行为应当符合生态系统的活动规则，因此从广义上讲生态权的主体是包括人的。为了与人权相对应，本书在论述中将生态权限定为非人类存在的权利。

在西方，权利概念经历了由自然权、人权扩展到生态权的过程；生态权理论也由人类中心主义转变为非人类中心主义，由功利主义转变为自然主义。西方不少思想家论述过人类之外其他生物的权利。斯宾诺莎认为一切事物都是相互联系的，当一个人死了，机体的物质变成别的东西，成为植物的养分，植物又使鹿成长起来，而鹿又是狼和人的食物等等。因此，一棵树同一个人一样，拥有自己的价值或存在的权利。边沁曾预言，人类会把他的保护伞（道德保护和法律保护）扩展到能呼吸的一切事物。斯通第一次提出在法律上应该把植物和人类环境纳入伦理考虑范围，论证了人类作为道德代理者有责任为它们伸张权利和提供法律保护。第一个有法律记录的尊重非人类的权利或至少人类对它们负有义务的记载，是1641年美国马萨诸塞州的海湾殖民地颁布的“实物自由法”，其宗旨是保护家养的动物。20世纪诞生的生态伦理学主张人类对自然环境负有道德责任,应将道德权利引入自然界。该学科的创始人之一莱奥波尔德认为,从生态学的角度来观察世界,它就是个有机体,“至少把土壤、高山、河流、大气圈等地球的组成部分,看作地球的器官、器官的零部件或动作协调的器官整体,我们尊重它们,不仅在于把它视为人类有用的工具,而且应视为一种活着的存在”。[33]随着人与自然关系的不断恶化,有人提出,把生态权局限于道德领域不能有效地解决环境问题。法作为一种制度性的规定具有国家强制力,能够对人产生权威性、稳定性、持久性的影响。生态权的法律认可通过使人类承担硬性的生态义务可以加大法律对环境调控的力度,有助于缓解人与自然的紧张状态,实现可持续发展目标。波斯纳曾经认为将法律比喻为艺术不太具有想象力,而比喻为清洁工却更多一些想象力。生态权法定论者正是希望借助于法律清除人类给自然带来的垃圾,以重现自然本色,恢复自然生机。这些主张的动机是好的,也具有一定的现实意义。当然,生态权在法学上的科学性尚是一个需要深入探索的问题。

我们认为,假使生态权能够得到法律的肯定,它也与人权一样具有不同的层次和内涵。在这个世界上,人是最伟大的。人类的利益高于其他生物的利益,人类的价值重于其他生物的价值。当只有灭绝某一个物种才能拯救某一部分人类时,当只有在相当程度上改变生态系统的多样性才能使人类摆脱生存危机时,我们理应去保护人类。但是人类的权利和自由是有道德和法律边界的。如果人类把自身的快乐建立在自然界的痛苦或毁损之上,任意地荼毒生灵、残害生命,并且当我们面对这种行为却采取一种袖手旁观或者束手无策的消极态度,那么这种做法恰恰是对人类自身权利的否定。相反,当我们运用道德和法律的武器来谴责或惩罚各种不端行为时,才能再现人的高贵和尊严。费孝通先生说得好:“生态问题的根源是心态问题,解决生态问题的前提是解决人的心态问题。”让我们带着纯净的心态生活;让我们祈盼诞生于危机意识中的可持续发展观会带给人类美好的未来;也让我们承诺,法律会点燃人类的希望之火,照亮人类的前行之路。

四、可持续发展的法律保障

社会可持续发展不仅有赖于生存权、发展权和环境权等权利的保障,而且从政治和法治的角度,还特别需要法律的保障。法律的权威性、稳定性、连续性和一致性是社会可持续发展的必要条件。

法律权威性的重要表现是:当领导人个人的意志与法律出现矛盾时,法律高于领导人个人的意志。这就可以避免因为领导人个人的意志或情绪的转变而改变,防止人治政体下经常发生的领导人更替过程中的政局波动和政治危机。历史已经证明这是最不容易预测和防范、因而也是最可怕的破坏性因素,是社会可持续发展的大敌。

法律的稳定性表现为法律一经制定,就会在相当长的时期内有效,不会频繁变动,朝令夕改,反复无常。法律的稳定性是社会发展的基础。社会的发展在很大程度上取决于社会主体对未来的信心和计划。这种信心和计划是以对法律稳定性的信念为前提的。如果政策摆幅过大,忽晴忽阴,今天这样,明天那样,此时是合法的行为,不知何时就会成为非法行为;如果法律的制定、修改、废止没有严格而缜密的程序,立法者既可以心血来潮而匆忙立法,又可以萌发怪念而轻率废法,人们则无法明确地预见自己行为的结果,因之人们的行为必然受盲目的、自发的力量和各种意想不到的偶然因素所支配,社会也就不可能不陷入混乱的泥沼。让我们设想一下:如果有关财产权利的法律反复无常,企业家不知道今天得到法律承认和保护的有利于生产力发展的活动,明天是否还会受到法律保护——他会因为这样做而被打成“走资派”吗?不知道未来的法律将如何评定他现在依靠合法经营与诚实劳动所获得的财富——他会因为现在劳动致富而在未来的某一天突然被扣上“暴发户”、“新生资产阶级分子”的帽子而列入专政对象吗？在这种对未来缺乏信心和安全感的情况下，企业家们是绝对不会尽其所能地从事经营；不会呕心沥血地改进技术，降低消耗，增加产值；不会把利润变成积累用于扩大再生产，而宁愿挥霍掉。类似情况也会发生在普通工人、农民、知识分子、个体经营者身上，也会出现在政治生活领域和文化生活领域。

法律的连续性和一致性表现为时间上先后不同的法律，特别是有关基本社会关系的立法之间是彼此衔接的，并且在根本原则上保持一致性。而法律根本原则的一致性，可在深层上保持法律的统一性、连续性和稳定性。在我国社会主义初级阶段，法律的根本原则就是坚持以经济建设为中心，坚持四项基本原则，坚持改革开放，实行科教兴国战略和可持续发展战略。偏离这些根本原则，法和社会就失去了稳定和发展的基础与前提。

社会的可持续发展还依赖社会价值的衡平与互补。社会价值是一个由多种要素构成、以多元形态存在的体系。因而在对社会价值进行评定和选择时，不能顾此失彼。在社会价值体系中各种价值之间既统一又对立，统一使它们能够互相促进，对立使它们相互抵消。价值的互相促进有利于社会稳定与发展，相互抵消则危害社会的稳定与发展。这就向人们提出了正确地进行价值评定和选择的任务。当前和今后较长时期，由于市场经济促成利益多元化，每种利益又都归属于一定的价值或表现为一定的价值主张，所以，政治生活领域如同经济生活、文化生活和其他社会生活领域一样，并存着多元价值。这些不同的价值有时是互补的，有时是相斥的。以公平和效率为例，公平和效率是既相适应又相矛盾的价值。一方面，以效率为标准配置社会资源，提高效率，增加社会财富总量，在此基础上才有可能实现高层次的公平，即共同富裕。同时，只有重视公平,才能调动大多数人投身改革和建设的积极性,实现稳定、持续的效率。另一方面,如果把效率绝对化,不考虑公平,就可能导致收入悬殊、两极分化,造成社会不稳,影响以至从根本上损害效率。这种源于经济利益的价值张力必然表现为政治价值上的张力,并表现为政策上的两难。诸如此类的政治价值关系很多。因而,需要各种机制来衡平政治价值,尽可能缓和它们之间的张力,扩大它们之间的互补性。法律就是这样的机制之一,而且是最有效的机制。

社会可持续发展必须以社会稳定为基础性条件。稳定和发展是当代中国政治生活、经济生活和社会生活的主题,是中国人民的根本利益、长期利益和综合利益所在。社会发展的前提是社会稳定。社会发展需要稳定的政治环境和社会环境。政治稳定,才能社会稳定,人心稳定。十多年来我国的改革开放之所以能够取得举世瞩目的成就,一个基本的条件就是我国社会持续保持着稳定的政治局面。国内外历史的和现实的经验表明,社会稳定与社会发展时常处于失衡和关联负值的状态——或者是稳定(超稳)扼制了发展,导致社会停滞和衰败,或者是发展(剧变)冲击了稳定,导致社会动荡以至国家解体。在很多发展中国家,人们经常看到,一方面贫困、愚昧、冷漠等经济、文化和政治上的落后是动乱或暴力的根源;另一方面经济增长引起贫富悬殊,教育和传媒发展引起信息泛滥,政治公开和社会动员引起"参与"过剩,又导致新的不稳。我们所需要的稳定是充满活力、生机勃勃的稳定,而不是僵化和凝固;我们所期望的发展是持续的、不断加速度的发展,而不是急于求成的短期行为,更不是大起大落的恶性循环。这样的稳定和发展内在地需要法律,也唯有通过法治才能实现。首先,在现代社会,社会稳定的核心是社会秩序。社会秩序的一般意义是把各种主体和社会力量安排在一种被认为是合理的、有效的相互关系中,以形成有规律的、系统化的格局。由于法律是由国家制定并依靠国家强制力作最后屏障保证实施的。法律又是明确的、肯定的、普遍的规范，具有全社会必须一体遵行而不得违反的硬性。这就从根本上为政治秩序的建立提供了保障。其次，法律是以权利和义务双重机制指引和评价人们的行为的。它不仅预设了人们的义务和责任，限定人们的活动范围，而且赋予人们各种权利，给人们以日益丰富和扩大的选择机会和行动自由。这就使法律成为富有活力的调整机制，使法律除了具有一般社会规则的功能——规定人们当为和必为的行为，使人们的行为遵守既定的行为模式，符合公认的价值准则而具有积极的社会意义之外，还具有巨大的激励和动员作用。再次，法律是由各种性质、对象、功能、效力不同的规则建构起来的庞大体系，从横向看是由各种并列的法律部门组成的，从纵向看是由母法、子法等效力不同的多级规则层次构筑的，从网状看是由跨越、渗透于不同法律部门和层次的法律规则有机地联结在一起的。除规则之外，法律还包括各种原则、概念、技术等要素。这又使法律不仅具有对人们的行为和社会关系的调节功能，而且具有强大的组织功能。这是自觉的、良性的、可持续的社会发展所不能或缺的。

我们要看到影响政治稳定和社会稳定的因素仍然存在。例如：第一，国内外敌对势力无时不在利用各种机会进行政治煽动和破坏，企图以政治混乱和动乱干扰中国的改革开放和社会发展。在苏联解体之后，西方敌对势力加大了对中国实施“西化”和“分化”的战略，采取了一系列具体措施。这是影响我国政治稳定和社会安定的不容忽视的因素。第二，党和政府工作中还有不如人意的地方，尤其是发生在少数党政干部身上的消极腐败现象，引起了人民群众的强烈不满，这种不满情绪如遇不测事件，很可能突然爆发。第三，改革引起原有利益结构变动，在整个社会普遍受益的同时，可能在不同程度、不同范围内影响某些人眼前的切身利益，造成这些人对改革政策不理解、不支持甚至严重抵触。分配不公使一部分群众心理失衡，削弱了对改革的支持和参与。第四，城市待业、失业或半失业率较高，农村剩余劳动力过多。世界各国的实践经验表明，一定的失业队伍的存在，对于促使在业劳动者改善劳动态度和劳动技能是有益的压力。但若失业率过高，则会引发一系列社会矛盾，影响社会稳定和社会秩序。这些矛盾和问题，如果处理不好或者不及时，有可能激化，在某种政治势力的操纵下，还会导致结构性混乱以至全面危机。第五，社会治安状况严重恶化。对人民群众危害极大的流氓、盗窃、诈骗等集团犯罪大量发生，偷税抗税、走私贩私、假冒商标、制贩伪劣商品、制造假币等扰乱经济秩序的经济犯罪有增无减。人民群众的安全感受到威胁。

对于这些不稳定的因素，不可以麻痹大意，而必须认真对待。我们要运用法制手段，严厉防范、控制和打击敌对势力和敌对行为，为社会发展提供安全的政治环境和社会环境；严厉惩治腐败行为，以维护人民群众对党和政府的信任和对改革的认同；公正地调整各种利益关系，平等地保护和促进一切正当的利益，以提高广大人民群众对改革的认同和支持；要果断地运用法律手段从根本上解决政治腐败和行业歪风问题，增强党和政府与人民群众的联系，提高人民群众对政治的认同和信念。

总之，社会发展内在地需要法制，没有健全而坚实的法制基础，就没有社会的发展，更不可能有全面的、可持续的发展。

注　释

1 《中国21世纪议程》，中国环境科学出版社1994年版，第1页。

2 ［法］佩鲁：《新发展观》，张宁等译，华夏出版社1987年版，第57页。

3 孟宪忠：《中国经济发展与社会发展战略》，吉林大学出版社1996年版。

4 ［法］佩鲁：《新发展观》，张宁等译，华夏出版社1987年版，第57页。

5 《马克思恩格斯选集》第3卷，人民出版社1972年版，第520页。

6 《马克思恩格斯选集》第3卷,人民出版社1972年版,第517—518页。
7 [美]卡特、戴尔:《表土与人类文明》,鱼姗玲译,中国环境科学出版社1987年版,第26页。
8 鲁迅:《且介亭杂文》,人民文学出版社1973年版,第28页。
9 郑成良:"法律·契约与市场",载《吉林大学社会科学学报》1994年第4期。
10 鲁迅:《且介亭杂文》,人民文学出版社1973年版,第30页。
11 沈宗灵:"从《中国21世纪议程》看法律的作用",载《中国法学》1994年第5期。
12 [美]博登海默:《法理学:法哲学及其方法》,邓正来等译,华夏出版社1987年版,第1页。
13 夏勇等:《走向权利的时代》,中国政法大学出版社1992年版,第235—236页。
14 《马克思恩格斯选集》第3卷,人民出版社1995年版,第456页。
15 [法]孟德斯鸠:《论法的精神》(上),张雁深译,商务印书馆1961年版,第153页。
16 [英]哈特:《法律的概念》,张文显等译,中国大百科全书出版社1996年版,第158—159页。
17 亨廷顿等:《现代化:理论与历史经验的再探讨》,罗荣渠主编,上海译文出版社1993年版,第51页。
18 樊平:"中国城镇的低收入群体",载《中国社会科学》1996年第4期。
19 [英]麦考密克、[奥]魏因伯格:《制度法论》,周叶谦译,中国政法大学出版社1994年版,第266页。
20 [美]博登海默:《法理学:法哲学及其方法》,邓正来等译,华夏出版社1987年版,第287—288页。
21 索洛:"实现可持续性的现实步骤",载《国外社会科学》1996年第3期。
22 [美]弗里德曼:《法律制度》,李琼英等译,中国政法大学出版社1994年版,第182页。
23 孙国华主编:《马克思主义法理学研究》,中国人民大学出版社1996年版,第229页。
24 《中国21世纪议程》,中国环境科学出版社1993年版,第249页。
25 [法]卢梭:《社会契约论》,何兆武译,商务印书馆1980年版,第9页。
26 董云虎、刘武萍编著:《世界人权约法总览》,四川人民出版社1991年版,第1086页。
27 《21世纪议程》,中国环境科学出版社1993年版,第249页。

28 《参考消息》1997 年 6 月 15 日。

29 《光明日报》1997 年 6 月 4 日。

30 《21 世纪议程》,中国环境科学出版社 1993 年版,第 61 页。

31 参见《中国大百科全书 · 环境科学》,中国大百科全书出版社 1986 年版,第 192 页。

32 董云虎、刘武萍编著:《世界人权约法总览》,四川人民出版社 1991 年版,第 1404 页。

33 转引自叶平:“人与自然:生态伦理学的基础和取向”,载《自然辩证法研究》1993 年第 1 期。

后　记

去年国庆节，吉林大学法学理论专业2000级博士生从海内外四面八方回到母校，纪念他们入学十周年。期间，有同学提议在我六十周岁之际出版《张文显法学文选》和《张文显教育文选》。这一提议立即得到了吉林大学法学院和理论法学研究中心师生们的赞同，也得到了我的认可。2011年元旦过后，两部文选的编辑工作正式启动。

依平常想象，编辑文选无非是将作者公开发表及未刊发的文章进行筛选，择取其中具有理论价值、现实作用和纪念意义的文章汇编成册。然而，真正做起来的时候，却不是想像的那么简单。编辑出版文选是一件纷繁复杂的工作。我撰写的论文、评论、书稿、随笔和其他文章约五百篇（部），其中已经公开发表的近四百篇（部），如何从中选择，选择出来的文章如何归类入卷，各卷之间的逻辑联系以及选定文章的打印、勘误、校订等均需要做大量工作。于是，法学院和理论法学研究中心领导决定成立《张文显法学文选》编辑小组，全面策划和组织文选的编辑、出版事宜，之后又组建了以青年教师（研究人员）、博士生和青年法官为主体的校订队伍，负责文稿和清样的勘误和校对工作。正是由于有这样一个团队的高效运作，才使我的心愿得以如期完成。记述本文选的启动、编辑和出版过程，中心思想是要致谢。

感谢由姚建宗、黄文艺、刘景辉、杜宴林、郑万和、杨春福、刘雪斌、苗炎、王奇才、丰霏等组成的编辑小组，他们创造性的策划、组织、协调活动和示范性工作，是本文选得以高质量地面世的关键因素。

感谢所有参与书稿搜集、整理、校勘和清样校对工作的同事和同学，他们尽善尽美的工作态度和优秀的学术规范素养，确保了本文选的出版进度和质量。他们是吉林大学的王克金、王蕾、张琪、侯学宾、蔡建芳、马克俭、王霞、付健、兰金莹、刘星显、刘涛、李双、李玄、辛欣、张传祥、郑怀宇、孟欣然、赵良杰、胡成蹊、郭珂琼、常玲玲、崔丽、薛爱昌、瞿郑龙；吉林省高级人民法院的李爽、王博、孙妍、胡玉明；吉林省社会科学院法学所的邢宜哲、宋慧宇。

感谢那些虽未直接承担编辑、校订工作，但以各种方式提供支持和帮助的同志、同学和朋友们，在此恕不一一道名。

感谢法律出版社社长黄闽同志、总编胡一丁同志，他们高度重视并亲自组织了本文选的策划、编辑、设计、出版、发行工作。感谢资深编辑丁小宣先生、谢清平女士和责任编辑陈慧女士，我们和小宣同志心心相印、配合默契，使文选编辑出版工作得以顺利推进。乔智炜设计师的创意使本文选的形式与内容协调一致、相得益彰。

感谢我的太太辛亚珍，从同学、情侣到妻子，数十年如一日在生活上、精神上，乃至政治上对我无可替代的关心、体贴、照顾和协助。感谢我的女儿张吉豫和女婿刘先华，他们在学业上、学术上和工作上的杰出表现为我编辑文选增添了助力，他们对文选编辑工作提出的一些很有见地的思想和建议对本文选独特风格的形成起到了智力支持的作用。

在文选出版之际,我还要深情地说:文选承载的我的学术成就归结于父母的养育、老师的教诲、领导的关爱以及同志们的帮助,归结于党和人民的培养和教育。对此,几句致谢的话是远远不足以表达我的感恩之心的,我唯有在今后的学术之路上更加勤奋地治学和工作,用更加丰硕的成果和更加突出的业绩予以回报。

张文显

2011 年 6 月 20 日于长春净月书屋

图书在版编目(CIP)数据

张文显法学文选.第5卷,部门法哲学/张文显著
.—北京:法律出版社,2011.7
ISBN 978-7-5118-2346-5

Ⅰ.①张… Ⅱ.①张… Ⅲ.①法学—文集②法哲学—
文集 Ⅳ.①D90-53

中国版本图书馆CIP数据核字(2011)第151532号

《张文显法学文选》卷五·部门法哲学 | 张文显 著 | 策划编辑 丁小宣 责任编辑 陈 慧 装帧设计 乔智炜

开本 720×960毫米 1/16
印张 24 **字数** 300千
版本 2011年8月第1版
印次 2011年8月第1次印刷
出版 法律出版社
编辑统筹 教育出版分社
总发行 中国法律图书有限公司
经销 新华书店
印刷 北京嘉恒彩色印刷有限责任公司
责任印制 张宇东

法律出版社/北京市丰台区莲花池西里7号(100073)
电子邮件/info@lawpress.com.cn
销售热线/010-63939792/9779
网址/www.lawpress.com.cn
咨询电话/010-63939796

中国法律图书有限公司/北京市丰台区莲花池西里7号(100073)
全国各地中法图分、子公司电话:
第一法律书店/010-63939781/9782
西安分公司/029-85388843
重庆公司/023-65382816/2908
上海公司/021-62071010/1636
北京分公司/010-62534456
深圳公司/0755-83072995

书号:ISBN 978-7-5118-2346-5
定价:38.00元
(如有缺页或倒装,中国法律图书有限公司负责退换)